（2023年6月21日現在）

マーシャル諸島
（マジュロ）

ル 。

諸島

バヌアツ 。
ート・ビラ）

サモア
（アピア）

キリバス
（タラワ）

フランス領ポリネシア
（パペーテ）

フィジー諸島

ニウエ
（アロフィ）

クック諸島
（アバルア）

（スバ）

トンガ
（ヌクアロファ）

ニア(仏領)
ア）

ツバル
（フナフティ）

ランド
（ウェリントン）

JN102088

ASIAN SECURITY 2023-2024   Research Institute for Peace and Security

年報［アジアの安全保障2023-2024］

大国間競争の時代におけるインド太平洋

日本の新しい国家安全保障戦略の方向性について………徳地秀士
米中対立の論点……………………………………………田所昌幸
転機を迎えた日欧関係……………………………………岩間陽子
正念場を迎えるわが国の核政策…………………………梅本哲也
ミサイル防衛の現状と課題………………………………小野田治

日本…………	宮岡　勲	東南アジア…	木場紗綾
米国…………	村上政俊	南アジア……	長尾　賢ほか
中国…………	浅野　亮ほか	中央アジア…	宮田　律
ロシア………	袴田茂樹ほか	南西太平洋…	竹田いさみ・永野隆行
朝鮮半島……	伊豆見元ほか		

徳地秀士 監修
平和・安全保障研究所 編

朝雲新聞社

PHOTO TOPICS

日米豪印首脳会談を前に記念撮影に臨む(右から)モディ印首相、岸田首相、バイデン米大統領、アルバニージー豪首相(2022年5月24日、首相官邸)=官邸HPから

「NATO首脳会議パートナー国セッション」に出席し、日本の取り組みについて説明する岸田首相(前列中央)＝2022年6月29日、スペインの首都マドリード(官邸HPから)

ルーマニアの首都ブカレストに到着し、ウクライナ避難民支援のための人道救援物資をドバイから運んできた空自C2輸送機（2022年6月24日、アンリ・コアンダ国際空港で）＝統幕提供

中国の習近平国家主席（右）と会談する岸田首相（2022年11月17日、タイのバンコクで）＝外務省のツイッターから

アフリカ北東部スーダンからの在留邦人の退避に備え、自衛隊の拠点があるジブチに向けて出発する空自C130H輸送機（2023年4月21日、空自小牧基地）＝統幕提供

ウクライナのゼレンスキー大統領（中央奥右）を迎えG7サミットのセッションに臨む（手前左から時計回りに岸田首相、バイデン米大統領、ショルツ独首相、スナク英首相、フォンデアライエン欧州委員長、（1人おいて）ミシェル欧州理事会常任議長、ベネデッティ駐日イタリア大使、トルドー加首相、マクロン仏大統領（2023年5月21日、広島市）＝官邸HPから

目　次

Photo Topics

第1部

展望と焦点

日本の新しい国家安全保障戦略の方向性について

德地秀士

平和・安全保障研究所理事長

1. ウクライナ戦争の長い影

　2021年2月に始まったロシアによるウクライナ侵攻は、当初の予想に反して、今もその終わりはまったく見えない。24年は、1月の台湾総統選挙に始まり、3月にロシア大統領選挙、5月にウクライナ大統領選挙、そして、11月には米国で大統領選挙が行われる。これらの選挙は、ロシア・ウクライナ戦争の行方とも直接・間接にかかわってくる。日本でも23年の通常国会終盤に一時的に解散風が吹いたが、いずれは総選挙となり、これも、ロシア・ウクライナ戦争に対する日本の向き合い方と密接に関係することとなろう。

　核大国であり、国連の常任理事国でもあるロシアが始めたこの侵略行為は、世界の多くの国々や人々を巻き込みながら、パンデミック後の世界に暗い影を投げかけ続けている。ロシアは、国際社会からの強い非難にもかかわらず、国際法を無視した暴挙を止める気配はない。ロシア側の苦境は幾つも伝えられているが、核による恫喝は続いている。また、対露制裁の抜け穴は決して小さくない。日米豪印の一員として西側諸国と連携を強めるインドも抜け道づくりに一役を買っている。ウクライナ・ロシア間の仲介に向けた動きもないわけではないが、いずれも大きく期待できるようなものではない。

　22年5月にカナダのトルドー首相がウクライナを訪問して以降、23年2月の米国バイデン大統領、そして3月には日本の岸田首相と、G7各国首脳が次々にウクライナを訪問して同国との連帯を表明した。岸田首相は、ゼレンスキー大統領との間で揺るぎない連帯を確認し、ウクライナ支援と対露制裁の継続を表明すると

ともに、両国関係を「特別なグローバル・パートナーシップ」に格上げした。日本は、その上で5月にG7広島サミットに臨んだ。ロシア・ウクライナ戦争への対応に関してG7の結束を強化しこれを世界に示すことは、G7広島サミットの最重要課題であった。最終日の「ウクライナ」セッションと「平和で安定し、繁栄した世界に向けて」セッションには、ゼレンスキー大統領も対面で参加した。「平和で安定し、繁栄した世界に向けて」セッションでは、①すべての国が、主権、領土一体性の尊重といった国連憲章の原則を守るべきこと、②対立は対話によって平和的に解決することが必要であり、国際法や国連憲章の原則に基づく公正で恒久的な平和を支持すること、③世界のどこであっても、力による一方的な現状変更の試みを許してはならないこと、および④法の支配に基づく自由で開かれた国際秩序を守り抜くことの重要性に関する認識が、インドのモディ首相を含む参加首脳間で確認された。

今や、西側の支援は強化され、時にささやかれる支援疲れも、今のところは表面化するには至っていない。西側装備の供与などでウクライナ軍の強化も進められ、23年6月にはウクライナの反転攻勢も始まった。

ウクライナ戦争は進行中であるが、この戦争はすでに幾つもの教訓を国際社会に示している。平素からの自助努力の重要性は言うまでもない。軍事力そのものの強化だけでなく、国を守るという国民の強い気概の涵養も必要不可欠である。政治の強いリーダーシップも必須である。こうしたものがなければウクライナ戦争はすでに勝負がついていたかもしれないし、国際社会の支援も得られないだろう。国民全体を保護することができるような民間防衛体制も備えておかなければならない。また、同盟関係や多くの国々との緊密なパートナーシップの重要性も改めて認識されることとなった。もはやNATOは「脳死」の状態にはない。また、ハイブリッド戦の効用と限界も認識されることとなった。今日のように相互依存が進展し、かつ、高度に科学技術が発達した世界では、資源、エネルギー、食糧さらに通貨も情報も、武器として容易に使用されるようになってきている。

したがって、外交力・経済力を含めて国力全体を高め、自律性と不可欠性の強化、防衛力の強化、防衛力の裾野の強化とともに、同盟関係をより強固にしつ

つ、信頼できるパートナーを増やしていく努力が欠かせないことが誰の目にも明らかになった。

2. 日本の新たな安全保障政策の策定とその実施

こうした状況の中で、西側諸国は、次々に自国の安全保障政策を転換した。日本もその例外ではない。日本の国家安全保障戦略の見直しは、ロシア・ウクライナ戦争勃発前の21年秋から行われていたが、この戦争はその策定過程に大きな影響を与えることとなった。日本国民の間では、ロシアのウクライナ侵攻開始直後から、その台湾への波及も懸念され、また、ロシアの軍事侵攻は日本の安全が脅かされる可能性を高めたという懸念も大きなものがあった。こうした世論を背景として22年12月に策定された国家安全保障戦略は、今日の状況を「世界の歴史の転換期」と表現し、「我が国は戦後最も厳しく複雑な安全保障環境のただ中にある」との認識を示した。

そして、防衛力の抜本的な強化を含め、日本の総合的な国力を高めるための方向性を示した。国家安全保障戦略が自ら述べているとおり、それは「戦後の我が国の安全保障政策を実践面から大きく転換するもの」であった。つまり、政策の基本的な方向性が変化したというより、むしろ従来の方向に向けた進み方が格段に加速されたのである。総合的な国力の強化が必要なことは言うまでもないが、とりわけ防衛力の強化はその優先度が大きく上がった。スタンド・オフ能力、統合防空ミサイル防衛能力、領域横断作戦能力などに加えて、国民保護や持続性・強靱性の強化も盛り込まれた。かつてないほどの大幅な予算増がこれらの努力を支える。国内的にいくつかの不確定要素もあり、今後については必ずしも楽観はできないが、当面はこのような努力が継続していくものと見込まれる。

国家安全保障政策の中でも、防衛政策に関しては、上記のような日本自身の防衛体制の強化とともに、日米同盟の抑止力・対処力の強化および同志国等との連携が柱として掲げられている。

日米同盟に関しては、岸田首相が23年1月には同盟国・米国を訪問し、日米首脳会談において、両国の安全保障戦略が軌を一にしていることを踏まえて、日米

同盟の抑止力・対処力を強化していくことでバイデン大統領と一致した。また、その直前に開催された日米安全保障協議委員会（「2プラス2」）では、日米両国の新たな戦略に従い、現在および将来の安全保障上の課題に対処するため、同盟の役割および任務を深化させる作業を加速することで一致している。この際15年の「日米防衛協力のための指針」を改定すべきとの提言は日本国内のあちこちから出ており、かかる趣旨は傾聴すべきものと考えられる。ただし、両国政府がこれに同調するか否かはともかくも、この「2プラス2」共同発表は、「同盟の現代化」、「同盟パートナーシップの拡大」および「同盟の態勢の最適化」についての今後の方向性を指し示すものとなっており、それは事実上、「日米防衛協力のための指針」を補完する新たな枠組み文書として機能するものと考えられる。注目点の一つは、自衛隊に常設の統合司令部が設置されることを踏まえて、日米間の指揮・統制関係をより効果的なものにする努力が行われることである。米側もこの問題についてようやく本腰を入れて取り組むのであれば、それは好ましい方向と言えるだろう。また、日米共同声明にも明記されているが、日本の反撃能力の効果的な運用についての協力が強化されることも重要である。このことは、日本の反撃能力が日米同盟を強めるものでこそあれ、日米同盟からの離脱や日米同盟に対する不信感の表明でないことを示している。他方、これも新たな課題ではなく長年にわたる大きな宿題であるが、日本の空港および港湾の柔軟な使用を可能にするための協力も、今日のような厳しい安全保障環境のもとでは新たな意義を有するものとして注目される。

　また、日米同盟は、今や日米2国間の枠を超えて、域内外のパートナーとの関係を深めつつある。最近盛んになっている、日米豪、日米比、日米豪比、日米韓、日米豪印などの枠組みはそのような文脈の中で考える必要がある。また、岸田首相のNATO首脳会合への出席などに象徴される日・NATO協力についても、同様の文脈の中で考えていく必要があるだろう。現時点では、伝えられているようにNATOが日本に事務所を開設できるか否かは不明だが、実質的な協力関係は進むことが期待される。2月にストルテンベルグNATO事務総長が日本を訪問し、欧州とアジアの幅広い安全保障協力について明確なメッセージを発したことの

意義も評価されるべきである。

　こうして、日本の安全保障政策の第2の柱である日米同盟は、第3の柱である同志国等との連携とこれまで以上に深くかかわってくるようになる。国家防衛戦略ではこの二つの柱は別個のものとして立っているように見えるが、国家安全保障戦略では、その境目はかなり見えにくくなっている。このことは、米国の同盟関係ネットワークも含めて、この地域に存在する安全保障関連のいくつかの小さな枠組みが、すでに様々な形で相互に絡み合って重層的な構造が生まれつつあることを反映しているのかもしれない。日本がこうした動きの発展を主導できるか否かは、まさに日本の今後の意思と力量にかかっているが、新たな国家安全保障戦略はそのための一つの基盤を提供していると言ってよいであろう。

　同志国等との連携を推進するための基本概念が「自由で開かれたインド太平洋」構想（FOIP）である。このことは、国家安全保障戦略に「日米同盟を基軸としつつ、日米豪印（クアッド）等の取組を通じて、同志国との協力を深化し、FOIPの実現に向けた取組を更に進める」と書かれているところにもあらわれている。日本は、「FOIPというビジョンの国際社会における更なる普遍化」を進めるとしているのである。国家安全保障戦略の中では、FOIPとは何かという点についての言及はほとんどないが、岸田首相が3月にインドで行った政策スピーチ「『自由で開かれたインド太平洋』のための日本の新たなプラン」はその点をある程度補完している。法の支配等の基本的原則の普及・定着、経済的繁栄の追求、および平和と安定の確保という従来の3本柱に代えて、「平和の原則と繁栄のルール」、「インド太平洋流の課題対処」、「多層的な連結性」および「『海』から『空』へ拡がる安全保障・安全利用の取組」の四つをFOIP協力の新たな柱として、より包括的で具体性のある計画が示されている。日本のFOIPは経済的な連携を中心とした構想であるが、より安全保障的な意味合いを強めていることは確かである。今後は、この構想をもとに、域内外の関係諸国それぞれのインド太平洋戦略と調整を進め、共通の目標に向かって連携を深めていくことが期待される。

3. 北東アジアにおける核問題と米国の拡大抑止の信頼性

　日本が安全保障政策の大胆な見直しを実行したのは、日本をめぐる安全保障環境が格段に厳しさを増していることによるものである。厳しさを増しているのは、日本が大国間競争の最前線に置かれているとともに、三つの核兵器国と隣り合わせであるからである。そこで、最後に、北東アジアにおける核の問題について少しだけ触れておくこととしたい。

　ロシアは、ウクライナや西側に対して、引き続き核兵器を脅しの道具に使っている。ロシアは依然として核大国であり、その核戦力は戦時中の今も無傷である。オホーツク海周辺は、バレンツ海と並んでロシアのSLBM配備場所であるから、その意味でも、核をめぐるロシアの動向は、日本にも影響を及ぼす。

　また、米中対立が進行する中、中国の核戦力の増強は続く。過去1年で保有核弾頭数が2割近く増えたとの推計がある。中国は、自らは保有数を公表しておらず、その実態が不透明である。5月19日の「核軍縮に関するG7首脳広島ビジョン」では、「中国による透明性や有意義な対話を欠いた、加速している核戦力の増強は、世界及び地域の安定にとっての懸念となっている」と名指しで批判された。

　北朝鮮による核・ミサイル開発の動きも止まらない。ブダペスト覚書により核を放棄したウクライナをロシアが侵略したことは、北朝鮮に対してきわめて悪い見本を示したことになる。22年の弾道ミサイル発射は過去最多であり、23年に入って、2月と4月にはICBMの発射もあった。ミサイルの射程だけを考えても、北朝鮮の脅威はすでにグローバルなものとなっている。

　こうした状況のもとで、拡大抑止の信頼性の向上がきわめて重要な課題となっている。日米間では、1月の「2プラス2」共同発表で、日米拡大抑止協議等を通じて、拡大抑止に関する実質的な議論を深めていくことが確認された。また、米韓間では、4月に発表されたワシントン宣言の中に、米国の拡大抑止の信頼性の向上に向けた米韓間の新たな取り組みが盛り込まれるに至った。さらに、G7広島サミットにおいては、岸田首相が「NPTの維持・強化を図ることこそが、『核兵器のない世界』を実現する唯一の現実的な道である」と述べ、G7は「核兵器のない世界」へのコミットメントを再確認した。また、G7首脳は、核軍縮に焦点を当てたG7

初の首脳独立文書である「核軍縮に関するG7首脳広島ビジョン」を発出した。

　今後、米国と日本を含む同盟国との間で、この問題は引き続き大きな課題であり続ける。米国はすでに大統領選挙に向けて動き出している。米国民は外交政策に投票するわけではないと言われているが、外交だけの問題ではなく、米国がどれだけ信頼に足る存在かということが実は問われているはずである。戦略核兵器を見ることができたとしても、また、仮に核計画を共有することができたとしても、それ自体が直ちに拡大抑止に関する米国の意思を証明するものにはならない。この問題に対する答えは過去何回も示されていているはずであるが、抑止は、それが効いているときには本当に効いているのか否かが分からないという本質的な問題を抱えている以上、問いは永遠に立ったままであり続ける。

　ここで問われるのは、抑止する側の能力ではなく意思である。そこに100％の信頼を置くことなど不可能であり、また、必要もないから、100％でないことをもって批判するのは筋違いである。それは、反米感情の発露に過ぎない場合も少なくない。しかし、感情論で戦略を論ずることはできない。

　拡大抑止の信頼性の強化については、国家安全保障戦略においても十分に論じられていない。核軍縮に関するG7の広島ビジョンが「我々の安全保障政策は、核兵器は、それが存在する限りにおいて、防衛目的のために役割を果たし、侵略を抑止し、並びに戦争威圧を防止すべきとの理解に基づいている」と述べている点を捉えて、核抑止を肯定しているという批判が強調されがちな日本においては、核抑止に関する正しい理解が求められる。

　日本の核保有などという声が大きくなることは考えられないが、左右のいずれからも拡大抑止に対する批判は続くだろう。議論のレベルを上げていかなければ、この問題もまた、他の安全保障問題と同様、政治的レトリックの中に埋没しかねない。

米中対立の論点

田所昌幸

国際大学特任教授

　米中対立は、今日のグローバルな国際政治の基本構造を構成している。冷戦期の米ソの二極対立は米国の勝利に終わり、米国の一極優位に移行した。しかし冷戦勝利後の米国は、強引な単独行動主義が目立ち、2003年に開始されたイラク戦争の泥沼化や08年の米国発の金融危機などによって、その優位性は大きく損なわれた。その間着実に力をつけたのが中国である。1979年に始まった改革開放政策以降、その中国は鄧小平の遺訓である「韜光養晦」に沿って、米国中心の国際秩序に正面から挑戦することは慎重に避けてきた。

　しかし予想以上の国力拡大に自信を深めた中国の対外姿勢は、習近平政権が発足した2012年頃から、明らかに挑戦的なものになった。関与を基調にしてきた米国の対中姿勢も変化し、17年12月には「何十年にもわたり米国の対外政策は、中国の興隆を支持し、中国を戦後の国際秩序に統合することによって、中国が自由化するという信念に基づいていた。しかしわれわれの希望とは逆に、今や中国は、他国の主権を犠牲にしながら自国の国力を増大させている」[1] との認識を公にするに至った。

　米国の対中姿勢は、18年に国家主席の任期制限を撤廃する憲法改正がなされたことで、決定的なものとなった。21年に米国で共和党のトランプ政権から民主党のバイデン政権へと移行しても、対中姿勢には変化はなく、むしろ対中政策は分断の目立つ米国政治で、数少ない超党派的合意のある分野となっている。

1．地政学的対立

　22年2月にロシアによるウクライナ侵攻が開始され、欧米世界では一挙にこの戦争に関心が集中している。しかしながら、現在の米中対立の地政学的対立の

正面は、太平洋をはさんだ東アジアにあり、日本はその最前線に位置している
と見るべきだ。22年10月に出された米国の『国家安全保障戦略』でも、ロシアを
「さしせまった脅威」としつつも、中国は、国際秩序を変質させる意志と、経済
的、技術的な力によってそうする力を持つ、「唯一の競争相手」[2] と位置づけて
いる。中露対米国の同盟諸国という対立関係の図式は、冷戦期と同じだが、今回
は中露陣営の盟主は中国であり、そもそも劣勢だったロシアは、ウクライナ侵攻
によって、一層中国への従属を強いられている。

　今日の米中の地政学的対立の最大の争点は台湾をめぐるものだ。台湾が中国
に吸収されれば、米国の日本や韓国の防衛はほぼ不可能になり、中国が西太平
洋の制海権を確保するという地滑り的な地政学的変動が予想される。米国から
見れば、こういった事態は太平洋の対岸に、米国に直接対峙する巨大勢力が出
現することを意味し、そうなればハワイはもちろん米本土西海岸が直接脅威にさ
らされることを覚悟しなくてはなるまい。

　より大きな歴史的・地政学的文脈で見れば、米国は18世紀の建国以来長らく
孤立主義的な政策をとり、第一次世界大戦までヨーロッパの権力政治には極力
関与を避けてきた。それが可能だったのは、イギリスが世界の海洋を支配するこ
とで、結果的に米国の安全が保障されていたからである。しかし20世紀前半の
二つの世界大戦で米国が主導的役割を果たしたのは、ヨーロッパと極東、つまり
は米国から見れば大西洋と太平洋の対岸に現れた、ドイツと日本という挑戦国を
排除することが目的だったと解釈できるだろう。

　第二次世界大戦中に、米国の地政学者のスパイクマンは、「西半球のパワーの
中心地である米国の2.5倍の広さと10倍の人口を持つユーラシア全体の潜在力
が、将来米国を圧倒する可能性がある」と警告し、「米国が統一されたユーラシ
アのリムランドに直面することになれば、強力な勢力による包囲網から逃れられ
ないことになってしまう。よって平時・戦時を問わず、米国は旧世界のパワーの中
心が自分たちの利益に対して敵対的な同盟などによって統一されるのを防ぐこと
を目指さなければならない」[3] と指摘していた。今やその敵対的同盟が、現実の
可能性として浮上している。

　中国はしばしば、太平洋は十分に広大なので、米中二国で太平洋を二分する勢力圏を設定すれば、米中協調が可能だという趣旨の発言を繰り返してきた。米海軍のキーティング太平洋軍司令官は、07年に中国海軍の高官から、「米国はハワイ以東を、われわれはハワイ以西とインド洋を取る。そうすればそちらは西太平洋やインド洋に来る必要はなくなるし、こちらは東太平洋に行く必要はなくなる。何か起これば、お互い通報し合えば良い」と持ちかけられたことを、上院軍事委員会の公聴会で証言している[4]。また、習近平主席は、14年のオバマ大統領との会談後に、「太平洋は十分に広く両国の国家を受け入れることができる」[5]との発言をしているし、17年11月にも、トランプ大統領との共同記者会見で「太平洋には中国と米国を受け入れる十分な空間がある」と語っている。

　しかし海洋の自由が、第一次世界大戦に米国が参戦する際の根拠となっていたことは忘れてはなるまい。米国は巨大な国土と資源を自国領内に有してはいるが、その繁栄は、グローバルな交易のネットワークに支えられている。海外で領土を支配することではなく、開かれた海洋の確保こそが、こういった交易ネットワークの条件である以上、海洋の自由は自国領の防衛と並んで、死活的な利害と米国は認識するだろう。

　しかしグローバルな観点から見ると、これは太平洋の海洋秩序の問題にとどまるものではない。上述の中国の姿勢は、東アジアを自身の勢力圏と考える中国の世界観と関係しているが、必ずしも中国にユニークなものでもないのは、例えばロシアの周辺国への行動を見れば一目瞭然であろう。中国のように大国を自認する国家が、世界のあちらこちらで公然と勢力圏を設けて割拠するのを認めるかどうかは、国際社会が長年にわたって築き上げてきた主権独立に基づく法秩序そのものの今度を左右するだろう。

2. グローバル経済における米中

　冷戦期の米ソ関係と、現在の米中関係が決定的に異なる点として、両国経済が密接な相互依存関係にあることがあげられよう。冷戦期の東西の経済関係は、そもそも社会主義諸国は市場経済を排して経済の国家管理を強調するの

で、自由な国際貿易体制に参入するはずはなかった。また西側はココムやチンコムなどを組織して、共産主義陣営への戦略物資や技術の流出を厳しく規制する一方、ソ連はコメコンを組織して、域内の経済統合を推進しようとしていた。加えて東側の経済的劣勢は明かであり、資本主義の全般的危機によって社会主義への移行は歴史の必然とするマルクス主義的世界観は、現実離れしたものになっていた。

　しかし過去30年間、中国はいかなる国よりもグローバリゼーションの波に巧みに乗り、めざましい経済的飛躍を遂げた。一般的に言えば、経済交流はプラス・サムゲームであり、交易に参入する国家は、双方が利益を得ることができる。だからこそ、経済的相互依存によって国際関係も平和なものになるという期待も繰り返し語られてきた。しかし、この期待は裏切られたというのが、米国のみならず、長らく中国に宥和的姿勢をとってきたヨーロッパですら、ほぼ一般的なものとなったと言えよう。

　例えば18年3月にロンドン・エコノミスト誌の論説記事は以下のように語る。ソ連が崩壊した後、西側の指導者は経済的結びつきを強化すれば中国は市場経済へと進化を遂げ、中国が豊かになるにつれて、中国人は民主的自由や、権利や、法の支配を求めるようになると期待してきた。これはエコノミスト誌自身も支持した、「価値あるビジョン」であったが、「今日ではこの幻想は打ち砕かれた。実際には、習近平氏は、政治も経済も、一層の抑圧、国家統制、そして対決へと導いた」[6]。

　中国の巨大な経済成長は、国民生活の向上という効果だけではなく、不可避的に様々な政治的意味を持つ。経済成長によって国力は増し、それによって軍備や海外援助といった対外政策の手段を拡大することができた。また、中国経済はグローバル経済に有機的に統合され、いまやサプライチェーンの枢要な部分を占めているので、製品の供給国としての立場を、対外政策に利用できる。言い換えれば、一部の製品の供給を止めたり、遅らせたりといった形で、経済的圧迫を他国に加えることができる。また、中国はその購買力を操作することで、他国を罰したり利益を与えたりすることができる立場にたつ。中国市場に参入する機会

は、多くの外国企業にとっても魅力的なはずだ。また、今後も中国経済が成長を続けるという期待によって、中国市場参入の価値は一層高まる。中国はそういった期待も巧みに利用して、自国の政治的発言力を拡大するテコにしてきた。

　米中対立の経済的次元では、経済力を他国への威圧の手段として使ういわゆるエコノミック・ステートクラフトへの対応が、第一のものである。中国のサプライチェーンへの依存を避け、戦略的意味のある最新技術の流出を防ぎ、さらに中国企業による自国市場の支配を注意深く監視して、その有害な活動を防ぐことが、米国の経済安全保障の中心的課題となっている。そして一部の半導体技術については、米国は中国をサプライチェーンから遮断する措置を取りつつある。

　また、中国の経済的挑戦は、「一帯一路」構想に代表されるような援助や投資を通じた、第三国の取り込みに、どう対応するのかという問題もある。とりわけASEAN諸国は、インド洋と太平洋を結ぶ重要な意味のある地域だけに、米中両国の取り込み合戦の競争場となっている観がある。しかしASEAN諸国は米中対立から漁夫の利を得るべく、いずれにもコミットせずに双方から最大限の利益を引き出そうとする姿勢をとっている。

　さらに、中国は15年にはアジアインフラ投資銀行（AIIB）や新開発銀行（NDB）の創設を推進することで、戦後米国の設立した経済秩序とは別の国際経済制度の建設にも着々と着手しているように見える。さらに、22年にロシアによるウクライナ侵攻を理由にした対露ア制裁の一環として、ロシアの多くの銀行が国際決済ネットワークから遮断されると、中国はロシアとの取引で人民元による決済を推進するようになっている。IMFや世界銀行というブレトンウッズ体制を支えてきた国際機関とともに、第二次世界大戦後の事実上世界標準となってきたドルによる国際決済システムに対しても、中国は代替的な制度構築を始めていると見ることもできよう。

　これらの中国の地経学的攻勢は、多分に米国の失敗に助けられている面がある。米ソ冷戦時には、米国は西側同盟諸国にマーシャル援助をはじめとする巨額援助を投入しただけではなく、自国市場を開放することで、共存共栄の国際経済システムを形成するための指導力を発揮した。それによって西側世界の経

済的優位が決定的になり、対ソ冷戦を勝利に導いた。しかし、今日の米国は、国内政治の分断によって、積極的に国内市場を開放できる情況ではない。トランプ政権が発足後ただちに脱退を表明したTPPへの復帰は当面政治的に不可能だし、国際貿易制度の基礎のはずのWTOについては、米国が上級委員会の委員の任命を拒んでいるために、紛争処理手続きは機能停止状態に陥っている。こういった米国の姿勢によって、米国の語る自由市場や法の支配という言説が説得力を失う一方で、欧米諸国に対抗しつつ興隆を遂げつつある中国の提供する投資や市場によって、その発展モデルが開発途上国にとって魅力的なものに映っている。

3. 体制間対立

米中対立の深刻度は、地政学的対立や経済的対立を超えて、今や国内体制のあり方にまで及んでいる。周知の通り、米ソ冷戦は単なる米ソ間の地政学的対立や、市場経済か指令経済かという産業社会の組織のあり方の問題に留まるものではなかった。それは、マルクス主義で武装された権威主義的政治体制と、自由民主主義という体制選択をめぐる、広範なイデオロギー的対立だった。冷戦の終焉によって、自由民主主義と市場経済に代わる政治経済体制の可能性は消滅したという、いわゆる歴史の終焉論すら語られたことがある。だが今日、こういったリベラリズムの最終的勝利を語る議論に説得力はない。

もちろん中国は、ソ連のような普遍的なイデオロギーを持ってはいない。中国が語るのは「中華民族の偉大な復興」であり、世界中の知識人を引きつけたマルクス主義に匹敵するような普遍的救済の世界観を持たない。それでも中国は、軍事と経済だけではなく、日本を含む自由民主主義体制とそういった諸国の生活様式に対して、いくつかの径路を通じて挑戦をしている。

第一は、自由民主主義国内に浸透し、その意志決定に介入するいわゆる影響力工作である。非合法の革命政党としての出自を持つ中国共産党にとって、相手の認知領域に働きかける政治工作は、いわばお家芸であり、「世論戦」、「法律戦」、「心理戦」は軍の公式の概念ですらある。しかも習近平は統一戦線工作を

重視し、強化してきた[7]。

　影響力工作の具体的な手法は多様なものがある。中国製の言説を大量に散布する宣伝工作は、今やSNSを通じて組織的かつ大規模に展開されている。また、影響力工作のターゲットの抱き込みを図ったり、恐喝したりすること、また在外華人や留学生を動員して、中国政府寄りの言説を広めるとともに、中国に反対する勢力の言論を妨害することが行われてきた。もちろん自由民主主義国でも、政治家や官僚を外国勢力が買収したり恐喝したりすれば非合法だが、外国人の言論も自由であり、ロビー活動それ自身は合法である。

　しかし中国などの権威主義国内部では、同様の自由はないので、こういった活動は厳しく取り締まられる。よって両者の関係は著しく非対称で、中国側は自由民主主義国の自由で開放的な環境を縦横に利用できるが、その逆はまったく不可能になる。さらに自由民主主義国の報道機関や大学などは、自国政府からの自立性が制度的に保障されているだけに、かえって外国政府からの浸透工作のターゲットになりやすいという逆説も生ずる。かつては、圧倒的な米国のソフトパワーによって、中国を変質させるという楽観があったが、今や中国のシャープパワーによって自由民主主義国が腐敗させられることが、懸念材料になっているのである。これは、自由と民主主義をアイデンティティとする米国にとっては、実存的挑戦を意味するだろう。

　もちろん露骨な宣伝工作は、その内実が暴露されれば効果も失われる。実際、中国の様々な工作にもかかわらず、米国国内では、中国に対する好感度は急激に低下した。また、長らく中国に対して宥和的な態度が目立ったオーストラリアやカナダなどの国でも、中国の影響力工作が明るみに出ると強い反発が起こり、むしろ逆効果の様相すら呈している。孔子学園の展開などを通じて日本でも様々な中国の影響力工作が行われきたが、それが奏功しているかどうかは疑問である[8]。

　しかし、いわゆるグローバルサウスの国々では、一般的に中国への好感度は高い。欧米の帝国主義に対する歴史的反発や、欧米諸国が声高に語ってきた価値観が、自己中心的で偽善的だという思いも強いだろう。そして米国主導の国際的

諸制度に対する不満を中国は利用できるので、自らをより寛大な「文明」として位置づけようとするナラティブも、展開しはじめている⁽⁹⁾。そして、他方で中国の権威主義的開発モデルの「成功」は、多くの開発途上国の指導者にとって、魅力のある発展モデルに見えても不思議ではないし、そうでなくとも経済的パートナーとして、欧米先進国以外のオプションがあることは、有利である。今や世界は、自由民主主義と権威主義との体制間競争の様相も呈しつつあるのである。

(1) National Security Strategy, 2017, p.25.

(2) National Security Strategy, 2022, p.23.

(3) ニコラス・スパイクマン『平和の地政学』（芙蓉書房出版、2008年）、107頁。

(4) "China proposed division of Pacific, Indian Ocean regions, we declined: US Admiral," *The Indian Express*, May 15, 2009, http://archive.indianexpress.com/news/china-proposed-division-of-pacific-indian-ocean-regions-we-declined-us-admiral/459851/
"For US, Pacific showdown with China a long time coming," *Nikkei Asia*, Oct. 29, 2015, https://asia.nikkei.com/Politics/For-US-Pacific-showdown-with-China-a-long-time-coming

(5) Remarks by President Obama and President Xi Jinping in Joint Press Conference, https://obamawhitehouse.archives.gov/the-press-office/2014/11/12/remarks-president-obama-and-president-xi-jinping-joint-press-conference

(6) "How the West got China Wrong", *The Economist*, March 1, 2018.

(7) 『中国安全保障レポート2022―統合作戦能力の深化を目指す中国人民解放軍』防衛研究所、2021年、30頁。

(8) 中国による浸透工作については、以下の文献を参照。
Sharp Power: Rising Authoritarian Influence, National Endowment for Democracy, 2017, https://www.ned.org/sharp-power-rising-authoritarian-influence-forum-report/. クライブ・ハミルトン『目に見えぬ侵略―中国のオーストラリア支配計画』飛鳥新社、2020年。John Manthorpe, *Claws of the Panda: Beijing's Campaign of Influence and Intimidation in Canada*, Cormorant Books, 2019. Devin Stewart, *China's Influence in Japan*, CSIS, 2020.

(9) 例えば、"China's latest attempt to rally the world against Western values", *The Economist*, April 27, 2023、を参照。

焦点：2
転機を迎えた日欧関係

岩間陽子

政策研究大学院大学教授／平和・安全保障研究所理事

はじめに

2023年5月12日、中国外交部報道官の汪文斌は、NATOが日本に連絡事務所設立を検討していることに言及し、次のように言葉を荒げた。

NATOは、地域同盟としてのNATOの位置づけは変わっておらず、地理的な突破を求めていないと、何度も公に述べてきた。アジア太平洋地域は北大西洋の地理的範囲ではなく、アジア太平洋版「NATO」を設立する必要はないはずだが、NATOはアジア太平洋諸国との関係を強化し続け、執拗にアジア太平洋地域に東進し、地域情勢に干渉し、陣営間の対立を引き起こしている。NATOは何を意図しているのだろうか？これは国際社会、特にアジア太平洋地域の国々の強い警戒感を引き起こしている。関係者らがいわゆる地政学的利益を追求することによって、地域の平和と安定を損なうことのないよう望んでいる。

同時に、外の世界は、日本が本当にNATOの「アジア太平洋化」の先兵になりたいのかどうかについても注目している。アジアは平和と安定の高地であり、協力と発展の盛んな地であり、地政学的競争の舞台となるべきではない。近代軍国主義の侵略の歴史により、日本の軍事安全保障動向は常にアジアの近隣諸国や国際社会の注目を集めてきた。我々は日本側に対し、歴史から教訓を真剣に学び、平和的発展の道を堅持し、地域諸国間の相互信頼を破壊し、地域の平和と安定を損なわないよう促すものである[1]。

なぜ、中国の外交官はここまで反応したのであろうか。中国に警戒感を抱かせ

るほど、日本とNATOは接近しつつあるのだろうか。それは日欧関係について、どのようなことを意味しているのだろうか。

　長らく日欧関係は、経済に偏りがちであった。日本は欧州から見れば「極東」と呼ばれるほど、地理的に遠い地域であった。日英同盟という同盟関係は二十世紀初頭に存在したが、当時はイギリスが世界中に利害を抱える大帝国であったため、日本とイギリスの間に安全保障の接点が出てきたのであった。第二次大戦後日本は、安全保障においては自制的なアクターとなった。60年代後半に経済大国として世界舞台に躍り出て以降、日本はG7の一員として活動し続けてきたし、欧州との価値観の共有性は常に意識されてきた。しかし、従来日本はあえて価値観を前面に出さない外交をする面もあった。また欧州側には、経済においては競争相手であり、安全保障面ではプレーヤーではない日本との関係に関する熱意はそれほどなかった[2]。1973年に三極委員会の前身である日米欧委員会が発足したが、これもアメリカからの強いイニシアチブに日本が応じる形で始まっている。

　1980年代から90年代前半にかけては、日本経済が「ジャパン・アズ・ナンバーワン」として畏怖され、日本が世界最大の貿易黒字国となっていた時期であった。対米関係の最大の問題が貿易摩擦であったが、欧州とも同様であった。欧州側からはしばしば日本のやり方がフェアでないという指摘がされ、日本異質論が出ることも多かった。チャルマーズ・ジョンソンの著名な通産省研究が出た後、「日本株式会社」は、官僚と企業が密接な関係にある特殊な社会であるというような議論が頻出した。ヨーロッパでは、オランダのカレル・ヴァン・ウォルフレンが代表的な日本異質論者であり、『日本／権力構造の謎』（1989年）、『人間を幸福にしない日本というシステム』（1994年）などは、ベストセラーとなった[3]。この時代の日本は、パートナーではなくある種制度的な競争者としてさえ見られているようであった。

1. 中国という「部屋の中の象」

　そのような日本に対する厳しい態度が和らぎ始めるのは、90年代に入り日本の経済が長い停滞期に入った頃からである。バブル期を経た後、成熟した経済大

国となりつつあった日本は、様々な面で米欧と強調して、冷戦終結、ソ連邦崩壊という大変動期を乗り切るのに貢献した。厳しい経済摩擦の時代を経て、初めて共通の価値観（自由民主主義、市場経済、人権の遵守、法の支配に基づく共存共栄）に基づく対等のパートナーとしての日欧関係が生まれてきた。これを公式に認めたのが、91年7月18日の「ハーグ宣言」であったと言われる。当時外務審議官であった小和田恒が提唱し、その交渉に深くかかわったため、「オワダ・イニシアティブ」とも呼ばれる[4]。日本が本格的に価値観外交に乗り出すのは、第一次安倍内閣以降であるが、この時代すでにその萌芽が見られ、それが日欧関係の基盤となっていることは、現在の関係を考える上でも示唆に富んでいる。

　冷戦の終焉した89年、ヨーロッパにおいては共産主義体制が次々と崩壊したが、北京では6月4日に天安門事件が起きた年でもあった。かつて共産主義諸国世界の中で主導権争いをしたソ連と中国であったが、80年代後半以降、まったく異なる道を進んだ。ゴルバチョフ体制下のソ連がペレストロイカによる改革を進めようとしたのに対し、中国は「改革開放」を宣言しつつ、共産党による強力な支配体制は緩めようとしなかった。その違いが顕著に表れたのが89年であった。東欧のかつてのソ連衛星諸国で次々と共産主義体制が崩壊していくのをソ連はほとんど傍観していたのに対して、中国で起こった学生を中心とした自由化運動に対して、中国共産党は厳しい弾圧を加えた。

　天安門直後、米欧は中国に厳しい経済制裁を科し、中国と欧州の関係は一旦冷え込んだ。しかし、急速な経済成長を始めた中国を見て、新自由主義的傾向が強くなっていた米欧もその市場へ乗り込んでいった。その過程で日欧間の新たな問題として浮上したのは、対中武器禁輸解除問題であった。天安門事件後のEUの対中禁輸措置の中には、武器も含まれていた。80年代には米欧共に、中国にかなりの武器を売却するまでに至っていた。これは天安門でいったん停止した。しかし、事件後時間がたち、安定的な経済成長が始まるにつれ、EU側の対中態度には変化が訪れた。

　94年には、EU・中国間で新しい複合的な政治対話枠組みを創設することが決められた。95年には『中欧関係の長期的政策』と題するEU初の対中政策文

書が発表され、98年からはEU・中国定期首脳協議の枠組みも設置された。この年、EU側は対中関係を「包括的パートナーシップ」と位置づけ、これが2003年には、「包括的な戦略的パートナーシップ」と呼ばれるようになった[5]。03年頃から、EUの中国に対する期待は頂点を迎え、両者は「蜜月期」に入った。当時の欧州の中国への傾斜は、一方でアメリカに対する反感の表れでもあった。ブッシュ政権下のアメリカは単独主義的傾向を強めつつあり、欧州側にはある程度の戦略的自律性を獲得したいとの気持ちもあり、中国との戦略的な関係を模索していた。EUによる全地球航法衛星システムであるガリレオに中国が参加することが03年に決められたことも、アメリカのGPS依存から脱却したいという気持ちと、それに中国の力を借りようという気持ちがあった。初めて共通外交安全保障政策（CFSP）を策定したEUは、「グローバル・プレーヤー」となることを宣言していた。（中国はガリレオに2億3,000万ユーロを投資する約束をしていたが、その後計画から離脱し、独自の「北斗」というシステムを構築した。）

この時期以後、日欧関係には常に「中国ファクター」が付きまとうようになった。ある種の「部屋の中の象」としての中国が、日欧関係に出現したのであった。それが最も問題化したのは、EUの対中武器禁輸解除問題であった。この問題が表面化したのは、03年後半からであり、これに対して先に抗議したのは米国であったが、日本もこれに同調して、EUに対して武器禁輸解除を行わないよう求めるようになった[6]。

ここからしばらくの間、日欧間は「中国ファクター」を間に挟んで困難な時期が続いた。この時代の中国に関しては、今ほど強くはなかったものの、日米側には急激な軍事費の増加に関する警戒感があった。しかし、欧州側は中国を単なる経済上のパートナーであり、巨大な市場であるとしか見ておらず、中国大国化が持つ地政学的意義、中国の一党支配体制の潜在的な危うさには日本側が驚愕するほど無頓着であった。ここから、何とか日本の見方を理解してもらおうとする長い努力が始まった。05年6月のルクセンブルグ定期首脳協議において、日・EUは東アジアの安全保障環境に関する戦略的対話の設置について合意した。

2.「中国ファクター」の変容

　EUの対中認識の変化は、中国自身の行動によって促されていった。日本から
の働き掛けも一定程度の効果はあっただろうが、むしろ、当初の期待の大きさ
に比して、実際に得られたものの少なさに次第にEU側に幻滅感が広がるように
なり、中国側のアンフェアな経済的行動に対する不満が募り始めた。この時代、
EUは04年と07年に多くの新規加盟国を旧東欧圏から迎え、かつてほど余裕が
なくなっていった。05年夏、EUは対中武器禁輸解除を棚上げにした。08年夏に
は、ガリレオへの中国の参加を排除することを決めた。その理由としては、不公
平な競争条件、知的財産権保護の欠如、公共調達における相互性の欠如などが
あげられていた。

　そのような中で、中国側は東欧との関係性を深めようとして、中東欧との協力
枠組みを12年に始めた。欧州側の参加国は、当初アルバニア、ボスニア・ヘル
ツェゴビナ、ブルガリア、クロアチア、チェコ共和国、ギリシャ、ハンガリー、モンテ
ネグロ、北マケドニア、ポーランド、ルーマニア、セルビア、スロバキア、スロベニア
の14ヶ国で、「14+1」と呼ばれた。後に欧州側の参加国数は変動したものの、こ
の中で中国との関係が強化されていったのは、ハンガリーやセルビアを中心とす
るバルカンの数カ国に限られていた。「一帯一路」構想の下に、交通インフラに
食い込んでくる中国に関する警戒感も次第に強くなった。

　逆に、価値観を共有する日本との戦略的関係は、次第に見直され始めた。06年
に発足した第一次安倍政権は価値観外交を強化し始め、安全保障上のアクター
になろうとし始め、その影響は日欧関係にも及んだ。当時の麻生外相は、「自由
と繁栄の弧」の概念を打ち出し、日本外交における価値の問題に踏み込んで
いった。麻生外相は、06年5月にNATOを訪問し、閣僚として初めて北大西洋理
事会（NAC）で演説した。その中では、テロの脅威などと並んで、「この地域（ア
ジア）の新たな動きは、中国の台頭です。我々は、地域及び世界において中国が
責任ある役割を果たすことを歓迎していますが、軍備増強の透明性については、
東アジアの安全保障環境に与えうる影響に鑑み、我々はよく注視しなければな
りません」と、中国問題について注意を喚起した。さらに、「我々は民主主義、人

権、法の支配という価値観を有しており、元々、意識を共有する仲間です」として、価値観の共通性を強調し、「今後、日本とNATOとが相互理解を継続的に深めていけば、最後には、政策協調のみならず、オペレーショナルな面においてもどのような協力が可能かを見つけるであろうと私は確信しています。皆様、共に第一歩を踏み出し、前に進みましょう」と語った[7]。

翌07年1月には安倍総理大臣が日本の総理大臣として初めて、同じく北大西洋理事会を訪問し、「私達は生まれつつある民主主義を強固なものとし、人権が抑圧されているところにおいて人権の尊重を確固たるものとし、人々が絶望に打ちひしがれたところではより明るい未来への希望をもたらす責任を負っています」として、定期的な協議を含む、より緊密なパートナーシップを呼び掛けた[8]。

欧州側には、突如日本が安全保障上のアクターとなろうとすることに対する戸惑いはあったものの、このころには日本との経済摩擦は消滅しており、対日関係で否定的要素はなくなり、中国の脅威を強調する日本に同調したわけではなかったが、価値観の共通性と将来の協力の可能性を探るという面では、反対すべき理由がなかった。他方で、まだ日欧間には具体的協力をするほどの安全保障課題があるわけではなかった。当時NATOはまだアフガニスタン作戦とテロ対策に精力をそがれており、日本は一定程度の協力はしたものの、アフガニスタン事態への自衛隊派遣はなく、協力できる分野は限られていた。

EUとの政治関係も、この頃から次第に好転し始めた。2011年5月、第20回日EU定期首脳協議において，日EU関係のあらゆる側面を強化するためと称して、戦略的パートナーシップ協定（SPA）、並びに経済連携協定（EPA）についての並行した交渉のためのプロセスを開始することが合意された。実際には13年に交渉が開始され、17年には大枠合意が達成され、18年7月17日の第25回日EU定期首脳協議の際に、日EU・SPAとEPAが署名された。

この頃までには、中国は習近平体制が確立し、また13年にはロシアのクリミア侵攻が起こり、安全保障環境はかなり変化してきていた。EU内ではユーロ危機、難民危機などを経る中で、経済的な保護主義、反リベラリズム勢力への警戒感が高まっており、その意味でもパートナーとしての日本の評価が上がって

いった。戦略的パートナーシップについて安倍首相は、「基本的価値を共有する日EUの協力関係を一層深め、ルールに基づく自由で開かれた国際秩序を維持・拡大し、国際社会の平和と繁栄をリードしていく基礎となる」ものであると表明した。

3.「インド太平洋」を介してつながり始めた日本と欧州

　第一次政権において価値観外交を打ち出していた安倍首相は、12年にカムバックすると、それまで以上に、共通のルールや法の支配に基づく自由主義国際秩序の重視を訴えるようになった。その中で生まれてきたのが、「自由で開かれたインド太平洋（FOIP）」の概念であった。この概念に関しても、当初欧州側はそれほど関心を示していなかった。最初に積極的に概念を共有してきたのは、米国であった。しかし、中国の「一帯一路」構想が次第に西に伸びて欧州にまで及び、また、南シナ海における中国の活動が顕著に国際ルールから逸脱するものになっていくにつれ、欧州側の態度にも変化が生まれてきた。

　中国からの東欧やバルカンに対する積極的な投資に対抗するために、EU自身も「連結性戦略」を18年9月に打ち出し、インフラへの積極的投資の重要性を再認識していた。翌19年9月には安倍総理が「欧州連結性フォーラム」に出席し、「持続可能な連結性及び質の高いインフラに関する日EUパートナーシップ」に署名した。日本とEUは、デジタル、運輸、エネルギー、人的交流を含む分野で、特に西バルカン、東欧、中央アジア、インド太平洋、アフリカで協調することについて合意した。ここで、大陸に限定されがちであったEUの視野と、日本のインド太平洋戦略が交差することになった。基本的価値観が日EU間で共有されていることが再確認され、これがさらに海洋面へと繋がっていくことになった。

　安倍政権が自由で開かれたインド太平洋戦略を打ち出していったのに対して、最初に積極的反応を示し始めたのは、イギリスやフランスといったインド太平洋にも利害を持つ海洋国家であった。その他の欧州諸国は、アメリカの強い要請で中国の挑戦に目を向け始めた。それらの諸国にとっても、日本の包括的なインド太平洋戦略は、関心を持ちやすいトピックであった。フランス、ドイツ、イギリ

スなど、各国でもインド太平洋政策に関する文書が取りまとめられるようになった。イギリスは21年最新鋭の空母「クイーン・エリザベス」を中心とする空母打撃軍をインド太平洋地域に派遣し、日本においても9月に日英蘭加の5カ国共同訓練を実施した。フランスも海軍士官候補生の遠洋航海演習「ジャンヌダルク2021」の一環として、強襲揚陸艦とフリゲート艦が日本に寄港し、日米豪仏合同訓練が行われた。さらには、21年11月にはドイツのフリゲート艦「バイエルン」も東京に寄稿するなど、21年は欧州のインド太平洋関与の新しい始まりを示す年となった。EUにおいても、21年は中国・台湾関係を再定義する転換点となった。21年9月には、初めての台湾関連勧告が欧州議会で採択された。続いてEUの対中国新戦略再検討文書が採択され、「インド太平洋における協力のためのEU戦略」という文書も発表された[9]。

4. ロシアによるウクライナ侵略と日欧関係

このように、インド太平洋を媒介に次第に接近し始めていた日欧関係であったが、ロシア・ウクライナ戦争はやはりもう一度関係を考え直す機会となった。結果的には、この戦争を契機に価値を共有するG7が、安全保障政策調整の場として復活した。経済安全保障の必要性も、改めて認識されるようになった。従来、欧州、特にドイツは、対露関係において、緊密な貿易による相互依存関係を築くことを重視していた。しかし、ロシア・ウクライナ戦争勃発で、経済依存、特にエネルギーや戦略物資における一方的な依存は、やはり安全保障上の観点からも問題であることがはっきりした。欧州もいまだに中国との貿易に大きく経済を依存しており、「デカップリング」を簡単に行えるような状況にはない。しかし、一旦戦争になると、余りに一方的依存が高いと大きな代償を払わねばならないことは、ドイツの対露天然ガス依存で明白になった。フォンデアライエン欧州委員会委員長は、欧州は戦略上重要なものについては依存度を下げる「デリスキング」が必要である、と主張し、この用語は広島G7サミットでもそのまま受け入れられた[10]。

日本と NATOの安全保障上の関係も、大きく変わりつつある。従来から、米国はNATOに対して、よりアジア、特に中国問題に関心を持つように圧力をかけ

続けていた。21年後半からNATO内では、中国問題の議論が進められてきた。新しい戦略概念の策定が予定されていた22年は、その議論に中間的にせよ、答えを出すべき年だと意識されていた。そこへ勃発したのが、ロシア・ウクライナ戦争であった。多くの欧州諸国にとって、目の前のロシアの脅威がまず何よりも優先すべき課題であり、中国に関心を向けるのは困難となった。マドリッド戦略概念は、ロシアを「最も深刻で直接的な脅威」として認識する一方で、中国に対しては両義的な表現にとどまった。22年6月という時期は、あまりにロシアのウクライナ侵攻の衝撃が強すぎた。

　しかし、同時にマドリッド首脳会合では、NATOとアジア太平洋パートナー4カ国（日豪韓NZ）との首脳会合も初めて実現した。インド太平洋と欧州における、米国の同盟国が繋がろうとする動きが始まった。岸田首相とストルテンベルク事務総長は、2014年5月に安倍首相とラスムセン事務総長との間で署名された日・NATO国別パートナーシップ協力計画（IPCP）を、新しい時代にふさわしいものにアップグレードすることを合意した。安倍首相のNATO本部訪問以来、日・NATO関係では、実質的な人的交流と協力が積み上げられてきていたが、それが22年に一気に加速した。

　NATOのストルテンベルク事務総長は、米国の意図をよく理解し、アジアの中での中心的な位置にある日本との関係強化に力を入れている。23年2月初めの訪日に際して、「日本ほど近しく能力のあるパートナーは他にいない」と、日本の重要性を強調した[11]。そして、23年5月には、NATOの日本事務所開設の意図が公表された。冒頭の中国外務報道官の発言は、それに対する反応である。中国がこれほど強く日欧関係を意識しているのは、やはりインド太平洋への欧州の関与が年々強まってきているうえに、NATOと日本をはじめとするアジア太平洋パートナー諸国とNATOの関係が、ロシア・ウクライナ戦争を契機にさらに強化されているためである。中国がロシアへの傾斜を強めており、そのことが逆に西側諸国の結束を強めている。このような日欧関係の急速な緊密化は、おそらくロシア・ウクライナ戦争がなければ起こらなかったであろう。

　今後の世界の中で、G7のシェアは経済面でも人口面でも、小さくなっていくで

あろう。しかし、規範面においてG7が果たしてきた役割は今後も生き続けるはずである。日欧が関係を緊密化させる必要があるのは、米国自身の力が弱ってきているためでもある。自由世界におけるリーダーとしての役割を、今後も米国が果たし続けるためには、日本と欧州が両翼から今まで以上に米国を支え、かつお互いに直接の関係を結び、協力を深めて行く必要がある。自由で開かれた国際秩序の維持が、自分たちだけでなく、世界の利益に適っていることを訴えて、それを守るための責任を担っていかねばならない。

(1) https://www.fmprc.gov.cn/fyrbt_673021/202305/t20230512_11076477.shtml

(2) 70年代初頭の日欧関係については、山本健「『ヨーロッパの年』の日欧関係、1973-74年」『日本EU学会年報』第32号（2012年）、pp.158-177頁。

(3) Chalmers Johnson, *MITI and the Japanese miracle : the growth of industrial policy, 1925-1975*, (Stanford: Stanford University Press, 1982).邦訳は、チャルマーズ・ジョンソン『通産省と日本の奇跡：産業政策の発展1925-1975』佐々田博教訳、（勁草書房、2018年）。カレル・ヴァン・ウォルフレン『日本／権力構造の謎』篠原勝訳（早川書房、1990年）、『人間を幸福にしない日本というシステム』篠原勝訳（毎日新聞社、1994年）。

(4) この歴史的変遷については、細井優子「日・EU 関係におけるSPAの意義—規範的パートナーとしての可能性」『法学志林』116巻4号（2019年）, 222 (1) -204 (19) 頁。

(5) 林大輔「EU・中国関係の制度的枠組み—法的基盤・重層的対話枠組み・パートナーシップ—」『日本EU学会年報』第38号（2018年）、198-218頁。

(6) 鶴岡路人「日EU関係における『中国ファクター』」*Keio SFC journal*, Vol. 21, No.1 (2021) pp.92-113.

(7) 北大西洋理事会における麻生外務大臣演説「新たな安全保障環境における日本とNATO」平成18年5月4日。

(8) 北大西洋理事会における安倍総理大臣演説、「日本とNATO—更なる協力に向けて」平成19年1月12日。

(9) 東野篤子「EU・中国・台湾関係の新展開」前編・中編・後編、日本国際問題研究所、『研究レポート』2021年10月7日、10月8日、10月9日、FY2021-1~3号。

(10) Speech by President von der Leyen on EU-China relations to the Mercator Institute for China Studies and the European Policy Centre, 30 March 2023. https://ec.europa.eu/commission/presscorner/detail/en/speech_23_2063

(11) Secretary General in Tokyo: No NATO partner is closer or more capable than Japan, 31 January -1 February 2023. https://www.nato.int/cps/en/natohq/news_211272.htm

焦点：3

正念場を迎えるわが国の核政策

梅本哲也

静岡県立大学名誉教授

はじめに

　昨年来、核兵器をめぐる国際情勢が緊迫の度を加えている。ウクライナに侵攻したロシアは核使用の可能性を幾度も示唆してきた。核戦力を含む中国の軍事力が増大する中で、台湾をめぐる緊張が激化している。北朝鮮は核能力の急拡大を図り、ミサイル発射を繰り返してきた。一方、核拡散防止条約（NPT）再検討会議は最終文書の採択に至らず、ロシアが新戦略兵器削減条約（新START）の履行を一時停止する等、核軍縮の停滞が目立つ。この1月には核戦争等による人類滅亡までの時間を表すとされる原子力科学者会報（Bulletin of the Atomic Scientists）の「終末時計」が史上最短の90秒となった。

　こうした状況がわが国の核政策に影響を与えない筈はない。本稿は核抑止の幾つかの特質についての理解を前提に、わが国を取り巻く戦略環境の変化に注意を払いつつ、冷戦期以来のわが国核政策の展開を素描し、併せて最近注目を集めている「核共有」をめぐる議論について略説しようとするものである。なお、わが国の核政策においては国際的な核軍縮の推進も重要な柱となっており、近年は核兵器国と非核兵器国との「橋渡し」を旗印に努力が傾けられてきたが、紙幅の関係もあり、本稿では核抑止に関する政策及び論議に焦点を絞ることにする。

核抑止の論理

　核抑止とは核使用の威嚇を通じて敵に攻撃を思い止まらせることである。敵が自らの軍事目的を達成することが困難になると予想して攻撃を思い止まる場合、

「拒否的抑止」が効いたことになり、自らの国土、国民あるいは権力基盤に壊滅的な被害が及ぶと想定して攻撃を思い止まる場合、「懲罰的抑止」が働いたことになる。また、自国に対する攻撃の抑止を「基本抑止」と言い、同盟国に対する攻撃の抑止を「拡大抑止」と言う[1]。

　核抑止が機能するためには、核使用の威嚇に何がしかの信憑性が認められねばならない。一般に核保有国自身に対する攻撃に際して核報復を行う旨の威嚇は、同盟国に対する攻撃に際して核報復を行う旨の威嚇よりも真剣に受け取られやすい。逆に言えば、その分だけ拡大抑止の信頼性を確保することは容易でないということになる。

　それでも敵に攻撃を思い止まらせるためには、核報復の可能性が僅かでもあればよいかも知れない。しかし、同盟国は必要な際には核報復が確実に行われる旨の保証を欲しがるであろう。その一方で、同盟国にとっては、拡大抑止の提供国が性急な核使用に走ることも心配であろう。敵の「抑止」よりも同盟国への「安心供与」が難しいとされる所以である。

　冷戦期の米国とソ連は核軍備の構築を競い、やがて相互確証破壊（MAI）の状況、さらには戦略核における均等に達した[2]。いずれが先制攻撃を加えても他方の報復攻撃によって耐え難い損害を被ることが避けられなくなったため、双方において先制攻撃の誘因が薄れ、極限的な懲罰的抑止に依拠した形で戦略レベルでの安定に繋がった[3]。

　しかし、戦略レベルでの安定は、それに至らないレベルでの不安定をもたらしかねなかった。戦略核の使用に対する恐れが低下するにつれ、通常戦力や非戦略核（戦域核、戦術核）のバランスで優位を占める側が、攻撃を掛ける誘惑に駆られやすくなるからである。この現象は「安定・不安定の逆説」と呼ばれるが、いずれかが地域的、局地的な事態により強い覚悟で臨めると想定される場合にも、挑発の誘因が拡大し得る。

冷戦期の拡大抑止

　冷戦期を通じて北大西洋条約機構（NATO）は通常戦力で劣位と考えられて

おり、ソ連とその衛星国の巨大な兵力による地上侵攻の脅威を感じていた。その
ため、西側は核兵器への依存を強め、英国に続いてフランスも核保有国となっ
た。また、米国から西欧諸国への非戦略核の配備が進み、その一部について核
運用参与（nuclear sharing）の制度が整えられた。

　NATOの核運用参与は安心供与を主眼とするものであった。欧州の同盟国
が欲する時に核兵器が使用され、欲しない時には使用されないという心証を同
盟国に抱かせようとしたのである。また、それによって西側内部の結束が固まれ
ば、東側に対する抑止にも裨益する筈であった。核運用参与には核弾頭の運搬
手段を非核の同盟国に所有させる等の「戦力共有」方式と、核戦力の運用に関
する方針の策定に同盟国を参加させる「戦略協議」方式とがあり、重点は前者
から後者へと移行した[4]。

　とはいえ、当然ながら同盟国には米国による核戦力の発動を強制する権利は
与えられず、また核運用参与の対象とならない米国の核兵器も多数存在したこと
から、西欧諸国への安心供与は完全ではあり得なかった。その上、1970年代末
以降、ソ連が高性能の中距離核戦力（INF）を展開し始めたことにより、通常戦
力のみならず非戦略核でも東側に優位を許したと捉えられる時期があった。

　一方、わが国を含む極東の戦略環境は海・空中心であり、そこでは長い間、通
常戦力における米国の優位が当然視されていた。その反面、西欧諸国では政治
的な左派も概ねNATO支持であったのに対し、わが国の左派は日米安保への反
対を継続しており、とりわけ米国の核戦略に組み込まれることを拒絶していた。
また、欧州では地域諸国による共同核保有の選択肢があったが、わが国には事
実上それはなかった[5]。

　そうした中で、佐藤内閣は1960年代後半、「非核三原則」（核兵器を「持たず、
作らず、持ち込ませず」）を打ち出すと同時に、米国の核抑止力への依存を言明
するに至った。それには中国の核保有に対する政治的な応答という面があった
が、核抑止にまつわる対米依存は極めて受動的なものと言えた[6]。核抑止力は
もっぱら核攻撃の脅威に対するもの―つまり、わが国の防衛努力とは直接の関
係がないもの―と説明され、核兵器の持ち込みも拒否することとされた（但し、

核兵器搭載艦船の寄港に関しては、これを黙認する「密約」があったことが後に判明した）。また、わが国政府は米国の核抑止力は戦略核によって構成されるとの立場を取り、核戦略に関する公式の協議も求めようとしなかったが、そこには沖縄返還に向けて非戦略核の前方配備から距離を置こうとする姿勢も表れていた[7]。

　なお、この頃にはわが国も技術面で核開発の能力を高めつつあり、政府部内でも核保有の是非について検討が行われた。しかし、結局のところ、佐藤内閣は原子炉や核燃料の供給について、核不拡散に重きを置く米国への依存を決定する等、核保有への政治的なハードルを引き上げた[8]。

　1970年代後半から80年代にかけて、極東でもソ連通常戦力の脅威が意識されるに至り、新たにソ連の非戦略核も懸念の的となった。これに対し、わが国政府は核抑止に関する対米依存の形態を―全体としては依然として受動的ではあったものの―徐々に能動化させていった。米国の核抑止力は通常侵攻に対しても機能するとの説明が行われるようになり、それはわが国がNPTの批准を通じて核兵器の不保有を国際的に約束する要因の一つとなった。また、米国が海洋から発射される核戦力の前方展開に注力し始める中で、わが国の防衛努力が―公然とではないが―そうした核戦力の防護という文脈でも捉えられることとなり、核搭載艦船の寄港を黙認することの意味も大きくなった。さらに、中曽根首相はINFをめぐる米ソ間の軍備管理に関して積極的に発言し、米国の交渉姿勢に影響を与えた[9]。

冷戦後の拡大抑止

　東西対立の終焉により、大国間の核戦争に対する国際社会の懸念は大きく低下した。INF全廃条約に則って地上発射の中距離ミサイルがすべて廃棄されたのを始め、米露の核軍備は戦略核を含めて大幅に削減され、欧州に配備された米国の非戦略核も少数を残すのみとなった。しかし、わが国の周辺では北朝鮮による核兵器及びミサイルの開発が進み、中国も核戦力を含む軍事力を着々と強化していった。一方、わが国では、政治的な左派も一部を除いて日米安保への反対を唱えなくなった。

　2010年代に入ると、米中間における国力の接近及び利害、価値の衝突により、世界は新たな双極対立の様相を見せるようになった。地域戦争、局地戦争の拡大による大国間の核対決が改めて危惧されるに至ったのである。ロシアのウクライナ侵攻と核使用の威嚇、米欧の対露制裁、中露の連携強化に伴い、最近はかかる傾向にますます拍車が掛かっている。そうした中で、低出力核兵器や新奇な運搬手段の導入が図られ、核兵器による「拒否的抑止」も注目を集めるようになった。国際社会における「核の忘却」に終止符が打たれ、「核兵器復権の時代」が装いを新たに到来したと言ってよい[10]。

　このような状況の下、わが国政府は米国核抑止力への依存を能動化する動きを継続し、やがて米国の拡大抑止を確保するにあたってわが国の防衛努力が有する意義を強調するに至った。「防衛計画の大綱」は2004年以来、ミサイル防衛を初めとするわが国の取り組みが、核の脅威に対しても一定の役割を果たすことを認めるようになった。加えて、2010年以降には、「核抑止力を中心とする米国の拡大抑止」が「不可欠」であり、その維持、強化に向けて「米国と緊密に協力していく」旨を謳うこととなった。

　そして、2022年に「防衛計画の大綱」に代わって策定された「国家防衛戦略」では、「防衛目標を達成するための我が国自身の努力と、米国の拡大抑止等が相まって、あらゆる事態から我が国を守り抜く」と述べられた。そこに言う「防衛目標」とは、①好適な安全保障環境の創出、②力による一方的な現状変更の抑止、③侵攻があった場合の主導的な対処を主要な内容とするものであり、「反撃能力」の保持や継戦能力の強化を含む広汎な施策がその達成に向けて打ち出された。ここに至って、わが国の防衛努力と米国の核抑止力とが全面的に結び付けられたのである。

　また、核兵器の持ち込みに関しては、「密約」調査を主導した民主党・鳩山内閣の岡田外相が2010年、非核三原則の遵守を強調しつつも、核搭載艦船の「一時的寄港ということを認めないと日本の安全が守れないというような事態がもし発生したとすれば、それはそのときの政権が政権の命運をかけて決断をし、国民の皆さんに説明する」と国会答弁し（衆議院外務委員会、平成22年3月17

日）、自民党が政権に復帰してからも、そうした政府の立場は引き継がれた。

さらに、核戦略に関する米国との正式な協議も開始されるに至った。その先駆けとなったのは、2008年から翌年にかけて、米議会が設置した戦略態勢に関する委員会の聴取に対して、わが国が詳細な意見表明を行ったことであった。オバマ政権による核態勢見直し（NPR）の過程でも、外交当局が具体的な注文を付けたと報ぜられた。そして、2010年には日米の拡大抑止協議（EDD）が始まり、基本的に年2回、審議官級で開かれてきたが、2022年以降は閣僚級でも拡大抑止に関する協議が行われている[11]。

あらたな不均衡？

ところで、昨今のわが国を取り巻く戦略環境には、冷戦期の西欧諸国にとってのそれと類似する面がある。戦略核における米国の全般的な対中優位は依然として大きいものの、米国本土は中国の核攻撃に対して脆弱性を増しつつあり、しかも中国の核軍備は今後著しく拡大する恐れがある。つまり、米中二国間について言えば、かつての米ソと同様の意味における戦略レベルでの安定に近づいているのである。

また、中国による不断の軍備増強の結果、わが国近傍における通常戦力バランスは中国有利の方向に傾きつつある。さらに、中国は核・非核の地上発射中距離ミサイルを多数配備しているのに対し、米国はINF全廃条約が失効した現在もこれを配備するに至っていない。

戦略レベルにおける安定が予期され得る中での通常戦力、非戦略核に係るこうした状況は、「安定・不安定の逆説」に鑑みた場合、中国が地域レベル、局地レベルでの挑発を激化させる危険を蔵していると言える。その上、特に台湾をめぐって生起し得る紛争については、核攻撃の応酬によって共倒れになる危険を許容する度合いは中国の方が米国より高いという印象が与えられてきた。

他方、わが国が直面している状況には、冷戦期の欧州と異なる面もある。第一に、戦略レベルでの安定は米中2国のみならず、ロシアを加えた3国の間で検討せねばならない。第二に、中国が当初からわが国への攻撃、そして占領に向けて

通常兵力を大量動員することは想定し難い。より公算が大きいのは、台湾有事に際して、中国が核攻撃の脅しを通じて、わが国が米軍による基地使用の承諾その他の形で台湾の防衛に寄与するのを阻もうとすることである。第三に、海・空主体の戦略環境において、地上発射の非戦略核における不均衡の持つ意味は、相対的に限られたものであるかもしれない。

核運用参与の模索

　NPTに加盟した後のわが国でも、一部では折に触れて拡大抑止の信頼性低下を根拠に核兵器の保有が唱えられたが[12]、それは殆ど政治的な訴求力を持たなかった。そして、冷戦期の西欧諸国とある程度似通った戦略状況に置かれるに至った当今においても、わが国はもっぱら非核三原則の枠内で拡大抑止への依存を能動化し、防衛努力を通じてこれを補強するという方策を取ってきた。

　そこに一石を投じたのが、ロシアによるウクライナ侵攻の開始直後に沸き上がった「核共有」論である。安倍元首相がNATOの核運用参与に関連して、わが国も「様々な選択肢を視野に入れて議論すべき」旨を発言すると[13]、自民党、日本維新の会、国民民主党の幹部がこれに同調したのである。世論調査でも「核共有」の議論そのものは受け入れる傾向が示された[14]。

　これに対し、岸田首相は国会答弁で「核共有の中身」が「平素から自国の領土に米国の核兵器を置き、有事には自国の戦闘機等に核兵器を搭載運用可能な体制を保持することによって……米国の核抑止力を共有する、こういった枠組み」であるとすれば、「非核三原則を堅持している立場」等から「政府として認めることは難しい」との考えを表明し、「政府として議論すること」を否定した（参議院予算委員会、令和4年3月2日）。また、自民党安全保障調査会も「核共有」は「当面採用せず」との方針を決め、立憲民主党、共産党の他、与党の一角を占める公明党も「核共有」への反対を強調した。

　岸田首相の答弁からも明らかなように、わが国で「核共有」と言われているものは、「戦力共有」方式の核運用参与に当たるものである。具体的な方式としては、核兵器の運搬手段として原子力潜水艦を建造または借用する、あるいは自

衛隊が保有する戦闘機の一部を活用するといったことが提案されている[15]。

　現在はやや沈静化しているようにも見える「核共有」をめぐる議論であるが、今後におけるその展開は、拡大抑止に係る安心供与――そして、それを通じた抑止の強化――がどれだけ必要と感ぜられるか、そして「戦力共有」方式の核運用参与がどこまでそれに応え得るか、に懸かってこよう。既述の如く、NATOにおける核運用参与の重点は「戦略協議」方式に移っており、日米間の拡大抑止に関する協議も拡充される方向にある。もちろん、「戦力共有」と「戦略協議」は矛盾するものではなく、わが国が核兵器の運搬手段を分かち持てば、それだけ核兵器の運用に関する協議も濃密なものになる筈である。

　他方、核兵器運搬手段としての運用を想定した装備の新規調達や既存装備の利用は、防衛努力の優先事項とされる「反撃能力」の取得や継戦能力の確保を予算面その他で阻害することになるかも知れない。また、わが国による運搬手段の保有に対しては、NPTに違反するとの国際的な批判が寄せられる公算が大きい[16]。「核共有」の戦略的な妥当性は、それによってもたらされると期待される安心供与や抑止の補強が、想像されるこうした負の効果を補って余りあるほど大きいか――そして、その判断は米国を納得させるに足るものか――によって決まってくると言えよう[17]。

むすび

　本稿では冷戦期以来の戦略環境の推移に伴って、核抑止に関するわが国の政策も変化してきた様を略述した。日米安保への反対が極めて微弱となった国内状況をも反映して、今日では米国の拡大抑止とわが国の防衛努力とが少なくとも文言上は緊密に結び付けられることとなった。他方、わが国の核政策は依然として非核三原則の枠内に留まっており、米国核兵器の持ち込みを前提とする「核共有」は当面退けられている。

　しかし、「核共有」自体の当否は別にして、非核三原則に抵触するという理由でその議論すら拒むというのは適当でないと思われる。「持ち込ませず」でわが国の安全が保たれるのかというのが、そもそもの問題提起だった筈だからである。

　実際のところ、非核三原則の陰に隠れて「思考停止」を続けた場合、わが国は核抑止に関して向後より大きな困難に逢着する恐れがある。ロシア、中国、北朝鮮からの戦略的な挑戦が深刻さを増すと想定されることに加えて、米国、韓国の動向にも不確実性が付き纏っているためである。米国は韓国との間でも拡大抑止に関する協議の強化に踏み出し、これに対して韓国はNPTの遵守を再確認した（2023年4月、ワシントン宣言）[18]。しかし、米国はわが国に到達する北朝鮮の中距離ミサイル能力を不問に付する印象を与えたことがあり、韓国では独自の核開発に賛同する国民が多数を占めているのである。

　以上に見るように、わが国の核政策はまさに正念場を迎えようとしている。防衛努力の着実な推進、日米EDDのさらなる充実等を図るべきは当然として、後世に憂いを残さないためにも—戦略状況の展開によっては「持たず」「作らず」についてのそれを含め—より自由闊達な論議が求められる所以である。

(1) 通常戦力その他による抑止もあり得るが、本稿では核使用の脅しに依拠した抑止のみを扱うことにする。

(2) 戦略核とは敵の都市や産業施設、権力中枢といった戦略目標の攻撃に用いられる核兵器を言う。米ソ間では大陸間弾道ミサイル（ICBM）、潜水艦発射弾道ミサイル（SLBM）及び戦略爆撃機が戦略核に分類されていた。

(3) 但し、そうした形での安定が望ましいものと常に評価されたわけではなく、核攻撃に対する脆弱性の克服を追求する立場も有力であった。

(4) NATOの核運用参与については、岩間陽子編『核共有の現実—NATOの経験と日本』（信山社、2023年）を参照。nuclear sharingは一般に「核共有」と訳されるが、「戦略協議」方式もそれに含まれ、現在では寧ろそれが中心となっていることから、本稿では「核運用参与」という言葉を使うことにする。なお、運搬手段を保有しない幾つかの同盟国は、米国核兵器を運搬する航空機を通常の戦闘機で支援する枠組みに参加している。

(5) 冷戦期におけるわが国の核政策についての実証的な研究として、黒崎輝『核兵器と日米関係—アメリカの核不拡散外交と日本の選択 1960–1976』（有志舎、2006年）を参照。また、吉田真吾『日米同盟の制度化—発展と深化の歴史過程』（名古屋大学出版会、2012年）にも重要な指摘がある。

(6) 米国核抑止力への依存が明言されるより前であるが、この点に関するわが国政府の受動性を端的に示したものに、外務省見解「日米安保条約の問題点について」（1966年4月16日）〔『わが外交の近況』昭和42年版所収〕がある。

(7) 沖縄には一時、1300発近い核兵器が配備されていたと言われるが、施政権返還に際してすべて撤去された。沖縄返還交渉における核兵器の問題については、中島琢磨『沖縄返還と日米安保体制』（有斐閣、2012年）が詳しい。

(8) 黒崎輝「日本核武装研究（一九六八年）とは何だったか—米国政府の分析との比較の視点から」
『国際政治』第182号（2015年11月）、岸俊光『核武装と知識人—内閣調査室でつくられた非核政
策』（勁草書房、2019年）。

(9) 佐藤行雄『差し掛けられた傘—米国の核抑止力と日本の安全保障』（時事通信出版局、2017年）
第1部。

(10) 秋山信将・高橋杉雄編『「核の忘却」の終わり—核兵器復権の時代』（勁草書房、2019年）。同書
では近年における核兵器をめぐる国際政治の展開が包括的に検討されている。

(11) 日米の核戦略協議については、太田昌克「『日米核同盟化』の進展とその含意」『国際政治』第
203号（2021年3月）に分析がある。

(12) そうしたものに、例えば清水幾太郎『日本よ国家たれ—核の選択』（文藝春秋、1980年）、中西輝
政編『「日本核武装」の論点—国家存立の危機を生き抜く道』（PHP研究所、2006年）がある。

(13) 安倍元首相の見解については、「『核共有』の議論から逃げるな—中国・ロシア・北朝鮮からこの国
を守るために」『文藝春秋』第100巻第5号（2022年5月）を参照。

(14) 一例を挙げると、日本経済新聞社による2022年3月の調査では、「核共有に向けて議論すべきだ」
23%、「核共有には反対だが議論はすべきだ」56%、「核共有の議論はすべきでない」17%で、約8
割が議論自体には肯定的であった。『日本経済新聞』2022年3月28日。

(15) 例えば、日本維新の会「国家安全保障戦略等の改定に対する提言書」（2022年12月7日）は「原子
力潜水艦の共有」に言及している。また、岩田清文他『君たち、中国に勝てるのか—自衛隊最高幹
部が語る日米同盟 VS. 中国』（産経新聞出版、2023年）183-184頁には、航空自衛隊の保有するF
-35戦闘機の活用及び原子力潜水艦の建造、保有という選択肢が挙げられている。

(16) 欧州における「戦力共有」方式の核運用参与に関しては、NPT交渉時に既に制度が存在していた
ため、ソ連も米国がその合法性を主張する権利に異議を唱えないという「暗黙の了解」があった。
岩間陽子『核の一九六八年体制と西ドイツ』（有斐閣、2021年）294、307頁。しかし、日本による運
搬手段の所有が国際的にそのように扱われることは期待し難いであろう。

(17) 加えて、わが国が運搬手段を所有しない形での米国核兵器の地上配備、米国核搭載艦船の寄港
常態化、通常の戦闘機による米国の核任務支援といった方策との比較考量も必要となろう。

(18) なお、米国は日韓両政府に対し、核抑止力に関する3国の常設協議体創設を打診したと伝えられ
る。これについて、わが国は「米国による核使用の判断に関与を強めるのは避けたいのが本音」と
も報ぜられた（『読売新聞』2023年3月8日）が、仮に事実とすれば驚くべき態度である。

ミサイル防衛の現状と課題

小野田治

日本安全保障戦略研究所上席研究員／平和・安全保障研究所理事

はじめに

　日本が弾道ミサイル防衛（BMD）システムの整備を決定してから20年が経過した。BMDに特別の注力が必要となったのは、北朝鮮による核弾頭搭載が可能で、日本に到達可能な中射程のミサイル開発が、日本への脅威と認識されたことにある。当初計画のBMD体制は整備されたものの、この間に対象とする脅威は技術的に進化し、新たな脅威も発現しており、いまだ十分とはいえない状況にある。それどころか、対応が迫られる脅威は、北朝鮮の弾道ミサイルだけでなく、この20年に飛躍的な発展を遂げている中国軍や、核兵器を重視するロシアに拡大している。その背景には、北朝鮮の核戦力の充実、米中の相対的なパワーバランスの変化によって、米国の拡大抑止の効果が揺らいでいることにある。本稿は、日本のミサイル防衛の変化を概観し、その戦略的な意義の変化を考察しつつ、今後の課題について分析するものである。

1. 日本周辺におけるミサイル脅威の動向

　冷戦の時代、ミサイルの保有国は米国、ロシア、中国のみで、相互確証破壊戦略（MAD）による拡大抑止の傘によって、両国が日本に大量のミサイル攻撃を仕掛けてくる蓋然性は低かった。1980年代には、米国が技術的な優位を背景に弾道ミサイル防衛を推進し始めた。核戦力の均衡が崩れることを恐れた中露両国は、迎撃を回避する技術として、多弾頭化、弾頭の低視認化（ステルス化）、高速化、高機動化などを進めてきた。その結果、ミサイル技術は進歩を遂げ、その防衛は困難な課題に直面している。

1987年、米ソ両国は、欧州正面の核バランスを安定化するために射程500-5,500キロメートルの地上配備のミサイルを全廃する中距離核戦力全廃条約（INF）条約を締結した。2010年代、ロシアの地上配備型巡航ミサイル開発疑惑をめぐって、米国が条約破棄通告を行い、この条約は19年には失効するに至る。INF条約が有効であった30年の間に、条約に縛られない中国は、中国沿岸への米軍の接近をミサイル戦力によって撃破するために、地上配備の中射程ミサイルを多数配備してきた（接近阻止／領域拒否：A2/AD）[1]。その結果、米軍の中射程ミサイルは艦艇および航空機から発射するものに限られる一方で、中国は艦艇、航空機はもとより、地上配備のミサイルを多数装備することが可能となった（図1）。「INFギャップ」と呼ばれるこの米中ミサイル戦力の格差は、単に発射手段の種類と規模の問題ではない。艦艇や航空機に搭載するミサイルは重量やサイズが限定され、射程や弾頭の破壊力に制約を受ける一方、地上発射型のミサイルは大型化が可能であるため、射程の延伸や弾頭の破壊力増強が容易である。「空母キラー」と呼ばれるDF-21Dは最大射程2,150キロメートル、「グアムキラー」と呼ばれるDF-26の射程は5,000キロメートルであり、いずれも核弾頭の搭載能力があるとみられている[2]。

　朝鮮半島では、北朝鮮が1980年代にロシアから導入したスカッドミサイルをベースに、逐次射程を延長し、1,000キロメートルに達する射程を実現した。1993年5月、北朝鮮は射程1,300キロメートルに及ぶノドンミサイルを日本海に向けて発射し、日本に衝撃を与えた。98年8月には、ノドン1号が日本列島上空を通過して太平洋に到達した。北朝鮮は、2006年以来、6回の核実験を経て核弾頭の小型化を実現し、弾道ミサイルへの搭載を可能にしたとみられており、保有数は40-50発に達するとされている[3]。近年は、射程が1万キロメートルを超える長射程化、発射する場所や時間を問わない秘匿性・即時性・奇襲的攻撃能力などの運用能力の向上、命中精度の向上、潜水艦発射能力の開発、燃料の固体化、ロフテッド軌道、変速軌道など飛行形態の多様化といった動向がみられる。

図1：中国の地上発射型弾道ミサイル発射機数の推移（出典：令和4年版防衛白書）

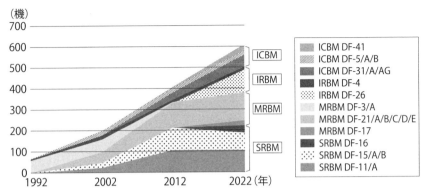

※中国の保有する弾道ミサイルの発射機数、ミサイル数、弾頭数などについては、公表されていない。
※本資料は、中国の保有する弾道ミサイルの発射機数について、ミリタリーバランス各年版を基に
一般的な基準によりICBM、IRBM、MRBM及びSRBMに分類して示したもの。

図2：北朝鮮ミサイルの発射動向（出典：令和4年防衛白書）

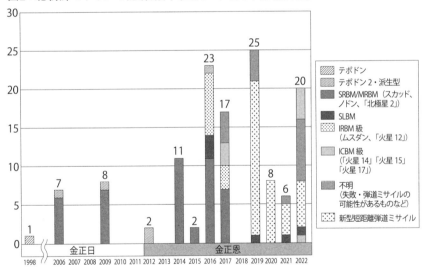

2. 日本のミサイル防衛

（1）ミサイル防衛体制の整備

　日本は北朝鮮の核兵器とミサイル開発の進展を踏まえて、中期防衛力整備計

画（01-05年度）に「技術的な実現可能性等について検討の上、必要な措置を講ずる」と記した。02年に米国が弾道ミサイル防衛の初期配備を決定したことを受けて、03年12月の安全保障会議と閣議決定で、イージス・システム搭載護衛艦と地対空誘導弾ペトリオットで構成される弾道ミサイル防衛システムを整備することが決まった。これによって20年度までにイージス艦は8隻体制となり、ペトリオットは24個高射隊にPAC-3が導入された。さらに、迎撃可能高度や防護範囲を拡大するとともに、日米共同技術開発によるSM-3ブロックⅡAおよびSM-6、ペトリオットPAC-3MSEへと能力向上を進め、「おとり」などの迎撃回避手段を備えた弾道ミサイル、通常の軌道よりも高いロフテッド軌道のミサイルに対応する能力を整備しつつある。また、警戒監視能力向上策として、FPS-3改、FPS-5、FPS-7などの固定レーダー近代化やE-2D早期警戒機の取得も進展している。

図3：ミサイル防衛体制の変遷（出典：令和2年度防衛白書）

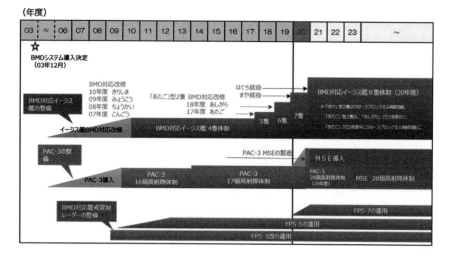

図4：イージス・システムとペトリオットの能力向上（出典：令和4年防衛白書）

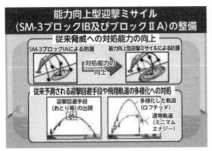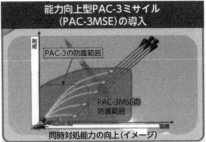

（2）弾道ミサイル破壊措置命令

　ミサイル防衛体制整備の進展に応じて、05年には、「弾道ミサイル等に対する破壊措置」が自衛隊法に規定され、航空総隊司令官を指揮官とする「BMD統合任務部隊」が各自衛隊のセンサとシューター（迎撃手段）などを一元的に運用することとされた。09年3月、北朝鮮が「人工衛星」打ち上げの名目で、長距離弾道ミサイルを発射する際に、浜田防衛相が初めて「破壊措置命令」を発令した。その後、12年3月と12月に、北朝鮮が国際海事機関（IMO）に「人工衛星」打上げを通報した際にも命令が発出され、イージス艦とPAC-3部隊が沖縄県や首都圏などに配備された[4]。13年4月以降は、日本の手の内を明かすことになるとの理由で命令は公開されていない[5]。16年以降、北朝鮮のミサイル発射は大幅に頻度が増加し、防衛省は破壊措置命令を常時発令状態に変更し、イージス艦3隻が日本海で常時警戒待機する状態となった[6]。警戒待機に任ずる艦艇は、他の任務に転用することができず、必要な訓練も十分にできない状態となることから、17年12月、「弾道ミサイル攻撃から我が国を常時・持続的に防護し得る」手段として、陸上配備型のイージス・システム（イージス・アショア）2基の導入が閣議決定された[7]。

（3）陸上配備型ミッドコース弾道ミサイル防衛システム

　イージス艦に代わるミサイル防衛システムとして選定されたイージス・アショアは、イージス艦に搭載されているシステムを、陸上に固定的に配備するものであ

る。防衛省は配備地として、18年6月に、陸上自衛隊の新屋演習場（秋田県）とむつみ演習場（山口県）を選定したことを公表した[8]。しかし、その後の地元説明で資料の誤りや杜撰な説明内容が指摘され、さらには当初の説明に反して、迎撃ミサイルのブースターが地上に落下する可能性があることが判明した。ブースターの落下位置をコントロールするには、システム全体の大幅な改修が必要となり、相当のコストと期間を要することから、20年6月、河野防衛相は、イージス・アショアの配備を断念することに方針を転換した[9]。同年12月に、イージス・システム搭載艦2隻を整備することが閣議決定された[10]。こうした一連の経緯は、北朝鮮のミサイル発射頻度の増加や性能向上に対応して、常時対処が可能なシステムを迅速に整備することを重視するあまり、防衛省内の調整、米国との技術的な確認、取得契約の調整、配備地住民への説明が同時並行に行われたところに無理が生じたことが原因とみられている[11]。結果として配備時期は先送りになり、海上自衛隊の負担軽減という当初の目的とは逆に負担増を招き、不透明なプロセスによって国民からの信頼は損なわれた。

（4）統合防空ミサイル防衛

　近年のミサイル技術の進歩とともに、航空機のステルス化や無人機の用途、種類の拡大といった脅威環境の変化に応じて、防衛省は、26大綱では「弾道ミサイル防衛」としていたものを、31大綱では「総合ミサイル防空能力」という表現に変えた。これは、ミサイル防衛用の装備品と各自衛隊が個別に運用する防空用の装備品を合わせて一体的に運用する体制を確立し、弾道ミサイルだけでなく多数の複合的な経空脅威に同時対処できる能力を平素から常続的に運用することを目指すものである。さらに、22年末の国家防衛戦略では、脅威国のミサイル発射拠点などに反撃する「スタンド・オフ防衛能力」と、「総合ミサイル防空能力」を組み合わせた「統合防空ミサイル防衛能力（IAMD[12]）」として、「探知・追尾能力や迎撃能力を抜本的に強化するとともに、ネットワークを通じて各種センサー・シューターを一元的かつ最適に運用できる体制を確立し強化する」とした。これは、現在対応が困難な極超音速兵器や小型無人機などの脅威に対して

も将来的に穴のない防衛態勢を築くことを目指すものである。

3．今後の課題

（1）ミサイル防衛の有効性

　ミサイル防衛は、高速で飛来するミサイルの弾頭を直撃するよう、迎撃ミサイルを誘導するきわめて高度な技術が必要であり100％の迎撃は難しい。米国のミサイル防衛局によれば、01年に開発を開始して以来、イージス、GMD[13]、THAAD[14]、ペトリオットプログラム全体では105回の迎撃試験で成功は86回、イージスのみでは、SM-3ブロックⅠ以降の43回の試験のうち成功は31回、失敗が12回、撃墜率は72％となっている[15]。この結果については様々な見解があるが、そもそも当初の日本のミサイル防衛は、大規模なミサイル攻撃を完璧に防御するように設計されたものではない。少数のミサイル攻撃を可能な限り独力で迎撃し、ミサイル防衛を突破するような大規模な攻撃が行われた場合は米国が報復するという2段構えの戦略によって、脅威国が日本を威嚇し、攻撃することを抑止することを目的としていた。しかしながら、中国の急速かつ大規模な軍事力の強化、東シナ海や南シナ海、台湾などに対する力による現状変更の顕在化、米中間のINFギャップの拡大、北朝鮮ミサイルの質的、量的な進化などから、少数のミサイル攻撃を拒否する態勢のみでは脅威国によるミサイル攻撃を抑止することは困難な状況である。そこで、昨年末の新たな戦略では、スタンド・オフ防衛能力の保有によって、脅威国のミサイル発射に制約を加えつつ、ミサイル防衛の充実によって抑止力を強化するという方針に転じた。しかし、そこにはいくつかの重要な課題が存在する。

（2）スタンド・オフ防衛能力

　防衛省は、スタンド・オフ防衛能力として、戦闘機から発射するJSM[16]およびJASSM[17]のほかにトマホーク・ミサイル400発を取得するとともに、12式地対艦誘導弾能力向上型を地上発射型25年度、艦艇発射型26年度、航空機発射型28年度までに開発完了、島嶼防衛用高速滑空弾を25年度までに早期装備、極超音速誘導弾を31年度までに開発するとしている[18]。国内開発のリードタイムを考慮

して、JSM、JASSM、トマホークによって早期に能力を構築するとともに、国内開発についても目標時期を明示した。スタンド・オフ防衛能力の課題は大きく三つある。

第一に、脅威ミサイルの発射プラットフォームの多くは移動式であり、これを打撃するのは非常に難しいことである。例えば1,000キロメートル先の目標を時速1,000のミサイルで攻撃するには1時間の飛翔時間を要する。目標が移動目標であれば、探知・追尾、兵器の指向・誘導を着弾近くまでリアルタイムで行わなければならない。

第二に、攻撃には、兵器の誘導だけでなく、事前の目標情報の収集・分析、攻撃計画の作成、実際の攻撃作戦の実行、攻撃成果の判定に至る一連のキル・チェーンが必要である。これは、ミサイルを手にしても日本独自で攻撃作戦が実行できるわけではないことを意味する。今後、米軍の支援を受けつつ、共同訓練によって共同作戦での連携を緊密化していかねばならない。日本が主体性を保持しつつ、どのような役割を果たしていくべきか、今後の訓練、検証を踏まえて、日米防衛協力の指針（以下「ガイドライン」という）を見直していくことが不可欠である[19]。そして第3の課題は、日本独自のキル・チェーンをどのように整備していくかということである。この点について、国家防衛戦略、防衛力整備計画で触れられてはいるが、具体的な姿はこれからの課題である。

（3）費用対効果

地対空ミサイルによる防空は、日本全域を防護範囲とするイージス・システム、都市などの防護を行うペトリオット、拠点を防護する射程の短い中SAM、短SAM、近SAMなどによって多層的に構成されている。1基あたり数百億円に上るイージスやペトリオット・システム、ミサイル1発あたり数億円（PAC-3MSE）から40億円（SM-3ブロックⅡA）という高価なミサイル[20]、さらにシステムの運用や能力向上のための研究開発まで含めると、必要十分なシステムとミサイルを準備するには莫大なコストがかかる。

イージス・システム搭載艦2隻については、27年度と28年度に各1隻を就役させ

る計画で、23年度予算では、設計や長納期物品の取得を含めて2,208億円が計上された[21]。設計内容によって今後の建造費が決まるが、イージス・アショアの取得経費は2基で2,679億円とされている[22]。地元説明資料では、イージス搭載艦は1隻で2,000億円となっており、所要経費は明らかにイージス搭載艦が高い[23]。さらに同資料によると、洋上展開するまでの間に弾道ミサイルが発射されればイージス艦での迎撃は難しく、8隻体制では1年以上の長期にわたる防護態勢維持は困難とされている[24]。人員の問題も深刻だ。イージス・システムの運用要員以外に艦艇の航行、維持管理の要員が多数必要になる。しかも海自の艦艇乗員は自衛隊の中で最も希望者が少ない職種であり、現在でも要員の確保に苦労している。すでに事業は閣議決定して予算化しているが、将来に向けては、地上配備のオプションが必要になるだろう。国民の理解と協力を得ながら、これらの課題に対応していくのは容易なことではないが、それができなければ莫大な費用を要するシステムを導入しても、抑止力の向上には繋がらない。

（4）センサおよび指揮統制ネットワークの整備

　ミサイル防衛の基本的な運用構想は、射程の長いイージス・システムがより遠方で迎撃し、撃ち漏らしをペトリオットや中短射程ミサイルが迎撃するというものである。問題は、射程が長いSM-3、SM-6やPAC-3は非常に高価であり十分な量を備蓄するには莫大な経費が必要であるということだ。また、艦載のミサイルは撃ち尽くしてしまったら補給のために帰港せざるを得ない。したがって、攻撃側からみると、攻撃初期にこれらの高価なミサイルを射耗させてしまえば、長射程地対空ミサイルの脅威を心配せずに全般的な航空優勢を獲得することが容易になる。遠、中、近距離から複数目標に対して大量の飽和攻撃が行われる場合、射程の長いSM-3やPAC-3は早々に撃ち尽くしてしまう可能性が高い。最小限のミサイルで最大限の迎撃効果を得るためには、優れたセンサネットワークととともに、各種の防空兵器を最も迎撃効果が高くなるように目標を割当て、誘導する指揮統制ネットワークが必要である。これが「システム・オブ・システムズ」と呼ばれるもので、最も脅威に近い艦艇や早期警戒機のレーダー情報を使って各

種の迎撃ミサイルを指向する、複数のシステムをあたかも一つのシステムのように機能させることを意味する。迎撃ミサイルの保有量に制約がある中では、高い迎撃効果とともに、最も費用対効果の高い兵器割当てが必要となる。米国では、センサデータを融合して一元的な戦闘指揮を行うことを目指して、各軍種が指揮統制ネットワークの開発、実用化を図っている[25]。日本でも、こうした米国の研究開発に参画するとともに、地上および空中レーダーに加えて宇宙配備のレーダーなど、独自のセンサネットワークの高性能化を図るとともに、米軍の戦闘指揮ネットワークとの相互運用性を図っていくことが必要である。

4．おわりに

　本稿では取り上げなかった極超音速ミサイルや高機動ミサイルについては、まだ迎撃手段が確立されていない。米国は、宇宙配備のセンサで極超音速ミサイルの探知追尾を行うことや、大気圏に再突入する前の滑空段階で極超音速弾頭を迎撃する方法を開発しつつあり、日本も同種の研究を進めていくこととしている[26]。新たな脅威の出現に対して、新たな対応策を開発していくプロセスでは、守る側が常に後手に回ることは避けられない。また、攻撃兵器のコストに対して、防御システムは高価になる傾向が強い。相手側にコストを強要するには、攻勢に回る方が有利であり、抑止効果も高くなる。したがって、抑止戦略においても攻守のバランスを意識した発想が必要である。

　日本の防衛に関するロシア・ウクライナ戦争の教訓の一つは、ジャベリンや小型無人機のような、非対称で安価な兵器が大きな効果を発揮できるという点だ。しかし、これらは実戦での費用対効果は高くても、戦略的な抑止効果は高くないという点に注意が必要である。それでは莫大なコストが必要なミサイル防衛の抑止効果はどうであろうか。これまで述べてきたとおり、弾道ミサイルのみを対象にする防衛システムは、巡航ミサイル、有人機、無人機、さらにはサイバーや電磁波脅威にまで対象を拡大する必要に迫られているのが現在、そして将来の姿である。必要とするコストは大きいが、システムが総合的に機能するようになれば、攻撃に対する拒否効果は高くなり、抑止効果は大きくなるだろう。新たな脅威の

発現、防衛手段の開発という追いかけっこに目を奪われることなく、攻撃力を含めた総合的な拒否力の向上を目指していくことが肝要である。

(1) 中国は、1980年代に劉華清海軍司令員によって、第1列島線内の近海において敵を撃破する近海防御戦略を採用していたが、第3次台湾海峡危機を教訓に、米空母機動艦隊の接近を拒否する中距離弾道ミサイルの整備に力を入れることになった。なお、「接近阻止／領域拒否（A2/AD）」という用語は、米国によるものである。

(2) 各ミサイルの最大射程については、令和4年版『防衛白書』37頁を参照。

(3) 核弾頭の保有数については、研究機関によってバラツキがあり、SIPRI Yearbook 2021によると40-50発、韓国政府系シンクタンクの韓国国防研究院が2023年1月12日に公表した報告書では80-90発とされている。

(4) 平成28年版『防衛白書』、291頁。

(5) 日本経済新聞、「官房長官『情報収集に全力』北朝鮮ミサイル巡り」（2013年4月8日）、https://www.nikkei.com/article/DGXNASFS0800C_Y3A400C1EB1000/（2023年4月21日参照）。なお、2016年2月は、北朝鮮が人工衛星の発射をIMOに通知したことを受けて、破壊措置命令が例外的に公表された。

(6) 日本経済新聞、「北朝鮮ミサイル、自衛隊が常時迎撃態勢」（2016年8月8日）、https://archive.md/kCk9Z#selection-7089.0-7089.9（2023年4月21日参照）、なお、政府は常時発令を公表していない。

(7) 「弾道ミサイル防衛能力の抜本的向上について」（平成29年12月19日国家安全保障会議決定及び閣議決定）。

(8) 防衛省、「イージス・アショアにかかる経緯について」、2020年9月4日、https://www.mod.go.jp/j/approach/defense/bmd/pdf/20200904_a.pdf（2023年4月21日参照）。

(9) ibid.

(10) 「新たなミサイル防衛システムの整備等及びスタンド・オフ防衛能力の強化について」（令和2年12月18日国家安全保障会議決定及び閣議決定）。

(11) 香田洋二、「防衛省に告ぐ—元自衛隊現場トップが明かす防衛行政の失態」（中公新書ラクレ、2023年）

(12) "Integrated Air and Missile Defense"の略

(13) "Ground-Based Midcourse Defense"の略。米本土を弾道ミサイルから防衛する地上配備型のミッドコース防衛システム。詳細は、https://www.mda.mil/system/gmd.htmlを参照。

(14) "Terminal High Altitude Area Defense missile"の略。ターミナルフェーズの高高度でミサイルを迎撃するシステム。ペトリオットよりも迎撃高度が高いため、より広い範囲を防護できる。

(15) Missile Defense Advocacy Alliance, "Ballistic Missile Defense Intercept Flight Test Record", March 2023, https://missiledefenseadvocacy.org/missile-defense-systems-2/missile-defense-intercept-test-record/u-s-missile-defense-intercept-test-record/（2023.4.26参照）

(16) Joint Strike Missileの略。「スタンド・オフ防衛能力」として31中期防で取得が明記された。F-35を発射母機とする亜音速のスタンドオフミサイルで射程は約500キロメートル。

(17) Joint Air-to-Surface Standoff Missileの略。「スタンド・オフ防衛能力」として31中期防で取得が明記された。自衛隊が導入するのはAGM-158Bで通称JASSM-ER(Extended Range)。亜音速のスタンドオフミサイルで射程は約900キロメートル。

(18) 「防衛力整備計画」、2022年12月。

(19) 現状のガイドラインでは、「領域横断的な作戦」の「打撃作戦」については、米軍は「自衛隊を支援し補完するため、打撃力の使用を伴う」、自衛隊は「米軍の打撃作戦に関して、必要に応じ、支援を行うことができる」とされている。

(20) ミサイルの価格については公表されていないが、米国防安全保障協力局（DSCA）の日本向けSM-3の売却価格データから、ブロックⅠBが約20億円、ブロックⅡAは約40億円と類推される。同様にペトリオットPAC-3MSEは約5億円と見積もられる。

(21) 防衛省、「我が国の防衛と予算～防衛力抜本的強化「元年」予算～」（2023年3月28日）、14-15頁、https://www.mod.go.jp/j/budget/yosan_gaiyo/2023/yosan_20230328.pdf（2023.4.26参照）。

(22) 防衛省、「陸上配備型イージス・システム（イージス・アショア）の 構成品選定結果について」、2018.7.30、https://warp.da.ndl.go.jp/info:ndljp/pid/11623291/www.mod.go.jp/j/press/news/2018/07/30a_1.pdf（2023.4.26参照）。

(23) 防衛省、「イージス・アショアの配備について」、2018.5.28、https://www.mod.go.jp/j/approach/defense/bmd/pdf/20190528_a.pdf（2023.4.26参照）。

(24) ibid.

(25) 米空軍のABMS（Advanced Battle Management System）は、航空領域における戦闘管理を強化するために開発している情報共有・指揮統制システムであり、AI技術やクラウド技術、センサ技術などにより、膨大な情報をリアルタイムに収集・分析し、迅速な意思決定を支援することを目指している。米陸軍、海軍も同種のシステムを開発しており、これらをシステム・オブ・システムズの考え方によって統合するJADC2（Joint All-Domain Command and Control）は、陸・海・空・宇宙・サイバーなどのあらゆる領域の戦闘活動を統合的に管理することを目指している。

(26) 防衛省、「我が国の防衛と予算～防衛力抜本的強化「元年」予算～」（2023年3月28日）、37頁、https://www.mod.go.jp/j/budget/yosan_gaiyo/2023/yosan_20230328.pdf（2023.4.26参照）。

第2部

アジアの安全保障環境

（2022年4月〜2023年3月）

第1章　日　本

概　観

　自助努力：①政府は2022年12月に、安全保障関連3文書（国家安全保障戦略、国家防衛戦略、および防衛力整備計画）を閣議決定した。②国家安全保障戦略は、「戦後最も厳しく複雑な安全保障環境」に対応するため、「我が国の安全保障に関する基本的な原則を維持しつつ、戦後の我が国の安全保障政策を実践面から大きく転換する」と宣言している。その宣言は決して誇張表現ではなく、本戦略文書には、反撃能力の保有、総合的な防衛体制に向けた予算水準の上昇、および能動的サイバー防御の導入等、歴史的な政策転換が列挙されている。③国家防衛戦略と防衛力整備計画は、以前はそれぞれ防衛計画の大綱、中期防衛力整備計画と呼ばれていたものである。国家防衛戦略にある防衛の基本方針や強化対象の自衛隊の能力は、18年の文書から大きく変わっているわけではない。ただし、それぞれの能力について抜本的強化が図られている。④安全保障に関連する法律としては、自衛隊法第84条の四（在外邦人等の輸送）の改正と経済安全保障推進法の制定が注目に値する。

　二国間関係：①共通の脅威を抱える日米同盟は、かつてなく強固なものとなっている。約2年ぶりに対面で開催された23年1月の日米安全保障協議委員会（2プラス2）は、前年に両国で策定された戦略文書も踏まえ同盟現代化の方向性を打ち出した。②台湾をめぐり米中関係が深刻化する中、11月の日中首脳会談を経ても日中関係は停滞したままであった。③尹錫悦氏が韓国大統領に就任後、韓国側による元徴用工問題の解決努力を受けて、ようやく日韓関係の雪解けが進行した。関係正常化の背景には、北朝鮮の度重なる弾道ミサイル発射を受けて日米韓三カ国の安全保障協力の重要性が高まっていることもある。④民主主義諸国と権威主義諸国との競争が厳しさを増す中、同志国との連携が重要になってきている。

　グローバルな課題：①日本は、追加の経済制裁を段階的に発動するとともに、対ロシア政策の転換を図った。他方で、対ウクライナ支援として、財政支援、人道支援、避難民受け入れ、復興支援等を行ってきている。②日本は、23年1月から国連安全保障理事会の非常任理事国（2年間）やG7議長国（1年間）となり、外交の正念場を迎えている。最近の日本外交の特徴として、国際社会における法の支配を強調していることを挙げることができる。③岸田首相が重視していた8月の核兵器不拡散条約（NPT）運用検討会議では、ロシアの反対表明で最終文書案を採択することはできなかった。しかし、政府は、日本の提案が最終成果文書案の中に多く盛り込まれたこと等については評価している。

国家安全保障のための自助努力

安保3文書の改定に向けた動き

　国家安全保障戦略等の安保3文書に向けて、「防衛力の抜本的強化」と「防衛費の相当な増額」という基本方針は早い段階から決まっていた。2021年5月には、自由民主党政務調査会は「激変する安全保障環境に対応した防衛力の抜本的強化のための提言」を取りまとめていた。岸田首相は、22年10月の臨時国会での所信表明演説の中で、防衛力の抜本的強化に取り組む決意を表明するとともに、「我が国防衛力の五年以内の抜本的強化に必要となる防衛力の内容の検討、そのための予算規模の把握及び財源の確保を、一体的かつ強力に進め、予算編成過程で結論を出します」と述べていた。

　11月には、政府が安全保障関連3文書改定に向けて設置した「国力としての防衛力を総合的に考える有識者会議」が報告書を公表した。この報告書は、「防衛力の抜本的強化」、「総合的な防衛体制の強化」、および「経済財政の在り方」の三つのテーマから構成されている。これら三つのテーマに関連する提言は、新たな国家安全保障戦略に取り入れられている。また、政府が23年1月に発言者を明示した会議全4回分の議事録を公表して国民の理解を得ようと努めていることからも、上記の提言を取り入れた「我が国の防衛体制の強化」が国家安全保障戦略の中核的な部分を占めると考えられる。

　政府は22年12月に、安全保障関連3文書、すなわち「国家安全保障戦略」、「国家防衛戦略」、および「防衛力整備計画」を閣議決定した。同じ日に、自民、公明両党が2023年度与党税制改正大綱において、増税時期を明示することはできなかったものの、法人・所得・たばこの3税の増税分を防衛力強化の財源にあてることを決定した。

国家安全保障戦略の概要

　新たな国家安全保障戦略（以下「安保戦略」とする）は、13年12月に決定された最初の安保戦略に代わるものである。安保戦略は、「我が国の安全保障に関

する最上位の政策文書」であり、「おおむね10年の期間を念頭に置」いたもので
ある。最初の「I 策定の趣旨」においては、「本戦略に基づく戦略的な指針と施
策は、その枠組みに基づき、我が国の安全保障に関する基本的な原則を維持し
つつ、戦後の我が国の安全保障政策を実践面から大きく転換するものである」
とした。確かに、新たな安保戦略の「II 我が国の国益」や「III 我が国の安全保
障に関する基本的な原則」は、最初の安保戦略からほとんど変わっていない。
他方で、安全保障政策の大きな転換については、主に「VI 我が国が優先する戦
略的なアプローチ」に記載されている。

　政策転換を見ていく前に、安全保障政策の大きな転換が必要だった理由につ
いて書かれている「IV 我が国を取り巻く安全保障環境と我が国の安全保障上
の課題」の重要なポイントを押さえておきたい。安保戦略は、「我が国周辺に目
を向ければ、我が国は戦後最も厳しく複雑な安全保障環境に直面している」と
して事態の深刻さを強調している。13年の安保戦略では「現在、我が国を取り
巻く安全保障環境が一層厳しさを増している」としていたので、日本周辺の安全
保障環境に関する表現が明らかにより深刻なものへ変化している。新たな安保
戦略で「特に注目すべき国」としてあげられた中国、北朝鮮、およびロシアに関
する記述も同様の傾向が見られる（表1参照）。例えば、中国の対外的な姿勢や
軍事動向については、米国で22年10月に公表されたバイデン政権の国家安全保
障戦略（NSS）と同様に、「これまでにない最大の戦略的な挑戦」とされた。

表1：国家安全保障戦略における中国、北朝鮮、およびロシアに関する記述

国	年	国家安全保障戦略における記述
中国	2013	こうした中国の対外姿勢、軍事動向等は、その軍事や安全保障政策に関する透明性の不足とあいまって、<u>我が国を含む国際社会の懸念事項</u>となっており、中国の動向について慎重に注視していく必要がある。
	2022	現在の中国の対外的な姿勢や軍事動向等は、<u>我が国と国際社会の**深刻**な懸念事項</u>であり、我が国の平和と安全及び国際社会の平和と安定を確保し、法の支配に基づく国際秩序を強化する上で、<u>これまでにない最大の戦略的な挑戦</u>であり、我が国の総合的な国力と同盟国・同志国等との連携により対応すべきものである。

北朝鮮	2013	特に北朝鮮による米国本土を射程に含む弾道ミサイルの開発や、核兵器の小型化及び弾道ミサイルへの搭載の試みは、<u>我が国を含む地域の安全保障に対する脅威を質的に深刻化させるもの</u>である。また、大量破壊兵器等の不拡散の観点からも、国際社会全体にとって深刻な課題となっている。
	2022	北朝鮮は、核戦力を質的・量的に最大限のスピードで強化する方針であり、ミサイル関連技術等の急速な発展と合わせて考えれば、北朝鮮の軍事動向は、<u>我が国の安全保障にとって、従前よりも一層重大かつ差し迫った脅威</u>となっている。
ロシア	2013	東アジア地域の安全保障環境が一層厳しさを増す中、安全保障及びエネルギー分野を始め<u>あらゆる分野でロシアとの協力を進め、日露関係を全体として</u>高めていくことは、我が国の安全保障を確保する上で極めて重要である。
	2022	我が国を含むインド太平洋地域におけるロシアの対外的な活動、軍事動向等は、中国との戦略的な連携と相まって、<u>安全保障上の強い懸念</u>である。

出典：2013年と2022年の国家安全保障戦略に基づき筆者作成（下線は筆者）

　安保戦略にある「戦後の我が国の安全保障政策を実践面から大きく転換するもの」という表記は、決して誇張表現ではない。本章では、大きな政策転換の象徴として、反撃能力の保有、総合的な防衛体制に向けた予算水準の上昇、および能動的サイバー防御の導入の三つを挙げておく。

　象徴的な政策転換の一つ目は、「我が国への侵攻の抑止する上で鍵となる」、脅威圏の外から発射できる長射程のスタンド・オフ・ミサイル等を活用する反撃能力の保有である。長い間、武力行使の三要件を満たす敵基地攻撃は憲法上問題ないとする1956年の政府見解が維持されてきた。他方で、「このような事態は今日においては現実の問題として起こりがたい」（1959年3月伊能繁次郎防衛庁長官答弁）として敵基地攻撃能力の保有をしないという政策判断も維持されてきた。2004年度から、日本は、北朝鮮による核・ミサイル開発等への対応として、米国と緊密に協力しながら弾道ミサイル防衛システムを整備してきた。しかし、ミサイル防衛能力の強化だけでは、高まるミサイル攻撃の脅威に対応できな

くなりつつある。国家安保戦略によれば、「我が国周辺では、極超音速兵器等のミサイル関連技術と飽和攻撃等の実戦的なミサイル運用能力が飛躍的に向上し、質・量ともにミサイル戦力が著しく増強される中、ミサイルの発射も繰り返されており、我が国へのミサイル攻撃が現実の脅威となっている」という。そのため「弾道ミサイル防衛という手段だけに依拠し続けた場合、今後、この脅威に対し、既存のミサイル防衛網だけで完全に対応することは難しくなりつつある」としている。これが反撃能力保有への転換の理由として提示されている。

象徴的な政策転換の二つ目は、総合的な防衛体制に向けた予算水準の上昇である。安保戦略は、財源の確保に関連して5年後の「2027年度において、防衛力の抜本的強化とそれを補完する取組をあわせ、そのための予算水準が現在の国内総生産（GDP）の2％に達するよう、所要の措置を講ずる」と明記した。ここで「補完する取組」というのは、いわゆるNATO基準に基づく海上保安庁予算、平和維持活動（PKO）関連経費、恩給費等のほか、上記有識者会議の提言でも列挙されていた「関係省庁の枠組みの下で推進」する「研究開発、公共インフラ整備、サイバー安全保障、我が国及び同志国の抑止力の向上等のための国際協力の四つの分野における取組」を指し、これにより「総合的な防衛体制を強化する」としている。ちなみに、21年の世界の防衛費ランキングでは日本は世界第9位であったが、現在のGDPの2％に相当する11兆円であれば世界第3位になるという。政府が12月に閣議決定した23年度予算案において、防衛費は過去最大の6兆8,219億円となり、GDP比で1.19％になった。日本は、50年以上にわたり防衛費を国民総生産（GNP）またはGDP（1994年度以降）の1％程度（最高で1.013％）に抑えてきたことを考えると、歴史的な転換と言えるだろう。

象徴的な政策転換の三つ目は、能動的サイバー防御の導入である。この用語の定義は見当たらないが、「武力攻撃に至らないものの、国、重要インフラ等に対する安全保障上の懸念を生じさせる重大なサイバー攻撃のおそれがある場合、これを未然に排除し、また、このようなサイバー攻撃が発生した場合の被害の拡大を防止するため」のものとされている。また、能動的サイバー防御の導入に必要な措置として、①サイバー攻撃を受けた民間事業者等から政府への情報共有、政府から民間事業者等への支援、②国内の通信事業者からの情報の活用、

疑わしいサーバ等の検知、そして③攻撃者のサーバ等への侵入・無害化が挙げられている。これらの措置は、欧米諸国ではすでに実施されていることではあるが、日本では、憲法21条（通信秘密の保護）に抵触する恐れが指摘され、能動的サイバー防御の導入が遅れていた。今後、同条に関連する電気通信事業法や不正アクセス禁止法等の改正が議論されていくことになるであろう。

　その他、安保戦略の中で言及された検討課題には、有事における防衛大臣による海上保安庁に対する統制、防衛装備移転三原則や運用指針等の制度の見直し、国民保護のための制度や施策、および経済安全保障政策等がある。

国家防衛戦略と防衛力整備計画の概要

　政府は、1976年から2018年まで6回にわたり、「自衛隊を中核とした防衛力の整備、維持及び運用の基本的指針」である防衛計画の大綱を策定してきた。新たな安保戦略の下では、「防衛計画の大綱に代わって、我が国の防衛目標、防衛目標を達成するためのアプローチ及びその手段を包括的に示す」国家防衛戦略（以下「防衛戦略」とする）が初めて策定された。この変更は、自由民主党が22年4月に公表した「新たな国家安全保障戦略等の策定に向けた提言」に沿ったものとなっている。その提言は、変更の理由として「米国の戦略文書体系との整合性を踏まえ」としていた。ただし、名称が防衛計画の大綱から防衛戦略に変わっても、将来の主要な編成、装備等の具体的規模に関する別表が防衛力整備計画に移されたことを除けば、文書の性格自体はあまり変わっていない。

　第三の文書、防衛力整備計画（以下「整備計画」とする）も新しい名称である。政府は、1985年から2018年まで8回にわたり、「5年間の経費の総額（の限度）と主要装備の整備数量を明示する」（令和4年版防衛白書）である中期防衛力整備計画（以下「中期防」という）を策定してきた。それが、防衛戦略の下では、「中期」という文字がとれて「防衛力整備計画」という名称となり、この文章が対象とする期間もおおむね10年となった。なお、この変更も、自由民主党の「新たな国家安全保障戦略等の策定に向けた提言」に含まれていたものである。

　防衛計画の大綱の内容はより戦略的に、また、中期防衛力整備計画の対象期間はより長期（10年）になったはずであるが、防衛戦略と整備計画には重複部分

も多い。以下、防衛戦略に特有な部分、防衛戦略と整備計画に共通する部分、そして、整備計画に特有な部分について、重要なポイントを指摘しておく。

　まず、防衛戦略に特有な部分は、「Ⅰ　策定の趣旨」の後に位置する「Ⅱ　戦略環境の変化と防衛上の課題」と「Ⅲ　我が国の防衛の基本方針」である。前者は、平成30（2018）年の防衛計画の大綱（以下「30大綱」という）では、「Ⅱ　我が国を取り巻く安全保障環境」となっていた。安全保障環境が戦略環境と変更されているのは、自由民主党による4月の提言で、「現行の『国家安全保障戦略』と『防衛計画の大綱』は、安全保障環境認識等で重複する要素も多い」ことから、防衛戦略の方は「脅威対抗型の防衛戦略に焦点を置いた文章を策定すべき」との提言が影響しているのであろう。防衛戦略では「相手の能力に着目した自らの能力」を構築する必要性が繰り返し強調されている。

　防衛戦略は、「Ⅲ　我が国の防衛の基本方針」において三つの防衛目標を設定している。①力による一方的な現状変更を許容しない安全保障環境の創出、②力による一方的な現状変更やその試みの抑止・早期の事態収拾、③我が国への侵攻の阻止・排除。それに、「核兵器の脅威に対しては、核抑止力を中心とする米国の拡大抑止が不可欠」としている。その上で、防衛目標を達成するための三つのアプローチが示されている。「（1）我が国自身の防衛体制の強化」、「（2）日米同盟による共同抑止・対処」、および「（3）同志国等との連携」。なお上目と三つ目のアプローチについては、整備計画にも独立した項目がある（「Ⅳ　日米同盟の強化」と「Ⅴ　同志国等との連携」）。

　以上の防衛の基本方針は、30大綱から大きく変わっているわけではない。目につく相違点としては、防衛戦略の三つ目のアプローチ、同志国等との連携は、30大綱では、「安全保障協力の強化」とされていたことである。そこには、「（1）防衛協力・交流の推進」と「（2）グローバルな課題への対応」が含まれていた。防衛戦略において、（1）は同志国等との連携として残り、（2）の方は防衛の基本方針から切り離されて、「Ⅵ　国民の生命・身体・財産の保護・国際的な安全保障協力への取組」という、いささか不思議な組み合わせで残った。

　次に、防衛戦略と整備計画に共通する部分を取り上げる。両文書において、「国民の生命・身体・財産の保護・国際的な安全保障協力への取組」、「いわ

ば防衛力そのものとしての防衛生産・技術基盤」、および「防衛力の中核である自衛隊員の能力を発揮するための基盤の強化」等の見出しは、まったく同じである。以下においては、自衛隊の能力と体制に関する重要なポイントを指摘しておきたい。

　自衛隊の能力については、七つの能力が重視されている（防衛戦略の「Ⅳ　抜本的強化に当たって重視する能力」と整備計画の「Ⅱ　自衛隊の能力等に関する主要事業」を参照）。すなわち、①スタンド・オフ防衛能力、②統合防空ミサイル防衛能力、③無人アセット防衛能力、④領域横断作戦能力、⑤指揮統制・情報関連機能、⑥機動展開能力・国民保護、⑦持続性・強靱性の七つである。これらの中で、30大綱では、国民保護は能力の強化における優先事項に入っていなかった。また、無人アセット防衛能力は、「無人水中航走体（UUV）」への言及はあったものの、あまり強調されていなかった。それら以外の能力の強化は、優先事項として挙げられていた。防衛戦略が30大綱に掲げられた多次元統合防衛力について「抜本的に強化し、その努力を更に加速して進めていく」と明記しているのであるから、重視する能力に継続性があるのは不思議なことではない。

　他方で、それぞれの能力について抜本的強化が図られている。例えば、領域横断作戦能力におけるサイバー領域における能力である。21年度末に約540人規模で新編された自衛隊サイバー防衛隊等のサイバー関連部隊を27年度を目途に約4,000人に拡充するとともに「サイバー関連部隊の要員と合わせて防衛省・自衛隊のサイバー要員を約2万人体制と」すること等が明記されている。

　自衛隊の体制について特筆すべき点は、以下の二つである（防衛戦略の第Ⅴ章にある「2　自衛隊の体制整備の考え方」と整備計画の「Ⅲ　自衛隊の体制等」を参照）。一つ目は、常設の統合司令部の創設である。常設統合司令部や常設統合司令官の設置は、自由民主党による22年4月の提言や政府の有識者会議による11月の報告書に含まれていた。現状では、有事において統合幕僚長が自衛隊の運用に関する軍事専門的見地から大臣を一元に補佐することと、大臣の指揮命令を実施することの両方を兼務しなければならない。米国の例で言えば、軍のトップである統合参謀本部議長がインド太平洋司令官を兼ねているようなものである。そこで、統合幕僚長や統合幕僚監部とは別に、平時から有事まで

切れ目のない形で陸海空自衛隊に対して一元的な指揮を行いうる常設統合司令官や常設統合司令部の設置が必要であるとの意見が強まっていた。

　二つ目は、宇宙作戦の能力強化や宇宙利用の体制整備に伴い、航空自衛隊の名称を航空宇宙自衛隊とすることである。航空自衛隊は、30大綱を受けて、20年5月に初めての宇宙領域専門部隊として宇宙作戦隊（隊長は2佐）を、翌年度には、宇宙作戦指揮所運用隊と各部隊の上級部隊に当たる宇宙作戦群（司令は1佐）を新編した。整備計画には「将官を指揮官とする宇宙領域専門部隊を新編する」と明記されている。

　最後に、整備計画に特有の内容となっている「XII 整備規模」、「XIII 所要経費等」、それに別表1、別表2、別表3について簡単に紹介しておきたい。

　整備計画に特有な「XII 整備規模」は、三つの別表を説明している。まず、別表1は「この計画の下で抜本的に強化される防衛力の5年後とおおむね10年後の達成目標」を示すものである。次に、別表2は「前記II及びIIIに示す装備品のうち、主要なものの具体的な整備規模」を示すものである。そして、別表3は、「おおむね10年後における各自衛隊の主要な編成定数、装備等の具体的規模」を示すものである。なお、以前の中期防には別表2と同様の表があったが、整備計画の対象とする期間がおおむね10年となり、別表1と別表3も掲載されるようになった。なお、別表3は、以前、防衛計画の大綱にあったものである。

　次の「XIII 所要経費等」も、整備計画の注目ポイントとなっている。なぜならば、「2023年度から2027年度までの5年間における本計画の実施に必要な防衛力整備の水準に係る金額は、43兆円程度とする」とされているからである。2018（平成30）年に策定された「中期防衛力整備計画（平成31年度〜平成35年度）」（以下「31中期防」という）では、「おおむね27兆4,700億円程度」とされていたことから、およそ1.6倍の増額となっている。また、「この計画を実施するために新たに必要となる事業に係る契約額（物件費）」（期間内歳出と期間外歳出を合わせた額）については、17兆1,700億円程度から43兆5,000億円程度へとおよそ2.5倍となっている。また、財源の確保について、次の一文が最後に付け加えられている。

　　2027年度以降、防衛力を安定的に維持するための財源、及び、2023年
　　度から2027年度までの本計画を賄う財源の確保については、歳出改革、
　　決算剰余金の活用、税外収入を活用した防衛力強化資金の創設、税制
　　措置等、歳出・歳入両面において所要の措置を講ずることとする。

歳出改革についても書かれているのは、今後の負担が増えることになる国民の
理解を得るためであろう。

安全保障に関連する法律の制定と改正

　本書の対象期間内に制定または改正された、注目すべき法律として二つ挙げ
ておく。一つは、21年8月に実施された在アフガニスタン邦人等の輸送における
経験を踏まえ、22年4月に参院本会議で可決、成立した改正自衛隊法である。こ
の法改正は、第84条の四（在外邦人等の輸送）に関連するものであり、そのポイ
ントは三つある。一つ目は、主たる輸送対象者の拡大である。輸送対象者に邦
人がいなくても、邦人の配偶者や子、在外公館の現地職員等日本に関連する外
国人を輸送できるようになった。二つ目は、安全確保要件の緩和である。輸送の
安全が確保できるという条件は、予想される危険を避けるための方策を講ずるこ
とができるという条件に改められた。三つ目は、政府専用機の使用を原則とする
規定の削除である。この法改正により、23年4月、内戦に陥ったスーダン共和国
から邦人輸送を迅速に行うことができた。これは、過去の教訓が比較的迅速に
生かされた好例であろう。

　注目すべき二つ目の新たな法律は、5月に参院本会議で可決、成立した「経済
施策を一体的に講ずることによる安全保障の確保の推進に関する法律」（以下
「経済安全保障推進法」という）である。この法律は、岸田政権の看板政策と
して、中国やロシア等を念頭に、日本の経済安全保障の抜本的強化を図るもの
である。経済安全保障推進法は、①半導体や医薬品等の重要物資のサプライ
チェーン（供給網）の強靱化、②電力やガス、鉄道等の基幹インフラの安全性の
確保、③人工知能（AI）や量子といった先端的な重要技術の開発支援、④国の
安全を損なう恐れのある発明の特許出願の非公開という四つの柱から構成され

ている。この法律の制定を受けて、22年の安保戦略は、戦略的なアプローチの一つとして新たに「自主的な経済的繁栄を実現するための経済安全保障政策の促進」を挙げている。そこには、経済安全保障推進法の「着実な実施と不断の見直し、更なる取組を強化する」こと等が挙げられている。

諸外国との二国間関係

日米同盟はさらなる深化へ

　共通の脅威を抱える日米同盟は、15年の日米防衛協力のための指針（ガイドライン）を踏まえた協議や行動等を通じて、かつてなく強固なものとなっている。ハイレベルな会談は数多く、令和5年版外交青書によると、「2022年1月から2023年1月末までに、日米は首脳間で9回（うち電話会談2回、テレビ会談1回）、外相間で14回（うち電話会談6回）会談を行」っている。特筆すべきものは、5月の日米首脳会談と23年1月の日米安全保障協議委員会（2プラス2）である。

　5月には、バイデン大統領が大統領としては初めて日本を訪問し、岸田首相と日米首脳会談を行った。両首脳の正式な対面での会談も初めてであった。会談の成果として、日米首脳共同声明「自由で開かれた国際秩序の強化」が発出された。共同声明の中核となる「日米同盟：抑止力及び対処力の強化」というセクションについて、重要な二つの点を指摘しておく。（なお、共同声明には、在日米軍再編等に関連して沖縄への言及があるが、首脳会談の8日前に迎えた沖縄復帰50周年についての言及はなかった。）

　一つ目の重要点は、安保3文書改定の柱となる「防衛力の抜本的強化」と「防衛費の相当な増額」が日本の対米公約となったことである。共同声明では、「岸田総理は、日本の防衛力を抜本的に強化し、その裏付けとなる防衛費の相当な増額を確保する決意を表明し、バイデン大統領は、これを強く支持した」とされている。「ミサイルの脅威に対抗する能力を含め、国家の防衛に必要なあらゆる選択肢を検討する決意を表明した」という表現は反撃能力を意識したものと考えられる。この日本の決意を受けて、両首脳は、中国を念頭に「同盟の抑止力及び対処力を強化すること」で一致したのである。

　二つ目の重要点は、バイデン大統領は日本の防衛に対する米国の全面的な責任を再確認したことである。共同声明においても、バイデン大統領が「日米安全保障条約第5条が尖閣諸島に適用されることを改めて確認し」たと明記されている。また、両首脳が閣僚級の安全保障協議委員会（2プラス2）を含め「拡大抑止に関する日米間の協議を強化することの意義を改めて確認した」ことについても言及されている。こうして、米国による日本防衛のコミットメントを前提に、日本は安保3文書の改定に進むことができたのである。

　翌日には、4回目（対面では2回目）となる日米豪印首脳会合が首相官邸で開催され、「日米豪印首脳会合共同声明」が発出された。同声明では、中国を念頭に、「我々は、係争のある地形の軍事化、海上保安機関の船舶及び海上民兵の危険な使用、並びに他国の海上資源開発活動を妨害する試み等、現状を変更し、地域の緊張を高めようとするあらゆる威圧的、挑発的又は一方的な行動に強く反対する」とした。

　23年1月の日米安全保障協議委員会（2プラス2）は、前年に両国で策定された戦略文書（安保戦略と防衛戦略）も踏まえ、約2年ぶりに対面で開催された。この会合では、総論、地域情勢、同盟の現代化、拡大抑止、米軍の態勢を議題として話し合われ、その成果として共同発表が発出された。共同発表の重要なポイントは、以下の2点である。一つ目の重要なポイントは、同盟の現代化において重要な分野を特定化した点である。①同盟における調整（同盟調整メカニズムを通じた調整のさらなる強化等）、②平時における同盟の取組（情報収集、警戒監視および偵察[ISR]活動、柔軟に選択される抑止措置[FDO]の協力深化等）、③同盟の抑止力・対処力（日本の反撃能力の効果的な運用に向けての協力深化等）、④宇宙・サイバー・情報保全（宇宙空間を使った攻撃が、日米安保条約第5条の発動に繋がり得ることの確認等）、および ⑤技術的優位性の確保（先進素材と極超音速技術に関連する共同研究の開始等）が含まれるとした点である。これらは、同盟における今後の取組の重点分野と考えられる。両国の戦略文書を踏まえた、新たな日米防衛協力の指針は当面作成されない以上、ここに列挙された内容がガイドライン的なものとなる。

　二つ目の重要ポイントは、米軍の態勢について、12年4月の日米安全保障協議

委員会（2プラス2）で調整（修正）された06年の在日米軍再編計画（再編の実施のための日米ロードマップ）が再調整された点である。共同発表には、米海兵隊の態勢について「第3海兵師団司令部及び第12海兵連隊は沖縄に残留する。第12海兵連隊は2025年までに第12海兵沿岸連隊に改編される」と明記された。第12海兵連隊は、第3海兵師団隷下の砲兵連隊である。海兵沿岸連隊（MLR）とは、機動展開前進基地作戦（EABO）という構想に基づき前線の島嶼部において洋上監視、対艦攻撃、防空等を行う小規模部隊のことである。ちなみに、共同発表において言及されている23年に新編予定の「横浜ノース・ドックにおける小型揚陸艇部隊」は、第12海兵沿岸連隊の輸送を担当することになる。

日中関係の停滞

　台湾をめぐり米中関係が深刻化する中、日中関係も停滞したままであった。22年7月に閣議で了承された防衛白書は、ロシアが中国と軍事面で連携を深化させる可能性に警戒感を示しつつ、中国の台湾侵攻プロセスに関する台湾側の分析を初めて記載し、注目された。同月の米中首脳電話会談で、バイデン米大統領と習近平中国国家主席が台湾問題をめぐり激しく応酬した一方、8月にはペロシ米下院議長が台湾を訪問し台北で蔡英文総統と会談したことに中国が激しく反発した。中国軍が台湾周辺で「重要軍事演習」を実施する中、中国の弾道ミサイル5発が日本の排他的経済水域（EEZ）内に落下したこともあった。9月、日中両国は国交正常化から50年の節目を迎えた。岸田首相と習国家主席は、祝電を交換したものの、東京や北京で開催された記念行事には出席しなかった。このエピソードは、日中関係の現状を物語っている。11月にタイの首都バンコクで開かれたAPEC 首脳会合の際に、岸田首相は、前月に3期目を迎えたばかりの習国家主席と初めて対面で日中首脳会談を行った。その席で、岸田首相は尖閣諸島をめぐる情勢や、日本周辺における中国による軍事的活動について深刻な懸念を表明した。他方で、日中防衛当局間の海空連絡メカニズムのもとでのホットラインの早期運用開始や、日中安保対話等による意思疎通の強化等で一致できたことは日中両国にとって収穫であった。

日韓関係の雪解け

　元徴用工（旧朝鮮半島出身労働者）問題に関する18年の韓国大法院判決により長らく厳しい冬の時代が続いていた日韓関係においてようやく雪解けのプロセスが進行した。その契機となったのが、22年5月に韓国の政党「国民の力」の尹錫悦が第20代大統領に就任したことである。韓国での保守政権誕生は5年ぶりであった。就任演説で、非核化を条件に北朝鮮に経済支援を行う用意があると表明したほか、日本や米国との連携を重視する方針を鮮明にした。7月には、韓国政府は、日韓関係のとげであった元徴用工問題について官民協議会を発足させた。その後、東京都内にて開催された日韓外相会談で、韓国の朴振外相は、元徴用工問題について日本企業の韓国内資産が売却される「現金化」の前に「望ましい解決策が出るよう努力する」と表明した。

　こうした韓国側の解決努力を受けて、国連総会に際しての日韓首脳間の懇談（9月）、日韓首脳電話会談（10月）、そしてASEAN関連首脳会議の機会における約3年ぶりの日韓首脳会談（11月）と雪解けが進行した。さらに、23年1月、韓国政府は、元徴用工訴訟問題をめぐる公開討論会で、韓国の財団が被告の日本企業の賠償を肩代わりする案を公表し、同年3月に同様の解決策を発表した。これにより、同月に日本での日韓首脳会談が実現し、日韓関係は正常化に向けて大きく前進した。会談では、首脳が相互に訪問する「シャトル外交」の再開でも合意した。韓国大統領の来日は、国際会議を除けば、約12年ぶりのことであった。

　日韓関係の正常化の背景には、韓国での保守系政権の誕生のみならず、北朝鮮の度重なる弾道ミサイル発射を受けて日米韓三カ国の安全保障協力の重要性が高まっていることもある。象徴的なのは、尹大統領就任後に日韓首脳が初めて顔を合わせたのが、NATO首脳会合の際、約5年ぶりに開催された6月の日米韓首脳会談であったことである。日米韓首脳は、インド太平洋地域での協力を強化し、北朝鮮問題に連携して対処することで一致した。日米韓首脳会談に先立ち、同月、ソウルでの日米韓外務次官級協議や、シンガポールでの日米韓防衛相会談も行われた。後者の共同声明によれば、「3か国の閣僚はさらに、3か国によるミサイル警戒及び弾道ミサイル探知・追尾訓練の実施及び北朝鮮による弾道ミサイル発射に対処するための3か国によるさらなる活動を具体化することにコ

ミットした」という。この共同声明を受けて、日米韓の3カ国は、8月、米ハワイ沖海上で弾道ミサイルの探知・追尾の共同訓練を実施したり、10月と翌年2月に、日本周辺海域で弾道ミサイル情報共有訓練を行ったりしている。3カ国協力が日韓の正常化に先んじたのは、北朝鮮による大陸間弾頭ミサイル（ICBM）の開発を懸念する米国の後押しがあったからである。

同志国等との連携

　民主主義諸国と権威主義諸国との競争が厳しさを増す中、同志国との連携が重要になってきている。安保3文書にも、以前の「パートナー」の代わりに「同志国（like-minded countries）」という用語が頻出する。防衛戦略は、「同志国等との連携」を防衛目標の実現のための三つのアプローチの一つとしつつ、「力による一方的な現状変更やその試みに対抗し、我が国の安全保障を確保するためには、同盟国のみならず、一か国でも多くの国々と連携を強化することが極めて重要である」と説明している。同志国の正式な定義はないようであるが、外務省では「外交課題において目的を共にする国」という一般的な意味を紹介している。

　本書の対象期間（22年4月-23年3月）においても、同盟国・同志国等との連携の土台となる安全保障関連の会合がハイレベルなものだけでも数多く行われている（表2参照）。近年の特徴としては、中国の動きを警戒するようになった欧州諸国との安全保障協力が進展していることを挙げることができる。22年6月に北大西洋条約機構（NATO）が採択した新たな戦略概念は、初めて中国に言及し同国の「示された野心と強制的な政策は、我々の利益、安全保障、および価値に挑戦している」と警戒感をあらわにしている。

表2：同盟国・同志国等との安全保障関連のハイレベルな会合（22年4月-23年3月）

国名	月	協議の名称（特筆すべき点）
米国	5月	首脳会談（岸田首相、防衛費の「相当な増額」に言及）
	6月	拡大抑止協議
	11月	拡大抑止協議
	1月	安全保障協議委員会（「2プラス2」）、首脳会談
オーストラリア	10月	首脳会談（安全保障協力に関する日豪共同宣言）
	12月	第10回外務・防衛閣僚会合（「2プラス2」）
インド	6月	第4回サイバー協議
	9月	第2回外務・防衛閣僚会合（「2プラス2」、共同声明）、首脳会談
日米豪印	5月	首脳会合（「Quad」）
フィリピン	4月	第1回外務・防衛閣僚会合（「2プラス2」）
タイ	5月	首脳会談（防衛装備品・技術移転協定の署名を歓迎）
シンガポール	6月	首脳会談（防衛装備品・技術移転協定の交渉開始で合意）
韓国	11月	首脳会談（北朝鮮問題、自由で開かれたインド太平洋）
日米韓	6月	首脳会合
	11月	首脳会合
中国	11月	首脳会談（海空連絡メカニズムのホットライン早期運用開始）
英国	5月	首脳会談（部隊間協力円滑化協定の大枠合意）
	1月	首脳会談（部隊間協力円滑化協定の署名）
フランス	1月	第6回外務・防衛閣僚会合（「2プラス2」）、首脳会談
ドイツ	11月	第2回外務・防衛閣僚会合（「2プラス2」）
イタリア	5月	首脳会談
	1月	首脳会談（戦略的パートナー、外務・防衛当局間協議で合意）
英国・イタリア	12月	次期戦闘機（GCAP）の共同開発に関する共同首脳声明
カナダ	10月	第12回外務・防衛当局間協議
	1月	首脳会談
NATO	4月	日本の外相、NATO外相会合に初出席
	6月	日本の首相、NATO首脳会合に初出席
		NATOアジア太平洋パートナー（日、豪、韓、NZ）首脳会合（初）
	1月	岸田首相、NATO事務総長と会談（共同声明を発出）
EU	5月	定期首脳協議（サイバー、海洋安全保障等で協力の拡大へ）

出典：令和5年版外交青書を参考にして筆者作成

グローバルな課題への対応

ウクライナ情勢をめぐる日本の動き

　22年2月、ロシアがウクライナへの軍事侵攻を開始したことを受け、日本は、G7や他の同志国と連携しながら、直ちにロシアの侵略に対する強い非難を行うとともに、数々の経済制裁を段階的に発動した。4月にウクライナでの民間人虐殺を「戦争犯罪、国際人道法違反」と非難する首脳声明が発表されると、翌日に、岸田首相が記者会見において、次の5項目からなる日本の追加制裁を発表した。①ロシア産石炭輸入の段階的削減・禁止、②機械類、一部木材、ウォッカ等のロシアからの輸入の禁止、③ロシアへの新規投資の禁止、④ロシア最大手銀行ズベルバンクと4位のアルファバンクの資産凍結、⑤400人近いロシア軍関係者や議員、約20の軍事関連団体の資産凍結対象への追加。また、同じ日に外務省は、在日ロシア大使館の外交官と通商代表部職員の計8人の国外退去を要求した。そして、同月、関税暫定措置法を改正し、ロシアの最恵国待遇を撤回したり、外国為替および外国貿易法を改正し、暗号資産（仮想通貨）が制裁の抜け穴として悪用されないよう暗号資産取引への監視を強化したりした。さらに、ウクライナ侵略から1年が経過した23年2月にも、政府は資産凍結と禁輸の対象を拡大する新たな対露制裁を閣議了解している。

　日本は、経済制裁を強化するとともに、対ロシア政策の転換を図った。4月に公表された令和4年版外交青書は、ロシアのウクライナ侵攻を「歴史の大転機」と位置づけて非難するとともに、北方領土について「日本固有の領土であるが、現在ロシアに不法占拠されている」と記述した。「不法占拠」という表現が19年ぶりに復活したのである。また、13年の安保戦略にあった「あらゆる分野でロシアとの協力を進め、日露関係を全体として高めていく」という肯定的な表現は、12月に公表された新たな安保戦略から消えている（表1参照）。

　また、日本は、対ウクライナ支援として、財政支援、人道支援、避難民受け入れ、および復興支援等を行ってきている。第一に、財政、人道、食糧、および復興の分野でウクライナや周辺国等へ約16億ドルの支援を実施したほか、ロシア

による侵攻1年の節目に当たる23年2月にはG7首脳テレビ会議において、約55億ドルの追加財政支援を表明した。第二に、国際機関や日本のNGOを通じて人道支援を行ってきた。例えば、国際平和協力法に基づく「人道的な国際救援活動」として、「ウクライナ被災民救援国際平和協力業務実施計画」を4月に閣議決定し、5月から6月にかけて国連難民高等弁務官事務所（UNHCR）の支援物資を自衛隊機によってアラブ首長国連邦のドバイからポーランドやルーマニアまで輸送したりしている。第三に、日本への避難を希望するウクライナの避難民を受け入れてきている。林外相が4月にポーランドから帰国する際には、日本の政府専用機の予備機が避難民20人を乗せて日本に到着した。第四に、ウクライナ復興に関する複数の国際会議において、23年のG7議長国として平和の回復や復興の実現に向けての議論を国際社会において積極的に主導していくことを表明している。

　23年3月には、岸田首相がウクライナの首都キーウを電撃訪問し、ゼレンスキー大統領と初めて対面形式で会談した。5月に広島で開催するG7広島首脳会議（サミット）では、ウクライナ情勢は主要な議題の一つであるため、その前に現地を視察しておきたいという首相の強い意向が働いた。会談では幅広い議論が行われ、その成果は、ロシアによるウクライナ侵攻への対抗における連帯、日本のG7議長国下での協力、二国間協力の拡大、それに地域・国際場裏における協力を柱とする「特別なグローバル・パートナーシップに関する共同声明」にまとめられた。また、G7サミットにオンラインでの参加をゼレンスキー大統領に要請し、受け入れられた（実際には対面での参加となった）。さらに、岸田首相は、多数の民間人が虐殺されたキーウ近郊のブチャも視察している。

正念場を迎えた日本外交と法の支配の強調

　22年6月に、国連総会において国連安全保障理事会のうち年末で任期が満了する非常任理事国5カ国の改選が行われ、マルタ、スイス、エクアドル、およびモザンビークとともに、日本が選出された。日本が非常任理事国を務めるのは12回目で、最多を更新した。任期は23年1月から2年間である。また、日本は、23年1月から1年間、7回目のG7議長国を務めることになっており、5月には広島サミットを開催した。まさに日本外交の真価が問われる正念場を迎えている。

その日本外交のキーワードが国際社会における法の支配である。日本による法の支配の強調は、ロシアによるウクライナ侵攻を踏まえ一段と強まった感がある。9月に開催された国連総会での一般討論演説の中で、岸田首相は、非常任理事国として国際社会における法の支配を強化するために行動していく決意を表明した。その際、1970年の「友好関係原則宣言」に書かれている三つの基本的原則、すなわち、①「力による支配」を脱却し国際法の誠実な遵守を通じた「法の支配」を目指すこと、②特に、力や威圧による領域の現状変更の試みは決して認めないこと、③国連憲章の原則の重大な違反に対抗するために協力することにも言及している。

　日本は、国連以外の場でも、法の支配を強調しながら、「グローバルサウス」と呼ばれる新興国、途上国との関係を強化している。例えば、4月と12月に開かれた「中央アジア+日本」対話では、法の支配に基づく国際秩序の維持・強化について日本からの働きかけがあった。また、8月にチュニジアで開催された日本主導のアフリカ支援の枠組み「第8回アフリカ開発会議（TICAD8）」において、国際ルールに基づく開発や融資の促進を明記した「チュニス宣言」が採択された。「法の支配」を重視する日本の方針は、民主主義諸国と権威主義諸国との競争において、民主主義国家が減少する中で、民主的な国内制度を持たなくても、ルールに基づく国際システムを支持する国家を味方につけていくという米国の方針と重なる。日米が重視する普遍的価値の中でも、法の支配が最重要視されるようになっている。

核兵器不拡散条約運用検討会議の決裂

　22年8月に、第10回核兵器不拡散条約（NPT）運用検討会議がニューヨークの国連本部で開催された。NPT運用検討会議は、5年に1度開催されることになっている。前回の開催が15年だったため、当初20年4月に開催が予定されていたが、新型コロナウイルス感染症の感染拡大のために開催が何度か延期されていた。今回、ようやく再検討会議の開催にこぎつけ一月近い時間をかけて協議したものの、最終的にはロシアの反対表明で最終文書案を採択することはできなかった。なお、前回の15年運用検討会議においても、主に中東非大量破壊兵器

地帯の設置構想をめぐって関係国間の溝が埋まらず、最終文書を採択することなく終了している。

　「核兵器のない世界」をライフワークに掲げる岸田首相は、NPT運用検討会議を重視してきている。今回の会議には、岸田首相が日本の首相として初めて出席して一般討論演説を行った。岸田首相は演説の中で、「核兵器のない世界」という「理想」に向けた現実的なロードマップの第一歩として「ヒロシマ・アクション・プラン」を提唱した。この行動計画は、①核兵器不使用の継続の重要性の共有、②透明性の向上、③核兵器数の減少傾向の維持、④核兵器の不拡散と原子力の平和的利用、⑤各国指導者等による被爆地訪問の促進、の五つの行動を基礎とするものである。他にも、核戦力の透明性向上を求めたり、世界の若者を被爆地に招くための基金創設を表明したりした。令和5年版外交青書は、会議が決裂したことについては「極めて遺憾」としたが、日本の考えや提案が今回の最終成果文書案の中に多く盛り込まれたこと等については評価もしている。

（慶應義塾大学教授／平和・安全保障研究所研究委員　宮岡勲）

第2章　米　国

概　観

　インド太平洋地域での中国との戦略的競争は、経済安全保障、台湾など広範にわたる。米国の対中優位は同盟国の存在との認識から、日本・オーストラリアとの同盟深化に加え、親米政権の成立した韓国・フィリピンとの同盟修復も進められている。日米豪印、AUKUSの協力も強化されている。ただしバイデン政権は競争の管理を強調し、中国との意思疎通によって、衝突回避を図っている。

　バイデン政権は国家安全保障戦略などを通じて、インド太平洋地域の重視を引き続き表明している。中国の核戦力増強に対し、強い警戒感がある一方で、核態勢見直し（NPR）では、核兵器の役割低減という目標が記された。太平洋抑止イニシアティブ（PDI）の予算は増額された。

　インド太平洋経済枠組み（IPEF）が立ち上げられ、14カ国が参加したが、市場アクセス交渉はおこなわれていない。経済安全保障では、半導体関連でCHIPSおよび科学法（CHIPSプラス法）が成立した。サプライチェーン強化や製造装置の輸出規制について、同盟国との連携が図られている。日米豪印では、ワクチン提供等、実務的な協力で進展があった。日米豪印でマラバールを開催した。AUKUSでは、オーストラリアへの原潜配備計画が発表された。

　ロシアによるウクライナ侵攻後もバイデン政権は、中国との戦略的競争を最優先している。一方で、競争を管理し衝突を回避するため、意思疎通の維持を重視し、対面での米中首脳会談が初めて実施された。ただしブリンケン国務長官訪中は、気球問題で延期となった。議会では中国批判が高まり、下院では特別委員会が設置された。バイデン政権としては、中国経済とのデカップリングを目指さず。新疆ウイグル関与の製品は原則輸入禁止となった。

　台湾にはペロシ下院議長が訪問した。バイデン政権下で台湾への武器売却が、9回決定された。バイデン大統領は台湾防衛にたびたび言及するも、直後にホワイトハウスが火消しを図っている。議会では台湾強化レジリエンス法（TERA）が成立。蔡英文総統は訪米し、マッカーシー下院議長と会談した。

　韓国、フィリピンで新政権が誕生し、米韓・米比同盟、日米韓協力は急速に修復された。韓国には戦略原潜を派遣した。マルコス比大統領は、新たに4カ所の基地提供に合意した。米・ASEAN関係は、包括的戦略パートナーシップに格上げされた。対ミャンマー制裁は強化された。南シナ海では、米空軍機への中国軍機による異常接近事案が発生した。「航行の自由」作戦（FONOP）が引き続き実施されている。太平洋島嶼国では、ソロモンの中国との安保協定に懸念が高まり、ブリンケン長官がパプアニューギニアを訪問した。

外交・安全保障

米国は、インド太平洋地域における中国との競争に戦略的資源を投入しており、争点は半導体等の経済安全保障、台湾、南シナ海、人権問題など広範にわたっている。従来は米国の関心が薄かった太平洋島嶼国についても、米中対立の文脈で一定の注意が払われている。同時にバイデン政権は、責任ある形での競争の管理を強調し、中国側との意思疎通が首脳、閣僚レベルで図られ、衝突の回避に意を用いている。

米中の国力差が相対化する中で、中国との競争に臨むにあたり、対中優位は同盟国の存在にあるとの認識から、同盟国との連携が強化されている。条約上の同盟国との関係では、日豪との同盟深化だけでなく、親米政権が22年に成立した韓国、フィリピンとの同盟修復も進められている。加えて日米豪、日米韓、日米比といった枠組みを通じて、同盟のネットワーク化が図られている。ミニラテラルな枠組み活用もバイデン政権の特徴であり、日米豪印、AUKUSの協力が強化されている。

米中関係

（1）外交関係

国家安全保障戦略においてバイデン政権は、中国について、国際秩序を再構築する意図と、それを実行するための経済、外交、軍事、および技術力の双方を備えた唯一の競争相手であるとの認識を示した。インド太平洋地域で影響力を広げ、世界を主導する大国となる野望を持つとの評価も示した。ロシアによるウクライナ侵攻後も、中国との戦略的競争が最優先課題であることが、最上位の戦略文書において、改めて確認されたといえよう。

このことはブリンケン国務長官が22年5月にジョージ・ワシントン大学で行った、政権の中国に対するアプローチについての演説にも見て取れる。中国の軌道修正に依存できないとして、かつての関与路線を否定しつつ、北京を取り巻く戦略的環境を形成するとして、封じ込めとも一線を画し、米中関係について、最も

複雑で重大な関係の一つと位置付けた。演説はバイデン大統領の日韓歴訪直後に実施された。国務省の態勢強化の一環として、中国調整部（通称：チャイナ・ハウス）が、22年12月に設置され、最も複雑かつ重大な地政学的挑戦である中国への対処が図られている。

　他方、バイデン政権は、中国との戦略的競争に臨みながらも、競争の管理に絶えず言及し、中国との衝突の回避に意を用いており、北京との意思疎通の機会をたびたび設けている。国内政治上の背景としては、バイデン政権と対中認識を共有しない民主党左派の存在があるだろう。加えてトランプ前政権とは異なり、中国共産党による統治そのものへの批判には踏み込んでいない。

　両国間の意思疎通としては、初めての対面での米中首脳会談が、22年11月にバリ島で、約3時間にわたり実施された。懸案解決や協力に関する具体的合意はなかったが、主要な高官間で意思疎通を維持することで合意した。首脳間の電話会談も22年7月に実施された。なおバイデン大統領は習近平国家主席について、賢くて計算高いとの人物評を示している。

　米中外交首脳による対話も、たびたび実施されている。サリバン大統領補佐官と楊潔篪・共産党政治局委員との間では、22年5月に電話で、22年6月にルクセンブルクで、サリバン補佐官と王毅・政局委員との間では、23年3月に電話で会談が実施された。ブリンケン国務長官と王毅・国務委員兼外交部長との間では、22年7月にバリ島で、9月にニューヨークで、10月に電話で、12月に電話で、ブリンケン長官と王毅政局委員との間では、23年2月に電話で、同月にミュンヘンで会談が実施された。

　バイデン政権の首脳、閣僚がいまだ訪中していない中で、北京での意思疎通も図られている。バーンズ元国務次官が、駐中国大使として着任した。22年12月には、クリテンブリンク国務次官補とローゼンバーガーNSC上級部長が訪中し、年明けの国務長官訪中に向けて地ならしを行った。

　ところが、こうした流れに急ブレーキをかけたのが、気球問題だった。北米航空宇宙防衛司令部（NORAD）が23年1月に、アラスカ州上空で気球を最初に探知し、2月には国防総省が、中国の偵察用気球が米国の領空に侵入したと公表した。米側はブリンケン国務長官が訪中を延期し、F-22戦闘機がサウスカロライ

ナ州沖で気球を撃墜した。商務省は、北京南江空天科技等六つの企業団体に対して、気球問題を理由に制裁を発動した。連邦議会では上下両院が、中国を非難する決議を全会一致でそれぞれ可決した。ミュンヘンでの米中協議でブリンケン長官は、中国による主権侵害を非難し、再発防止を要求したが、主張は平行線に終わった。気球問題は、ワシントンの対中認識だけでなく、米国世論の対中感情をも悪化させた。ハーバード大学等の世論調査によれば、気球撃墜が遅すぎたという回答は6割を超えた。

　加えてロシアによるウクライナ侵攻以降も緊密な中露関係に対して、米国は神経を尖らせている。ブリンケン長官は23年2月にミュンヘンで、王毅に対して、ロシアに対する物的援助および制裁回避の支援について警告した。

　連邦議会における中国批判は高まりをみせ、米国と中国共産党の戦略的競争に関する特別委員会が下院に設置され（共和党13名、民主党11名）、23年2月には初めての公聴会が開催された。委員長にはギャラガー議員（共和党、ウィスコンシン州選出）が就いたが、訪台していたことが事後に明らかになった。

（2）軍事関係

　米中軍関係では、オースティン国防長官と魏鳳和・国務委員兼国防部長との間で、22年6月にシンガポールで、11月にシェムリアップで会談が実施された。気球問題直後の23年2月に米側は、米中国防相電話会談を打診したが、中国側は拒否したという。

　ミリー統合参謀本部議長と李作成・連合参謀部参謀長との間では、22年7月にビデオ電話会議が実施された。ミリー議長は、責任を持って競争を管理し、開かれた連絡経路を維持する必要性について言及した。一方でミリー議長は、過去5年間の米軍による中国軍との接触について、包括的なレビューを指示したという。なお23年3月に国務委員兼国防部長に就任した李尚福・上将は、トランプ政権下の18年9月に、米国の制裁対象に指定されていた。李が中央軍事委員会装備発展部長だった当時、Su-35戦闘機と地対空ミサイルS-400関連機器のロシアから中国への移転に関与したとして、国務省が制裁対象とした。

（3）経済安全保障

　レイモンド商務長官はマサチューセッツ工科大学で22年11月に演説し、米国経済の中国経済からのデカップリングを目指していないと明言し、国家安全保障上の利益や人権を脅かさない分野での貿易投資の促進に言及した。サリバン補佐官も23年4月にデカップリングを否定した。加えて、イエレン財務長官は、退任目前の劉鶴副首相とチューリッヒで23年1月に会談し、4月にはジョンズ・ホプキンス大学高等国際関係大学院で米中経済関係について演説した。

　経済安全保障についての取組みも、急ピッチで進められている。半導体については、CHIPSおよび科学法（CHIPSプラス法）が22年8月に成立し、製造施設建設や研究開発への資金助成が盛り込まれた。バイデン大統領は22年12月、TSMCのアリゾナ州フェニックスの新工場を視察した際に、マイクロン、インテル、IBMによる投資を挙げ、米国の製造業は復活したと誇った。製造業再建と雇用創出は、米国内の中間層を意識して外交を進めるバイデン政権にとって、重要な成果といえよう。レイモンド商務長官は23年2月に、半導体産業の再興について、ジョージタウン大学で演説した。23会計年度国防授権法には、連邦政府機関による中国半導体大手SMIC等の製品、サービスの使用について、5年後に禁止する条項が盛り込まれた。

　同盟国・パートナーとの連携も進められている。半導体製造装置の輸出規制について、世界大手の東京エレクトロンとASMLを抱える日本、オランダとの協力を図った。半導体サプライチェーンをめぐっては、日米韓台によるチップ4が、23年2月に初会合を開催した。ほかにも米豪間では、レアアース供給について、オーストラリア産鉱石の米国での処理が検討されているという。

　中国関連の制裁も強化されている。連邦政府の電子機器では、動画共有アプリTikTokの使用が原則禁止された。連邦通信委員会は、国家安全保障上のリスクを理由に、ファーウェイ、ZTE、ハイクビジョン等が製造する通信機器や監視カメラの輸入、販売を22年11月に禁止した。財務省の制裁対象は、漁業事業者にも及んでいる。

　日米間では、日米経済政策協議委員会（経済版2プラス2）が22年7月に開催され、外交・安全保障と経済を一体として議論する枠組みが整備された。EVバッ

テリーの需要拡大により、重要鉱物の確保が課題となる中で、日米重要鉱物サプライチェーン強化協定が、23年3月に署名された。米国内でのバッテリー工場の建設が、トヨタ、パナソニック、フォード等によって進められている。加えて、国家サイバーセキュリティ戦略が23年3月に公表された。

21年12月にウイグル強制労働防止法が成立し、新疆ウイグル自治区の関与する製品の輸入が、22年6月から原則禁止となった。同法の影響は、太陽光発電製品やアパレル製品に及んでいる。第2回民主主義サミットにあわせて23年3月、ウイグル問題を理由に、監視カメラ大手ハイクビジョンの関連企業など5社に対して、制裁が発動された。連邦議会ではワイデン上院財政委員長（民主党、オレゴン州選出）が22年12月に、GM、テスラ、トヨタ、ホンダ等、日米欧の自動車大手8社に対して、各社のサプライチェーンがウイグルの強制労働と関連していないかを問う質問状を送付した。

チベット関連では、ゼヤ・チベット問題特別調整官が22年5月に訪印し、バイデン政権高官として初めて、ダライ・ラマと会談した。ブリンケン長官は23年2月に、ロサル（チベット正月）を祝うビデオメッセージを公表した。連邦議会ではチベット亡命政府首相が23年3月に、オンラインで初めて証言した。

24年大統領選挙に向けて、党派を問わず各候補者が対中強硬姿勢を競うことで、米中関係はさらに悪化する可能性があろう。一方でバイデン政権は、競争の管理という観点から、北京との意思疎通の機会を引き続き模索している。中国での全人代閉幕を受けて、バイデン大統領が習主席との電話会談に意欲を示していると、サリバン補佐官が23年3月に明らかにした。ブリンケン長官は、年内の訪中に期待していると23年5月に述べた。イエレン長官も23年4月に、適切な時期に訪中したいと述べた。

（4）台湾問題

台湾について、ブリンケン長官は22年5月の中国演説で、民主主義と経済という観点から触れた。権威主義の度合いを深める中国との対比において、台湾の民主主義に注目が集まり、半導体サプライチェーンのチョークポイントとして、経済安全保障上の重要性が増している。

①ペローシ訪台

　ペローシ下院議長は当初、22年4月に訪台を計画していたが、新型コロナウィルス検査での陽性反応を理由に延期した。同年夏には訪台が再び取り沙汰されるようになった。バイデン大統領は、ペローシ訪台計画に対して、米軍はよいアイデアとは考えていないと思うと述べた。22年7月の米中電話首脳会談で習近平国家主席は、ペローシ訪台を牽制した。そうした中でペローシは8月に、米軍機で台北を訪れて、蔡英文総統と会談した。

　大統領継承順位第2位である下院議長による台湾訪問は、1997年のギングリッチ議長（共和党）以来、四半世紀ぶりであった。ペローシは2度にわたり下院議長を務めた民主党の重鎮で、以前から中国に厳しい姿勢を示していたことで知られていた。ペローシ訪台に対しては、上院共和党トップのマコネル院内総務ら26名の共和党上院議員が、支持を表明した。

　米軍はエスカレーションを避けるため、大陸間弾道ミサイルの発射実験をいったん延期したが、22年8月中にカリフォルニア州で実施した。加えて同月中に、第7艦隊所属の巡洋艦「アンティータム」と「チャンセラーズビル」が、台湾海峡を航行した。

②武器売却、台湾防衛発言、軍事

　米国から台湾への武器売却は、台湾関係法に基づいて決定されている。バイデン政権下では台湾への武器売却が、本稿執筆時点までに、9度にわたり決定されている。内容や売却総額は表1の通りであるが、注目されるのはその頻度である。バイデン政権発足後、初めての売却決定までは半年以上を要したが、22年2月以降は頻繁に決定されている。ロシアによるウクライナ侵攻以降も、米国による台湾へのコミットメントに揺らぎがないことを示す狙いがあるといえよう。

表1：米国から台湾への武器売却

年月	台湾への武器売却決定の内容	総額（億ドル）
21年8月	M109A6 パラディン自走榴弾砲 40 輌等	7.5
22年2月	防空システムパトリオットの維持改修	1
22年4月	防空システムパトリオット関連の訓練等	0.95
22年6月	艦船用の予備部品等	1.2
22年7月	戦車および戦闘車両用の修理部品等	1.08
22年9月	監視レーダープログラム（SRP）、空対艦ミサイルハープーン 60 発（AGM-84L）、サイドワインダー 100 発（AIM-9X）等	11.06
22年12月	F-16 戦闘機、C-130 輸送機等用の予備部品等	4.28
22年12月	対戦車兵器システム	1.8
23年3月	F-16 戦闘機搭載ミサイル等	6.19

　バイデン大統領は、台湾防衛についての発言を繰り返している。訪日中のバイデン大統領は22年5月に、日米首脳会談後の記者会見で、台湾防衛のために軍事的に関与するつもりはあるかという質問に対して、はいと答え、それが私たちのコミットメントだと述べた。22年9月には、中国の侵略に際して米軍は台湾を防衛するのかという質問に対して、そうだと答えた。加えて独立を促しているわけではないとしつつも、台湾は独立について自ら判断すると述べた。ただし台湾防衛への明確なコミットメントは、従来の米国の台湾政策から大きく踏み込むこととなるため、バイデン発言のたびに、ホワイトハウスからは火消しが図られている。

　中国が台湾海峡は国際水域でないとする立場を採るようになったと、米ブルームバーグ通信によって報じられたが、米軍は艦船による台湾海峡航行を引き続き実施している。カナダ海軍も米海軍とともに、22年9月に航行した。台湾海峡上空についても、米海軍P8-A哨戒機が22年6月、23年2月、同年4月に、飛行している。ただし22年11月の駆逐艦ベンフォールドによる航行は、バリ島での米中首脳会談後に明らかになるなど、一定の配慮も示された。

　台湾海峡の平和と安定の重要性については、22年5月の日米、同月の米NZ、同

年6月のG7、同年11月の米豪、23年1月の日米、同年3月の米加、同年4月の米韓といった形で、首脳レベルで引き続き言及された。

　台湾軍の訓練のために米国は、今後数カ月で100-200人の部隊を台湾に派遣予定だと、米紙ウォールストリート・ジャーナルによって23年2月に報じられた。オースティン長官は23年3月に、下院歳出委員会国防小委員会での証言で、州兵が台湾軍の訓練にあたっていると明らかにした。州兵の訓練によって、ウクライナ軍が能力を増強した例を参考にしているという。先の米紙報道によれば、ミシガン州兵が台湾軍を訓練しているという。

　台湾への軍事的支援が強化されている一方で、22年6月から開催された軍事演習リムパックには、台湾は招待されなかった。23会計年度国防授権法には、24年リムパックへの台湾招待が盛り込まれた。バーンズCIA長官は23年2月に、習近平国家主席は人民解放軍に対して27年までに台湾侵攻を準備するよう指示したが、侵攻を決定したわけではないと述べた。アクイリノ・インド太平洋軍司令官は、下院軍事委員会で23年4月に、衝突は差し迫ったものでも、避けられないものでもないと述べた。

③連邦議会
　連邦議会議員が頻繁に訪台するなど、連邦議会でも台湾支持の動きが相次いだ。メネンデス上院外交委員長（民主党、ニュージャージー州選出）とグラム上院議員（共和党、サウスカロライナ州選出）は超党派で、台湾政策法案を22年6月に提出した。ロシアによるウクライナ侵攻直後というタイミングで、米国による台湾コミットメントは強固であるとのシグナルを、北京に発することを意図していたといえよう。22年12月に、23会計年度国防授権法の一部として台湾強化レジリエンス法（TERA）が成立し、台湾への今後5年間での最大100億ドルの軍事支援等が盛り込まれた。またホーリー上院議員（共和党、モンタナ州選出）のように、ウクライナ支援よりも台湾を優先すべきとの声も、議会の一部にはある。

　トランプ前政権の元高官としては、ポンペオ前国務長官が22年9月に、ボルトン元大統領補佐官が23年4月に訪台した。

④経済、台湾要人訪米

　経済分野では、21世紀の貿易に関する米台イニシアティブが、22年6月に立ち上げられた。貿易円滑化、規制慣行、農業等の分野で、交渉が進められている。同イニシアティブには、インド太平洋経済枠組み（IPEF）に台湾が加えられなかったことを補完する意味合いもあるだろう。上院民主党からは、台湾の将来的なIPEF参加の可能性を排除しないように求める声が上がっている。

　24年1月の台湾総統選挙を睨みつつ、与野党要人の訪米が相次いでいる。蔡英文総統はマッカーシー下院議長と23年4月に、ロサンゼルス郊外のレーガン大統領図書館で会談した。米国内での台湾総統との面会者としては、米台断交後では最も高いランクの人物となった。鴻海創業者の郭台銘が23年3月に、野党民衆党主席の柯文哲・前台北市長が23年4月に訪米した。加えて23年2月には、顧立雄・国家安全会議秘書長、呉釗燮・外交部長が訪米し、シャーマン国務副長官と会談した。なお台湾は、23年3月の第2回民主主義サミットに招待され、オードリー・タン・デジタル発展部部長らがオンラインで参加した。

インド太平洋

（1）国家安全保障戦略、軍事

　バイデン政権は国家安全保障戦略を22年10月に公表した。同戦略の第4章は地域別戦略について記述したが、欧州に先んじて筆頭に据えられたのがインド太平洋であり、ロシアによるウクライナ侵攻以降も、同地域が最優先であるとの姿勢が示されている。米国をインド太平洋パワーと位置付け、インド太平洋地域を自由で開かれた、連結された、繁栄する、安全な、強靱なという要素によって表現した。22年2月公表のインド太平洋戦略の認識が、国家安全保障戦略に反映されたといえよう。

　インド太平洋戦略の推進にあたって、バイデン政権が重視しているのが、同盟国・パートナーとの連携である。

　敵の接近阻止・領域拒否（A2／AD）に対して、インサイド部隊としての活躍が期待されているのが、海兵隊と陸軍だ。ハワイに続いて2隊目となる海兵沿岸連隊（MLR）を、海兵隊が25年までに沖縄で編成することが、23年1月の日米2

プラス2で明らかになった。制海と海洋拒否の任務を重視する海兵隊は、新たな運用構想である機動展開前進基地作戦（EABO）を掲げており、3隊目のMLRはグアムで編成されると報じられている。

　陸軍はマルチドメイン作戦構想を推進しており、五つのマルチドメイン任務部隊（MDTF）のうち、3隊目がハワイで編成されている。戦略火力としては、長距離極超音速兵器（LRHW）、中距離能力（MRC）、精密打撃ミサイル（PrSM）が計画されている。他方で海軍は、分散型海洋作戦（DMO）を推進している。22年6月からは、28回目となるリムパックをハワイで開催した。空軍は迅速な戦闘運用（ACE）を推進している。

　地域における抑止強化のため、太平洋抑止イニシアティブ（PDI）には、23会計年度国防授権法によって、前年度比で約1.6倍の約115億ドルがあてられた。軍事インフラの建設改善には18億ドルが承認され、その過半はグアム、日本、オーストラリア、マリアナ諸島でのプロジェクトにあてられる。23年3月に公表された24会計年度予算教書では、過去最大の国防費が盛り込まれた。

　中国の核戦力増強に対して、警戒感が急速に高まっている。22年5月の日米首脳共同声明では、両首脳は、中国による核能力の増強に留意すると書き込まれた。国防総省による22年版中国軍事力報告書では、中国の核弾頭数について、現在の400発強から35年までに約1,500発に増加するとの見通しが示された。一方で22年10月公表の核態勢見直し（NPR）では、核兵器の役割低減という目標に改めて言及しつつ、核搭載海洋発射巡航ミサイル（SLCM-N）の開発中止が打ち出された。ミリー統合参謀本部議長は22年4月に、同計画を支持する立場に変化はないと明言していた。

　日本における前方展開についても、動きがみられた。陸海空自衛隊と共同訓練した空母「エイブラハム・リンカーン」は、22年5月に横須賀に初めて寄港した。同港には、イージス駆逐艦「ジョン・フィン」が、23年3月に配備された。佐世保では、ドッグ型揚陸艦「アシュランド」の配備が23年3月に終えた。嘉手納では、F-15戦闘機を約2年間かけて順次退役させ、F-22を暫定的に展開させることとなった。米陸軍は、横浜ノース・ドックで小型揚陸艇部隊を新編予定だ。日米共同統合演習キーンソードは22年11月に実施され、豪英加も初参加した。なお日米の国

家安全保障戦略の間にみられる収斂を歓迎するというのが、米側の立場だ。

　米軍幹部としては、22年5月に第3海兵機動展開部隊司令官が、6月に太平洋海兵隊司令官、太平洋艦隊司令官が、8月に空軍長官が、9月に海兵隊総司令官、太平洋陸軍司令官が、10月にインド太平洋軍司令官、宇宙軍作戦部長が訪日した。

（2）インド太平洋経済枠組み（IPEF）

　外交・安全保障分野での連携に加え、経済分野の柱として打ち出されたのが、インド太平洋経済枠組み（IPEF）である。バイデン大統領は22年5月の訪日に際して、岸田首相とモディ印首相出席のもと、ハイブリッド形式で首脳級会合を主催し、IPEFが立ち上げられた。タイ通商代表とレイモンド商務長官は、閣僚会合をロサンセルスで22年9月に主催し、貿易、サプライチェーン、クリーン経済、公正な経済の4分野で閣僚声明が採択された。交渉官会合も開催され、交渉の進展が図られている。

　メンバーについて、この地域の多国間経済枠組みである環太平洋パートナーシップに関する包括的及び先進的な協定CPTPP、地域的な包括的連携（RCEP）協定、アジア太平洋経済協力APECとの異同に加えて、日米豪印とAUKUSを重ねて図式化すると下図の通りである。

図1：インド太平洋地域の多国間経済枠組み（筆者作成）

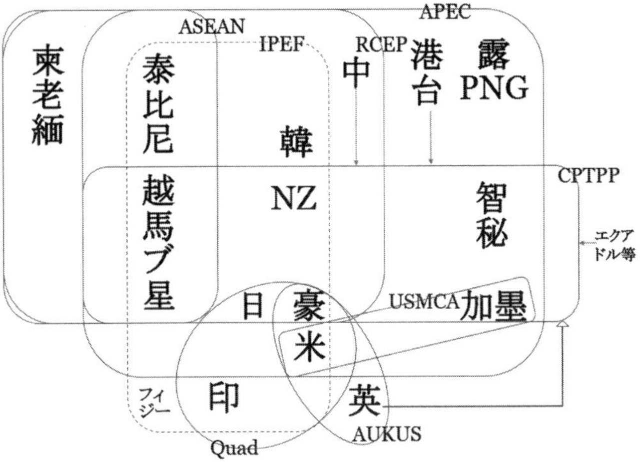

参加国のGDP総計は、世界全体の約4割を占める。立ち上げ後にフィジーが参加したほか、カナダが参加に関心を表明している。ただしインドは、貿易分野には参加していない。一方で、市場アクセス交渉は行われておらず、潜在的な参加希望国への訴求力という点では、物足りないといえよう。

　加えて米国は23年11月に、APEC首脳会議を主催予定であり、インド太平洋戦略の具体化に向けた進展があるのか、注目される。開催地には、ハリス副大統領の地元であるカリフォルニア州サンフランシスコが選ばれた。

日米豪印、AUKUS

(1) 日米豪印、日米豪

　バイデン政権にとって日米豪印は、インド太平洋地域における中心的な枠組みである。日米豪印での協力を通じて、具体的な成果を地域にもたらすことが目指されており、インド産ワクチンがカンボジア、タイに提供された。

　対面では2回目となる首脳会合が、東京で22年5月に開催された。外相会合もニューヨークで22年9月に、ニューデリーで23年3月に開催された。東京会合では、ロシアに対する名指しは避けながらも、法の支配や主権および領土一体性等の諸原則の遵守が確認された。

　東京会合では、実務的な協力のメニューも示された。バイデン政権が重視する気候変動問題について、気候変動適応・緩和パッケージ（Q-CHAMP）が立ち上げられた。日米豪印フェローシップが創設され、STEM分野（科学、技術、工学および数学）での人材育成が図られ、シュミット財団が運営にあたっている。加えて、海洋状況把握のためのインド太平洋パートナーシップ（IPMDA）、インド太平洋地域における日米豪印HA／DR（人道支援・災害救援）パートナーシップも立ち上げられた。

　経済安全保障分野では、サイバーセキュリティについての脅威情報の共有、政府調達でのソフトウェアセキュリティ標準の実施等が進められている。インフラについては次の5年間に、500億ドル以上を支援、投資するとしている。22年12月には、第一回日米豪印技術ビジネス投資フォーラムがオーストラリアで開催された。

　安全保障協力では、共同訓練マラバールが30周年を迎えた。日米豪印によっ

て、関東南方で22年11月に開催され、米海軍からは空母「ロナルド・レーガン」等が参加し、対潜戦、洋上補給等が実施された。

　日米豪協力も推進され、米豪2プラス2AUSMINでは日本に対して、戦力態勢イニシアティブへの参加が呼びかけられた。23年1月の日米2プラス2では、情報収集・警戒監視・偵察（ISR）活動についての3カ国協力、オーストラリア北部等での共同訓練の増加が謳われた。22年8月には日米豪閣僚級戦略対話（TSD）がカンボジアで、日米豪防衛相会談が6月にはシンガポールで、10月にはハワイで開催された。

　インフラ投資については、国際協力銀行（JBIC）、米国国際開発金融公社（DFC）等のパートナーシップにより、ベトナムなどで案件が進められている。23年4月には、質の高いインフラを目指す日米豪のブルー・ドット・ネットワーク（BDN）に、英国が加わった。安全保障環境の変化に応じたタイムリーな支援として、海底ケーブル敷設も実施されている。ミクロネシア、ナウル、キリバスの3カ国を接続する東部ミクロネシア海底ケーブル事業が日米豪によって進められ、米国では国際開発庁（USAID）が担当している。

（2）AUKUS

　バイデン米大統領、スナク英首相、アルバニージー豪首相は23年3月、カリフォルニア州サンディエゴで首脳会談を開き、オーストラリアへの原子力潜水艦配備計画を発表した。米国は23年から、原潜のオーストラリアへの寄港を増加させ、早ければ27年に、ローテーションによる前方配備を開始する。30年代初頭から米国はオーストラリアに、バージニア級攻撃型原潜を3隻、最大で5隻売却するという内容だ。

　AUKUSは、オーストラリアによる原潜取得という一義的な目的を超えた重要性を持っている。人工知能、量子、極超音速等の先端軍事技術分野での協力も図られている。

オーストラリア、インド
（1）オーストラリア

　オーストラリアとの関係は、飛躍的な進展を遂げている。第32回米豪2プラス2

（AUSMIN）は、22年12月にワシントンで開催された。米軍のオーストラリアでのローテーション配備について、爆撃機任務部隊（BTF）が具体的に挙げられたほか、米海軍と米陸軍の将来的な可能性にも触れられた。E-7A早期警戒管制機（ウェッジテイル）についての協力も書き込まれた。

ローテーション配備については、オーストラリア側の受け入れ能力向上が課題となっており、北部準州のダーウィン空軍基地、ティンダル空軍基地等で施設整備が進められている。B-52戦略爆撃機の配備の可能性も報道された。中国による接近阻止・領域拒否（A2／AD）の外側から、中国の軍事アセットを攻撃することができる領域であるオーストラリアへの展開は、今後さらに重要となろう。加えて、ヘリコプターUH-60M（ブラックホーク）、対戦車ミサイルFGM-148ジャベリン、トマホーク武器システム等、米国からオーストラリアへの武器売却も相次いで決定された。

ほかにも米豪間では19年に戦略政策対話（SPD）が立ち上げられた。22年11月のキャンベラでの会合には、米側から国務次官補と国防次官補代理が出席し、拡大抑止等について協議された。海軍間での戦略対話は、米海軍作戦部次長が主催した。

（2）ニュージーランド
ニュージーランドには、シャーマン国務副長官が22年8月に訪問し、宇宙、防災等についての協力推進が謳われた。ニュージーランドには、ボーイング社製の哨戒機P8-A（ポセイドン）4機が初めて納入され、海洋監視能力の向上が図られている。太平洋艦隊司令官が22年9月に、同国を訪問した。米空軍からはMC-130Jが22年5月に、ニュージーランド空軍との共同訓練を実施した。

（3）インド、南アジア
インドとの協力は深化した。バイデン大統領とモディ首相は22年5月に東京で会談し、米印重要新興技術イニシアティブ（iCET）を立ち上げ、23年1月にはワシントンで第一回会合が開催された。米側ではサリバン補佐官が議長を務め、防衛産業等での協力が図られている。レイモンド商務長官は23年3月に訪印し、

半導体サプライチェーンとイノベーションパートナシップに関する覚書が締結され、戦略貿易対話の立ち上げで合意した。

　米印防衛協力は、15年に10年間更新された新枠組みに基づき、進展している。22年4月にはワシントンで、第4回米印2プラス2が開催され、宇宙状況把握（SSA）を含む宇宙協力等が謳われた。23会計年度国防授権法には、新興技術等に関するインド国防省との協力が盛り込まれた。

　貨物弾薬補給艦「チャールズ・ドリュー」が22年8月に、チェンナイに寄港した。米海軍艦船がインドで修理を実施したのは、これが初めてだった。陸軍間では共同演習ユド・アビスが22年11月に、中国チベット自治区と接するウッタラーカンド州で、実効支配線（LAC）から100キロメートルに満たない地点で実施された。多軍種共同演習としては、タイガー・トライアンフが22年10月に、ビシャカパトナムの東部海軍司令部で実施された。第三特殊部隊群もインド側と訓練を実施した。インドはバーレーンに本部を置く連合海上部隊（CMF）にも加わった。

　ロシアによるウクライナ侵攻以降もインドは、ロシア製地対空ミサイルシステムS-400の購入を継続している。米国はインドの対露姿勢に懸念を強めているが、対敵制裁措置法（CAATSA）に基づく対印制裁は、発動されていない。S-400配備を理由に制裁が科されたトルコとは、異なる対応となっている。

　I2U2（米、印、イスラエル、UAE）といういわゆる中東版クアッドを通しても、インドとの協力が図られている。バイデン大統領はイスラエル訪問中の22年7月に、初の首脳会談をハイブリッド形式で開催した。

　米国国際開発金融公社（USOFC）は22年8月に、インドでの重要インフラへの投資に向けて、投資奨励協定を結んだ。インド系米国人は400万人を超える人口規模を誇り、米印関係の基盤となっている。

　その他の南アジア地域では、米国は、モルディブで大使館設置を進めている。パキスタンに対しては22年9月に、F-16戦闘機の改修用部品等の売却が許可されたが、インドからは強い反発があった。米国はパキスタンの洪水被害に対しても、援助を提供している。

朝鮮半島

（1）北朝鮮

　国家安全保障戦略においてバイデン政権は、朝鮮半島の完全な非核化に向けて具体的に前進するため、北朝鮮との持続的な外交を模索すると記述したが、これまでのところ米朝対話は実施されていない。一方で専任の北朝鮮特別代表は置かれず、ソン・キム駐インドネシア大使が兼任し、外務省アジア大洋州局長、韓国外交部朝鮮半島平和交渉本部長のカウンターパートとなっている。北朝鮮人権問題担当特使は、17年以来空席だったが、23年1月に指名された。バイデン大統領は訪日中の22年5月に、拉致被害者家族と面会した。

（2）韓国

　尹錫悦政権が22年5月に登場し、米韓同盟の修復が急速に進められた。バイデン大統領は同月、初めてのアジア歴訪の最初の訪問先として韓国を訪れて、サムスン電子半導体工場や烏山空軍基地を視察した。ハリス副大統領は22年9月に、故安倍晋三国葬儀に参列した後、韓国を訪問した。韓国側は、インフレ削減法によるEV税制優遇措置について、懸念を伝えた。尹大統領は23年4月に、米韓同盟70周年を記念する形で訪米した。バイデン政権下での国賓訪問は、マクロン仏大統領に続いて2例目となる。ワシントン宣言では核抑止について、弾道ミサイル原子力潜水艦の韓国への派遣や核協議グループ（NCG）の創設が打ち出された。韓国内での核武装論に対してバイデン政権は、拡大抑止の強化で対応しようとしている。

　米韓関係の修復を示すものとして、空母「ロナルド・レーガン」が22年9月、釜山に寄港した。米原子力空母の韓国への寄港は、18年10月以来だった。23年3月には空母ニミッツが釜山に寄港した。米韓での大規模演習の再開もみられた。22年8月には、米韓連合師団が15年に創設されて以来、初めての大規模な実弾演習が、非武装地帯（DMZ）からわずか30キロメートルの地点で実施された。22年10月には、「ヴィジラント・ストーム」と名称変更した空軍演習が実施され、米空軍からはF-16戦闘機（ファルコン）、B-1B爆撃機（ランサー）が参加した。23年3月には「フリーダム・シールド」が、春季の定例演習としては5年ぶりに、過

去最長の日程で実施された。加えて米韓民主ガバナンス協議が、ワシントンで22年10月に開催された。

（3）日米韓

バイデン政権は北朝鮮問題を念頭に、日米韓協力の復元にも尽力した。22年6月にはマドリードで、約5年ぶりに首脳会談が開催された。NATO首脳会合のフリンジで日米韓の首脳が会談したのは初めてだった。22年11月にはプノンペンで、首脳会談が開催された。プノンペン声明には、日米韓による経済安全保障対話の創設等が盛り込まれた。ただし、22年5月の日米首脳共同声明とは異なり、中国の名指しが避けられたほか、香港、ウイグルへの言及もなく、韓国の中国に対する配慮が反映される形となった。

日米韓外相会合は、バリで22年7月、ニューヨークで同年9月、ミュンヘンで23年2月と北朝鮮情勢の緊迫化にあわせて、たびたび開催された。サリバン補佐官ら安全保障担当高官による会合は、ホノルルのインド太平洋軍司令部で22年9月に開催された。外交当局による次官協議は、22年6月、同年10月、23年2月に開催され、米国からはシャーマン国務副長官が出席した。

日米韓防衛相会談は22年6月にシンガポールで開かれ、弾道ミサイル探知・追尾訓練の実施等が謳われた。22年10月には、日米韓参謀総長級会議がペンタゴンで開催され、ミリー統合参謀本部議長、アクイリノ・インド太平洋軍司令官、在韓米軍司令官らが出席した。また日米韓海軍種による対潜戦訓練が5年ぶりに、22年9月に日本海で実施され、空母「ロナルド・レーガン」も参加した。23年2月には、日米韓フラッグトークスが開催され、第7艦隊司令官、自衛隊艦隊司令官らが参加した。

東南アジア、南シナ海

（1）ASEAN

バイデン政権にとって東南アジアの優先順位は低いとみられていたが、進展のきっかけとなったのが、米・ASEAN特別首脳会議だった。同会議はトランプ政権期から計画されていたが、ワシントンで22年5月に開催に漕ぎ着けた。ミャン

マーは招待されず、フィリピンからは大統領選を理由に外相が代理出席した。協力分野として、海洋安全保障よりも新型コロナウィルス対策、経済協力と連結性が先に挙げられ、ASEANへの配慮が示された。トランプ政権以来、空席となっていたASEAN大使も、指名された。

　バイデン大統領は22年11月に、就任後初めて東南アジアを歴訪し、カンボジアでASEAN関連首脳会議に、インドネシアでG20サミットに出席した。立て続けにハリス副大統領が、就任後2度目となる東南アジア歴訪を実施し、タイでAPECサミットに出席し、フィリピンを2国間訪問した。22年はタイがAPEC、インドネシアがG20の議長国をそれぞれ務めたことから、米国の首脳級が東南アジアを訪問する機会が、自然に確保されたといえよう。

　ASEANとの間では、第10回米国・ASEAN首脳会議がプノンペンで22年11月に開催され、ミャンマー以外のASEAN加盟国首脳が出席した。米国のASEANとの関係は、包括的戦略パートナーシップ（CSP）に格上げされたが、これは前年のオーストラリア、中国に続く動きだった。バイデン大統領は、ASEANの中心性とインド太平洋に関するASEANアウトルック（AOIP）への支持を再確認した。加えて米・ASEAN間では、保健、ジェンダーと女性のエンパワーメントについて、閣僚対話が立ち上げられた。

　一方で東南アジアでの国際会議では、日米と中露の亀裂も露わとなった。APEC貿易相会合（バンコク、22年5月）では、ロシアの発言時に、日米豪加NZ5カ国が退席した。EAS外相会議（プノンペン、22年8月）では、ウクライナや直前のペローシ訪台をめぐって非難の応酬となり、林外相の発言時に中露外相が退席した。

（2）フィリピン

　フィリピンは米国にとって、条約上の同盟国であるが、ドゥテルテ政権期の米比関係は、必ずしも順調ではなかった。22年6月のマルコス大統領の就任を受けて、米国は同盟再建に積極的に乗り出している。米国からは、ハリス副大統領が22年11月に、オースティン国防長官が23年1月に訪比した。マルコス大統領も、22年9月、23年5月に訪米した。訪比中のオースティン長官に対して、フィリピンとア

ジア太平洋の未来は、米国の関与を常に必要としていると述べた。加えて米比2プラス2が、16年1月以来初めて23年4月に開催され、同年中の軍事情報包括保護協定（GSOMIA）締結等が打ち出された。

オースティン長官訪比では、新たに4カ所を米側が基地として使用することで合意した。カミロ・オシアス海軍基地、ラルロ空港、メルチョール・デラクルス駐屯地、バラバク島の4カ所である。米軍のローテーション展開を拡充するための防衛協力強化協定（EDCA）に基づき、5カ所の使用について16年に合意しており、合計9カ所となる。マルコス大統領は23年5月の訪米中のインタビューで、台湾有事の際には、EDCAに基づいて提供されている基地は、役に立つだろうと述べた。

ハリス副大統領はパラワン島を訪問し、日本の円借款で建造された沿岸警備隊巡視船の上で演説した。アントニオ・バウチスタ空軍基地の所在する同島は、中国が一方的に主張する九段線からほど近く、南シナ海問題での比中対立にも示唆的であった。

合同軍事演習「バリカタン」が、過去最大規模で23年4月に開催された。豪軍も参加し、自衛隊もオブザーバーとなった。米比海兵隊によるカマンダグが、ルソン島で22年10月に実施された。5回目の参加となる陸上自衛隊に加えて、韓国海兵隊が初めて参加した。22年10月には、米比海軍によって「サマサマ」がスールー海で実施され、日豪英仏も参加した。

日米比協力も加速している。安全保障担当高官による協議創設が、日本からの提案で検討されていると報じられている。22年12月には、日米比陸軍種ハイレベル懇談が朝霞駐屯地で初めて開催され、太平洋陸軍司令官、太平洋海兵隊司令官、陸幕長らが参加した。米沿岸警備隊と海上保安庁は、サファイアを通じて、フィリピンに対して能力向上支援を実施している。

（3）各国との関係

タイは米国にとって条約上の同盟国であり、ハリス副大統領がAPECサミットで22年11月に、ブリンケン長官が22年7月、11月に訪問した。米・タイ主催の「コブラ・ゴールド」は、東南アジア最大級の多国間共同訓練となっている。23年2月に開催され、中国、インド、オーストラリアが限定参加した。空母ニミッツが22年

4月に寄港した。

インドネシアについては、バイデン大統領がG20サミットで22年11月に、ブリンケン長官が22年7月、11月に、オースティン国防長官が22年11月に、訪問した。同国はF-15戦闘機の購入を検討している。「ガルーダ・シールド」では、日・米・インドネシア陸軍種がグアムとスマトラ島において、22年7月に実動訓練を実施した。加えて同国でのインフラ整備のために、米国のミレニアム挑戦公社（MCC）からの資金拠出も決定した。

ASEAN加盟国の中でIPEFに参加していないのは、カンボジア、ミャンマー、ラオスの3カ国であり、米国とこれらの国々の関係は、相対的に希薄もしくは良好ではないといえよう。

カンボジアでは、南シナ海から近いリアム海軍基地の施設整備が中国の援助で進められ、米国は警戒を強めている。米国防省は同基地について22年版中国軍事力報告書の中で、中国にとってインド太平洋地域での最初の海外基地となるとしている。バイデン大統領が22年11月に訪問したほか、同月にはオースティン国防長官がカンボジアを訪問し、第9回拡大ASEAN国防相会議（ADMMプラス）に出席した。国務省の22年版人権報告書では、カンボジアの人権状況が序文で取り上げられた。

ミャンマーについては、軍政による民主派4名の死刑執行をG7各国とともに非難した。民政への復帰、政治犯の解放、ASEANの「5項目の合意事項」（暴力の即時停止、人道支援の実施など）の履行を要求している。ミャンマー国軍によるクーデターから2年にあわせて、米財務省は英加豪と協調して、制裁を発動した。エネルギー相、選挙管理委員会、鉱山公社等が対象となった。合計で80の個人と32の組織に対して制裁を発動し、民主主義を求めて闘うミャンマーの人々を支援するために、2.5億ドル以上を拠出している。ブリンケン長官は訪問先のバンコクで22年7月に、民主派の若手リーダーと面会した。

（4）南シナ海

22年12月には、米空軍RC-135（電子偵察機）に対して、中国海軍J-11戦闘機が異常接近する事案が、南シナ海上空で発生した。

　米艦による「航行の自由」作戦（FONOP）が引き続き実施され、作戦実施の
タイミングにも、米側はメッセージを込めている。22年7月、駆逐艦「ベンフォー
ルド」による西沙、南沙諸島での航行は、比中仲裁判断の発出から6年のタイミン
グだった。巡洋艦「チャンセラーズビル」（のちにロバート・スモールズに改名）に
よる南沙諸島での航行は、22年11月の中国軍事力報告書の公表と同じタイミン
グで実施された。

　南シナ海での同盟国海軍との共同訓練は、22年10月（日米豪加）、23年2月
（日米）、3月（日米）に実施され、22年10月の「ノーブル・ミスト22」には米沿岸
警備隊も参加した。空母「ニミッツ」と第13海兵機動展開隊は、23年2月に共同
演習を南シナ海で実施した。空母「ロナルド・レーガン」は、22年7月、8月、10月
に南シナ海に展開し、シンガポールにも19年以来、初めて寄港した。

太平洋島嶼国

　ワシントンにおける太平洋島嶼国への関心は、急速な高まりをみせている。
バイデン大統領訪問は中止されたものの、23年5月にはブリンケン長官がパプア
ニューギニアを訪問し、防衛協力協定が署名された。

　米国と太平洋島嶼国との初めての首脳会議が、ワシントンで22年9月に開催
された。8.1億ドルの拠出が表明され、太平洋パートナーシップ戦略が公表さ
れた。同戦略は米国のインド太平洋戦略の補遺と位置付けられ、太平洋諸島
フォーラム（PIF）の「ブルーパシフィック大陸のための2050年戦略」にも沿って
発出された。加えてPIF担当特使が初めて指名された。22年7月にはハリス副大
統領が、PIF首脳会議にオンラインで出席した。

　キャンベルNSCインド太平洋調整官は、22年4月と23年3月に、地域諸国を歴
訪した。2回ともパプアニューギニア、フィジー、ソロモンを訪れたほか、23年3月
にはバヌアツも訪問した。米高官が短期間のうちに再度この地域を歴訪するの
は、異例といえよう。

　焦点となっているのがソロモンであり、中国と安全保障協定を締結したこと
が、22年4月に明らかとなった。加えて、米沿岸警備隊カッターの寄港が、ソロモ
ン側によって拒否されたと22年8月に報じられた。米国は巻き返しを図っており、

23年2月には30年ぶりに大使館を再開したほか、既述のようにキャンベル調整官が2度にわたり訪問した。ガダルカナルの戦い80周年慰霊式典が22年8月に開催され、米国からはシャーマン国務副長官、ケネディ駐豪大使、インド太平洋軍副司令官が、日本からは山崎統合幕僚長が参列し、日米豪等の高官が同国に集結した。23年2月にはマライタ州首相が失職した。同氏は反中国的な姿勢で知られ、米国からの開発援助を受け入れていた。

　島嶼国側からは、フィジーがIPEFへの参加を表明したが、サリバン補佐官によって公表されたことからは、経済というよりも安全保障の文脈で米側がこの地域を重視していることが読み取れる。この地域への梃入れとして、大使館設置を進める方針で、23年5月にトンガでの開設を予定しているほか、キリバスとバヌアツでも計画されている。クック諸島とニウエについて米国は、国家承認を予定している（日本は両国とも承認済）。

　マーシャル、ミクロネシア、パラオに対して米国は、自由連合盟約（コンパクト）に基づいて国防を担っているが、コンパクトは23年（パラオとは24年）に期限を迎える。バイデン政権はコンパクト延長のために、20年間で71億ドルの予算が必要だとしている。パラオでは、太平洋陸軍隷下の第94陸軍防空ミサイル防衛コマンドが22年6月に、パトリオットの実弾発射を初めて実施した。これは「バリアント・シールド」の一環としておこなわれた。米軍はパラオで、26年までにOTHレーダーを設置する計画である。

　ブルーパシフィックにおけるパートナー（PBP）が、米国、日本、英国、オーストラリア、ニュージーランドによって、22年6月に立ち上げられた。外相会合が22年9月にニューヨークで開催されるなど、関与強化は同盟国とともに推進されている。新たにカナダ、ドイツ、韓国も加わった。ほかにも、米・EUインド太平洋ハイレベル協議が22年12月にワシントンで開催され、シャーマン国務副長官出席した。

　加えて米沿岸警備隊（USCG）の活用が、インド太平洋戦略の文脈で図られている。22年には東南アジアと太平洋地域で、法執行等に関する訓練が26回実施された。

内政

　内政上の重要争点について、連邦最高裁判所の判断が注目を集めた。銃規制については22年6月に、ニューヨーク州の銃規制法を違憲と判断したが、バイデン大統領は深く失望するとの声明を発出した。人工妊娠中絶についても22年6月に、妊娠中絶を制限するミシシッピ州法をめぐる裁判で、妊娠中絶を憲法上の権利と認めたロー対ウェイド判決（1973年）を覆した。一連の判断の背景には、連邦最高裁の判事の構成がある。バイデン大統領に指名されたリベラル派のジャクソンは、黒人女性として初めて最高裁判事に就任した。しかし依然として保守派が数的優位にあり、保守的な判決が相次いでいる。

（1）中間選挙

　米国では、ガソリンを始め記録的な物価高騰が続いた。22年8月には、ビルド・バック・ベター法案から支出規模を縮小する形で、インフレ削減法（IRA）が成立した。急速に昂進するインフレに加えて、従来からの争点である中絶、移民、銃規制等をめぐって争われた。

　22年11月の中間選挙では、共和党による赤い波は、事前の予想ほどは起こらず、上院は民主党51議席、共和党49議席となり、民主党がかろうじて多数を維持した。しかし22年12月には、シネマ議員（アリゾナ州選出）が民主党を離党して無所属となり、マンチン議員（ウェストバージニア州選出）といった中道派の動向が、バイデン政権の今後に影響力を有するだろう。

　下院は共和党222議席、民主党213議席となり、僅差ながら共和党が多数派を奪還した。ただし下院共和党も一枚岩とはいえない。下院議長の座をめぐって保守強硬派が、マッカーシー選出に異を唱えたことで、164年ぶりに投票が10回以上にわたって繰り返される異例の事態となった。バイデン大統領はマッカーシー下院議長との間で、債務問題について協議に臨んでいる。下院民主党では、世代交代のためペローシが指導部から退き、ジェフリーズ議員（ニューヨーク州選出）が黒人として初めて、トップの院内総務に就任した。知事選では、両党ともに

18州で勝利した。

　なお第2回民主主義サミットが、23年3月にオンライン形式で開催された。米国内では政治的分極化が依然として深刻であるが、民主主義の擁護に関しては党派を問わず高い支持があり、外交政策の看板に民主主義を掲げることで、求心力を得ようとする狙いがあるといえよう。

（2）2024年大統領選挙に向けて

　共和党では、次期大統領選挙候補としてトランプ前大統領が依然として大きな存在感を示しており、中間選挙の翌週には24年大統領選挙への立候補を早くも表明した。トランプは23年4月に、大統領経験者として史上初めて起訴されたが、今後の影響が注目される。

　世論調査でトランプと並んで有力なのが、デサンティス・フロリダ州知事である。同知事はディズニー社と対決するなど保守派として知られ、23年4月には日本、韓国、イスラエル、英国を歴訪した。同じく立候補が取り沙汰されるヤンキン・バージニア州知事も、台湾、日本、韓国を歴訪した。すでにヘイリー元国連大使が23年2月に、ハッチンソン前アーカンソー州知事が23年4月に立候補を表明したほか、ペンス前副大統領、ボルトン元大統領補佐官らが、取り沙汰されたり意欲を示したりしている。ポンペオ前国務長官は、立候補しない意向を表明した。

　民主党の予備選挙は、従来のアイオワ州からではなく、サウスカロライナ州から実施されることとなった。前回選挙でバイデン大統領は同州で、黒人票の獲得により、序盤戦での重要な勝利を手にしたという経緯がある。

（皇學館大学准教授　村上政俊）

第3章　中　国

概　観

　中国は、長期的には米中衝突や国際秩序の大混乱に直面する覚悟を固め、中期的には中国経済の構造的な停滞期にすでに入った中で総合国力を高めて自国の抑止力を高めようとし、短期的にはゼロコロナ政策などで傷ついた経済を回復させて体制を維持しようと米中関係や国際環境の安定を模索した。このような複合的で相矛盾する狙いがあったため、中国の行動には硬軟両面が入り混じり、また2国間関係の枠を越えて影響が及ぶ乱反射ともいえる現象も見られた。

　2022年は5年ごとに開かれる党大会があり、異例の3期目を目指す習近平は弱腰と見られることは避けなければならなかった。同時に、習近平政権は全面衝突を回避しつつ関係改善の糸口を探っていた。経済の回復には西側との貿易や投資、それに技術が望ましいが、2月のウクライナ戦争勃発後もバイデン政権の対中姿勢は厳しかった。党大会の結果、李克強を筆頭に非習近平派は排除され、党と国家の新指導部はほぼ習近平派のみで占められたが、中央での経験に乏しい彼らがこの難しい状況を打開できるか、新指導部の器量が問われている。

　一方、政治全般が習近平直結の党主導の形となり、習近平一人に権限が極度に集中した。加えて、1953年生まれの習近平は後継者を明確に定めていない。習近平政権期は平和と戦争のどちらになるか、いつかは必ず来る習近平以後はどうなるか、中国の将来は予測しにくいものとなった。

　経済面では後退局面にあると言われたものの、「新型コロナ」からの世界的な回復とそれに伴うインフレ・資源不足などを背景に、中国が「経済的威圧」を行うには十分な態勢であった。この威圧は台湾付近で実戦型の大規模な軍事演習があったように、軍事面でも目立っていた。威圧や世界各地での勢力拡大に加えて、香港での「一国二制度」形骸化の進行はパワーが増すとそれまでの低姿勢の態度を躊躇なく変えるとして中国によるソフトな言辞や政策の信頼性を大きく傷つけ、ウクライナに侵攻したロシアのように中国も危機を激化させるのではないかという懸念を西側でも増幅させた。その結果、日本の安全保障政策の歴史的転換に象徴されるアジアの地域秩序の変容が加速したが、先端技術サプライチェーンの構築を含むさまざまな分野での競争が激化し不安定をはらみながら「冷たい平和」が維持された。

（同志社大学教授／平和・安全保障研究所研究委員　浅野亮）

内政

第20回党大会で第3期習近平政権発足

　2022年10月に中国共産党第20回全国代表大会（第20回党大会）が開かれ、党指導部人事が確定し、習近平報告で新政権の施政方針が示された。

　人事では、習近平が総書記3期目続投を果たした。共産党序列1-7位からなる中央政治局常務委員7人は、習近平、習近平が地方トップ時の直属の部下の李強、蔡奇、丁薛祥、習近平と家族づきあいのある李希、第1・2期政権で貢献の大きかった趙楽際や王滬寧といった習人脈（筆者判断）が独占した。政権運営に影響力を有する中央政治局委員24人については、常務委員7人を含む習人脈が19人を占めることから、習近平の権力基盤の安定の強化が図られ、引き続きスムーズな政策決定が可能になると思われる。

　党内には、党大会時に68才以上になると中央政治局委員には選ばれない（中国語：上八下七）慣例があると言われている。69才の習近平の続投に、長老の江沢民・胡錦濤元総書記、朱鎔基元首相の反対が伝えられた。また67才以下の李克強と汪洋、胡春華が中央政治局委員に留任しなかった。こうした慣例破りは、習近平の政治権力の強固さに証左であり、習近平が新政権の安定、強化を最優先した結果といえる。

　習近平報告では、新政権の目標として「中国式現代化」が強調された。中国式とは、非中国式、すなわち米国式や西側式ではないということを意味している。それは、米国や西側諸国が掲げる民主主義や自由、人権などの価値観、市場や競争を重視する資本主義システムを取り入れた現代化ではなく、「中国共産党が指導する社会主義現代化」ということである。

　中国の大国化に対し、米国や欧州をはじめとする西側諸国は強い警戒感を示し、中国包囲網を形成している。これに対し中国は、西側諸国が中国に民主化を促し、ひいては一党支配体制の崩壊を目論んでいると対抗姿勢を見せている。そのため、これまでも「中国の特色ある社会主義現代化」を掲げてきたが、「中国の特色」をさらに強調して「中国式」としたといえる。

全人代で李強首相が誕生

　23年3月には全国人民代表大会第1回会議（全人代）が開かれ、政府人事が確定した。注目されるのは、李強が首相に就任したことである。

　李強は上海市党委員会書記として、22年4月から新型コロナウイルスの感染者急増に対応し市内のロックダウン（都市封鎖）を行ったが、多くの市民がSNS上で不満を表明した。そのため常務委員入りを危ぶむ憶測報道も見られた。しかし、習近平が李強を党内序列2位に抜擢し、さらには副首相未経験にも関わらず首相に登用したことは、非習人脈から首相ポストを奪取し、第3期政権で初めて首相を通じた党主導という正常な形での経済運営を実現するためといえる。それを託されたのが李強であることは最も習近平の信頼を得ている人物であることの証しといえる。

　全人代の審議を経て、党・国家機構改革プランが公表された。党中央の機構改革として、中央金融委員会と中央科学技術委員会、中央社会工作部が創設されたことが注目される。低成長時代を迎え、新政権は金融政策の重要性と新たな成長点として科学技術イノベーションを掲げており、金融工作と科学技術工作に対する党中央の集中統一的指導を強化するために中央金融委員会と中央科学技術委員会を設置した。李強の首相登用とともに、経済運営を党主導で行うことを体現する措置といえる。

ゼロコロナ政策への抗議行動と社会統制のさらなる強化

　新型コロナウイルスの影響も小さくなかった。変異株への対応の遅れや高齢者のワクチン接種率が低いこと、中国製ワクチンの有効性が低いこと、医療態勢の脆弱性などが原因で感染者が増えた。これに対し習政権はゼロコロナ政策を堅持したため、感染していなくても厳格な隔離を強いられることに一般の人々は不満を募らせ、第20回党大会直前の10月13日には北京市内の高架橋に「独裁の国賊、習近平を罷免せよ」と書かれた巨大な横断幕が掲げられた。

　党大会後の11月26日以降、全国の主要都市でゼロコロナ政策への抗議デモが発生した。抗議行動はエスカレートし、一部で共産党批判や「習近平退陣」のスローガンも掲げられたが、多くの参加者はあえて白紙を掲げて抗議の意を示し

た。そのため「白紙革命」と呼ばれた。

このデモが習政権に強い衝撃を与えた理由は、第一に首都北京市で発生し、清華大学などの学生が参加したこと、第二に全国の主要都市で同時に発生したこと、第三に「習近平退陣」のスローガンが掲げられたことにある。デモが政策批判から政権批判に転化することを恐れた習政権は同29日、ゼロコロナ政策からの転換を明らかにし、デモを沈静化させた。

社会にとっては、デモを起こせば習政権から譲歩を引き出せるという成功体験となったといえる。習政権と社会との関係は比較的安定し、社会は政権運営を支持してきた。しかし、ゼロコロナ政策への不満だけではなく、低成長時代を迎え、中間所得層の経済的恩恵が目減りすることや若者が就職できないことなどによる社会全般の不満が高まることを習政権は警戒している。

先述の党中央部門として中央社会工作部を新設し、複数の部門に分散していた社会管理に関する職責を集中させたことは、社会の統制強化のための制度的措置である。またゼロコロナ政策の徹底の過程で監視カメラやAIを利用した顔認証システムの構築などデジタル監視網を拡大したことは社会の監視強化でもある。新政権は社会の動きを警戒し、さらなる監視と統制を強化させていくだろう。

（防衛大学校教授　佐々木智弘）

経済

国内外の環境変化による経済の悪化

中国を取り巻く国内外の環境変化は、経済に大きな影響を及ぼした。特に、22年2月の春節期間までは機能していたように見えたゼロコロナ政策は、その後の感染拡大による上海や西安など大都市でのロックダウンで市民の不満が爆発するなど、生産と消費の両側面で大きな影を落とした。

習近平が「一時的に経済発展に影響を及ぼしても、人民の健康を害してはならない」とも発言するなど、中国共産党による統治の正統性である経済成長を一時的に犠牲にしてでも政策を堅持し、感染を抑え込む姿勢は、「大局の安定」を重視するものであったが、ロックダウンで仕事を失った市民の不満を払拭するには

至らなかった。

　それでもなお、習近平政権が3期目を迎えた10月の中国共産党第20回全国代表大会の時点では、「人民の生命安全」を経済成長よりも優先すべきとの考えに重きが置かれ、ゼロコロナ政策の継続が強調された。

　しかし、11月24日に新疆ウイグル自治区ウルムチ市内で発生したマンション火災への対応がロックダウンのために遅れたことを受け、追悼集会がゼロコロナ政策に対する抗議運動、さらには党および習近平に対する全国各地での抗議運動へと変質した。

　これを受けて、12月7日、ゼロコロナ政策が大幅に緩和され、それに伴い感染者が爆発的に増えたことで、高齢者の重症者数増加や医療崩壊を招き、一時は火葬場に行列ができるなどの混乱が生じた。その後、中国疾病予防管理センターは、12月22日に694万人とピークを迎え、23年1月23日には1万5,000人まで減少したと公表した。

引き下げられた経済成長率の目標

　22年3月の第13期全国人民代表大会（全人代）第5回会議では、22年の実質GDP成長率の目標は5.5%前後と設定されていた。しかし、こうしたロックダウンを伴う「ゼロコロナ」政策とその緩和による混乱によって、23年1月17日に国家統計局が発表した22年の成長率は対前年比3.0%に留まるなど、経済運営にも負の影響を及ぼした。

　このことは、3期目を迎えたばかりの習政権下で、中国の生産（供給）と消費（需要）の両面が縮小することで、社会が不安定化するだけでなく、世界的な購買力すなわち輸出入が低下し、中国発の世界同時恐慌リスクも高まる可能性が惹起された。

　経済社会の不安定化への懸念が高まる中、22年12月15、16日に開催された中央経済工作会議で、中国共産党は23年の経済の基本方針として、引き続き「安定」を第一に掲げた。そのための重点経済任務としては、国内需要の着実な拡大、現代化産業システムの建設加速、国有資産、国有企業改革の深化と非公有制（民間）経済の発展奨励・支援、外資の誘致・活用、経済・金融リスクの効果的

な防止・解消が挙げられた。

　しかし、新型コロナウイルス感染症の拡大が終息を迎えても、ロシアによるウクライナ侵攻に伴う資源価格の高騰の影響で世界的な経済停滞が続き、さらには米中対立が深化するなど、依然として困難な局面にある。そのため、23年3月の全人代では、実質GDP成長率の目標は5%前後と引き下げられ、「安定を保ちつつ前進を求める」との姿勢が示された。

3期目の習近平政権で進む軍民融合

　一方、こうした厳しい経済状況に直面する中で船出した3期目の習政権は、消費の拡大に優先的に取り組むだけでなく、米中対立の深化や経済のデカップリングへの対応策として、科学技術の自立自強のための産業システムを構築することを進めつつある。

　第20回党大会における人事の大きな特徴の一つとして、原子力や航空宇宙、および軍事産業といった軍事工業での経験を持つ、いわゆる「軍工」系党幹部が各省の党委員会書記や国務院の多くの要職に就いたことが挙げられる。これにより、各省が国防科学技術イノベーションとその産業発展を競うことが想定され、とりわけ各省内の軍工企業および軍民融合モデル基地を中心とした産業のクラスター化が進められるものと見られる。

　このことは、第20回党大会での報告で「科学技術イノベーション体系の整備」を重視し、「国防科学技術・武器装備重要プロジェクトを実施し、科学技術の応用を加速」すること、また「国防科学技術工業体系とその配置を最適化し、国防科学技術産業能力を強化する」ことなどを掲げたことと符合する。すなわち、習政権は3期目においても、党規約に引き続き掲げられた「軍民融合発展戦略」を継続、深化するものと見られる。

　他方、第20回党大会の党幹部人事では経済の専門家が減少したことも特徴の一つである。経済運営における習近平の影響力が増したことで、「習近平経済思想」の柱の一つである「共同富裕」の名のもとに、メガテック企業などを対象に統制を強める可能性もある。

米中対立の中で法整備を進める中国

　経済社会の統制を強化する動きは、これまでの2期10年の間にも習近平が掲げる総体的国家安全観のもとで数多く見られてきたが、体制の安定を最重視した経済運営を強化する傾向は、現代の経済を支える情報・データ、技術に関する法整備などにも見られる。

　22年5月19日には、国家インターネット情報辦公室が「データ国外移転安全評価弁法」を制定し、9月1日から施行した。同法では、中国国内で収集・生成した重要データの越境移転の管理について、データ処理者が国外に重要データを提供する場合や重要情報インフラの運営者に対して「サイバーセキュリティ（網絡安全）法」の規定が適用されると規定された。それに伴い、「網絡安全法」も改正に向けて9月14日に意見請求稿が公表された。

　また技術面でも、12月30日には、商務部が「中国輸出禁止・輸出制限技術リスト」改正に関する意見請求稿を公開し、バイオ研究、レアアース（希土）類、太陽光発電、スマートカーなどの項目で制限技術を追加した。これらはいずれも米国が規制を強化する分野、あるいは中国が強みを持つ分野である。

　なお、23年2月26日には、商務部が「信頼できないエンティティ（実態）リスト」に、台湾への武器売却を理由として米国の防衛関連2社、ロッキードマーティンとレイセオンを掲載するなど、米国への制限や規制への対応を強めている。

（京都先端科学大学准教授　土屋貴裕）

外交

　22年、異例の3期目続投が決まる第20回党大会の前後まで習政権は強硬な姿勢を保っていた。一方、バイデン政権が、日欧に働きかけながら、戦略的競争の核心分野でデカップリングを進める中、習政権は中国外交の基軸である米中関係の改善を模索していた。

　しかし、23年2月、ロシアによるウクライナ侵攻を契機として同じ権威主義国の中国が台湾をめぐり武力衝突を起こすのではないかとの懸念が日米などで増大したことで、米台関係が急速に進展し、日本の安全保障政策も歴史的転換を図

るなど中国にとってマイナス要因が増大した。日米では、台湾をめぐっては戦争であれ平和であれ、習近平一人だけが決定できると見なされ、予測の困難が強く意識された。

第20回党大会と人事

22年10月16-22日、第20回党大会が行われた。異例の3期目続投を正式に決める大会でこの時まで習近平は強硬な対外政策を取ってきた。しかし、党大会の習近平演説では、米中対立の焦点の一つであった台湾政策について平和的統一というレトリックが復活し、武力という言葉を使わなかったことに注目が集まった。23年1月、「戦狼外交」を象徴する趙立堅・外交部報道官が国境・海洋事務局副局長への異動があった。

22年12月30日、新しい外交部長（外相）に駐米大使の秦剛、交代した王毅の党中央外事工作委員会弁公室主任の就任人事が発表された。就任直後の秦剛は23年1月2日ブリンケン米国務長官と、1月9日にラブロフ露外相とそれぞれ電話会談を行った。秦剛は1月11-16日エチオピア、ガボン、アンゴラ、ベナン、エジプトなどアフリカ諸国を歴訪した。秦剛は23年3月に早くも国務委員（副首相級）という称号も得て国務委員兼外相との肩書きとなり、足場を固めた。

米中関係：ロシア・ウクライナ、台湾、欧州と中東との複合的展開

米中関係は緊張が進む中、悪化を止めようとする動きもあった。米中ともに厳しい批判はお互いの国内向けでもあるが、両国のアイデンティティや基本的な価値観に関わる性格も強く、簡単な妥協はできないため、些細な読み違いから全面衝突にまで発展しかねないという懸念も共有していた。だからこそ、米中はハイレベルでほぼ定期的に接触を重ねてきた。22年6月党外事工作委員会弁公室主任として中国の対外政策のトップであった楊潔篪は、サリバン米大統領補佐官とルクセンブルグで会談した。23年5月には楊潔篪と交代した王毅がウイーンでサリバンと8時間に及ぶ会談をしている。

8月のペロシ米下院議長の訪台とそれに伴う台湾付近における解放軍の大規模な実戦形式の軍事演習行われる中、米中双方の外交部門は偶発的な衝突を

懸念したと考えられる。すでに22年7月G20外相会合のためバリを訪問した王毅外相は、ブリンケン米国務長官と5時間にわたる会談を行っていた。9月にも国連出席のためにニューヨークを訪れた王毅のブリンケン米国務長官との会談後、22年10月の党大会後の11月にはG20首脳会議が開かれたバリで米中首脳会談が持たれ、一定の関係の改善が見られた。

　その一方で、中国への西側の先端的半導体の輸出が制限されつつあり、関係改善には限界がすでにあった。2月に始まったロシア・ウクライナ戦争の影響はアジアにも波及し、台湾をめぐる米中関係の悪化が加速するとの捉え方が広がり、兵器供与や人的交流など、米台間の関係のレベルアップが急速に進んだ。

　23年2月に中国製の気球が米国上空で見つかった時も、中国外交部は米国領空に誤進入したものとして遺憾の意を表明し、王毅がブリンケン国務長官に電話したように事を荒立てるつもりはなかった。しかし、米国の世論が気球を問題視し、米国政府が気球を撃墜すると米中関係は一気に悪化し、2月初めに予定されていたブリンケン国務長官の訪中が延期された。米中がお互いを批判する中、ブリンケン国務長官は中国に対露兵器供与の動きがあるとして牽制した。2月18日ミュンヘンで王毅・ブリンケン会談が持たれた。

　さらに4月、蔡英文総統がラテンアメリカ訪問（3月27日開始）後に立ち寄るという形で米国を訪問した。ほぼ同じころ国民党の馬英九・前台湾総統が訪中し歓待を受けた。蔡英文の訪米にあわせ中国は台湾付近で再び軍事演習を行なった。

　蔡英文の訪米とほぼ同時期に、ウクライナ問題で中国の役割に期待するマクロン仏大統領とフォンデアライエン欧州委員会委員長が訪中した。習近平は二人を厚遇し、特にマクロンとは広州に飛んで非公式会談を持ち、親密さを演出した。しかし、マクロンに続いて訪中したドイツ外相は一方的で暴力的な現状変更を欧州人は容認できないと述べ、欧州のまとまりを強調した。米中関係のさや当ては中東にも波及し、23年1月には米国が参加しない中国カリブ海共同体首脳会議が開かれ、3月には敵対してきたサウジアラビアとイランの仲介を行った。

　習近平は23年3月6日、全国政治協商会議の民建（中国民主建国会）や経済界などの代表との会見で行った講話で、冷静を保ち、自己抑制力を保持し、安定を保ちながら前に進み、積極的にできることを行い、分裂せずに一致団結して、勇

気を持って闘争する（沈着冷静、保持定力、穏中求進、積極作為、団結一致、敢于闘争）必要を強調した（『人民日報』2023年3月7日）。習近平はまたこの演説で、米国を名指しで批判した。「米国を筆頭とする西側諸国はわが国に対して、全方位の封じ込め、包囲、抑圧を行い、わが国の発展にこれまでにない厳しい挑戦をもたらした（以美国為首的西方国家対我実施了全方位遏制、囲堵、打圧、給我国発展帯来前所未有的厳峻挑戦）」とものべた。習近平の発言の前半部分に基づき、「24字方針」と名づけられた宣伝キャンペーンが展開され、闘争一本槍ではなく慎重さを保つよう強調された。

ロシアと中央アジア諸国との関係

　ロシア・ウクライナ戦争が長期化する中で、中央アジアの旧ソ連諸国では中国への接近の動きが見られた。

　中国はロシアと親密すぎると見えないよう留意していた。秦剛は23年1月ラブロフ露外相との電話会談の中で、中露関係では同盟を結ばない、対抗せず、第三国を標的としないという基礎の上に立つと述べ、22年2月ロシアのウクライナ侵攻前に行われた中露首脳会談の共同声明で両国の友好には「制限がない」と強調した親密さから後退した表現であった。23年3月外相として最初の全人代における記者会見でも、秦剛は1月の中露外相会談で使ったこの方針に改めて言及した。

　3月、習近平は訪露しプーチン大統領と長時間の会談を行った。習近平は中立的な立場の仲裁というポーズを取った。習近平の訪露の前の16日に秦剛はウクライナ外相に電話をしてバランスを取ろうとしていた（ほぼ同日に日本の岸田首相がウクライナを電撃訪問しゼレンスキー大統領と会談した）。4月下旬、習近平とゼレンスキー大統領の電話会談を行った。5月初頭無人機によるクレムリン攻撃未遂事件では外交部は双方に自制を求めた。

　23年2月28日から3月2日、プーチンの盟友と目されてきたルカシェンコ・ベラルーシ大統領が訪中、習近平と会談した。大統領は、ロシアとウクライナを仲介する中国の「12項目提案」（2月24日発表）に対し全面的支持の態度を表明した。戦争を続けるロシアに対して中国とベラルーシは戦争の不拡大と停止を望ん

でいたと言える。「12項目」は主権の尊重、冷戦思考の放棄、停戦、和平交渉の開始などを含むが、ロシアによる占領の承認や逆にウクライナからのロシア軍の撤退の保証などがなく、ロシアとウクライナの双方にとって簡単には受け入れ難いものであった。5月ウクライナを訪問した中国の特別代表に対し、ウクライナ外相は領土を失うような提案は受け入れられないと述べた。

　中露・ベラルーシ3カ国関係の解釈は難しい。3月下旬の戦術核兵器のベラルーシ配備決定も合わせてみると、これらの行動は消極的な中国・ベラルーシと彼らに対するプーチンの不満が背景にあったのか、中露白による米欧の離間のためなのか、またその両方かなどが考えられ、単一の理由からとは推測しにくい。

　一方、ロシア・ウクライナ戦争が中央アジア諸国の対中接近を招いたことはほぼ確実であろう。22年6月カザフスタンのヌルスルタン（現アスタナ）で王毅は中国と中央アジア5カ国外相第3回会合を持った。この会合にロシアは入っていない。外相会合では、首脳会合制度の立ち上げで合意したという。なお、23年4月西安で中国と中央アジア外相5カ国第4回会合が開かれた。

　首脳級の外交も活発で、22年9月、習近平は、新型コロナウイルスの感染拡大以後取りやめていた外遊再開の最初にカザフスタン訪問し上海協力機構（SCO）首脳会議に出席した。23年1月、習近平は訪中したトルクメニスタン大統領と会談し関係を豪などとの関係と同等に格上げし、天然ガスの供給増大もとりつけた。5月には西安で中国と中央アジア5カ国とのサミットが開催された。国際色豊かとされる唐の時代に引きつけた演出を通し、中国と他国の共通利益を強調しようとした。ほぼ同時期に広島で開催されたG7に対抗した形で、第1回との報道から定期的開催とする方針は明らかである。一方、12月には日本と中央アジア5カ国の外相会議が開かれたように、中央アジア諸国は中国への過度の依存を避けるため、バランス外交を展開している。

　米軍撤退後のアフガニスタンや近隣国とも中国は関係を慎重に深めてきた。22年3月末、アフガニスタン近隣国外相会議を主催後、王毅はこれら近隣国とアフガニスタン臨時政府（タリバン）による第1回外相対話会を中国の安徽屯渓で開催した。23年4月外交部の「アフガニスタンに関する中国の立場」白書の公表後、秦剛はウズベキスタンで開かれたアフガニスタン近隣国外相会合に出席し

た。秦剛は5月、インドでSCO外相会議、パキスタンで第5回中国・アフガニスタン・パキスタン3カ国外相対話にそれぞれ出席した（第1回は17年6月、第4回は21年6月）。ただ、中国がタリバン政権を支え続けるかどうかわからない。

実務的な日中関係の維持

　日中関係の進展はほぼ限定的で、プラグマティックな観点から関係が保たれた。22年6月に日本の秋葉国家安全保障局長と中国の対外政策の最高責任者である楊潔篪・党外事工作委員会弁公室主任が電話で話し合った。さらに8月、秋葉が訪中し天津で尖閣や台湾情勢など機微なトピックを含め7時間にわたる意見交換を行なった。

　9月には王毅が日中交正常化50周年記念でオンライン講演を行ったが、大規模な記念キャンペーンはなかった。11月のAPEC首脳会合が行われるタイで対面式の日中首脳会談が実現した。12月に発表された日本の安保3文書に対する批判はおおよそ外交部報道官のコメントに限られていた。23年2月には外務省で4年ぶりの外交・防衛幹部による日中安全保障対話が行われた。4月初旬に林外相が訪中し、新任の李強首相のほか、王毅、秦剛とそれぞれ会見した。外相訪中に合わせた形で、尖閣諸島の日本領海内に中国海警の船が長時間にわたり侵入した。加えて福島原発の処理水の海洋排水に対する批判を続け、対日姿勢の厳しさを示した。他方、4月初頭、首脳会談で合意に至った日中ホットラインの設置が実現した。また4月第15回日中高級事務レベル海洋協議が東京で開催された。

「グローバル・サウス」への接近

　新興国や途上国、いわゆる「グローバルサウス」への中国の接近は「グローバル発展イニシアチブ（GDI）」という概念に象徴的に現れた。グローバル・サウスがロシア・ウクライナ戦争に伴うグローバルな食糧・エネルギーの供給混乱と価格上昇に苦しむ中、中国は経済面での接近を進め、GDIをその理念とした。GDIは2021年9月国連総会における習近平演説で提唱され、「持続可能な成長」に通じる内容であると主張された。GDI提唱1周年にあたる22年9月「GDIフレンドグループ」閣僚級会議など関連行事が行われた。GDIと「一帯一路」の関係につい

て中国側の説明は明確とは言い難かったが、23年5月の中国・中央アジアサミットで、GDIの中に「一帯一路」が含まれる形で位置づけられた。

安全保障分野では「グローバル安全イニシアチブ（GSI）」が、22年4月22日、ボアオ・アジアフォーラムで習近平によって提唱され、24日の『人民日報』上で王毅が説明を加えている。共同、包括、協力、持続可能な安全観の堅持、各国の主権と領土保全の尊重、国連憲章の主旨と原則の遵守、各国の安全保障上の合理的な関心事の重視、対話と協議を通じた平和的な方式による解決、従来型と新たな分野の安全保障を統一して維持することの堅持の六点からなるとされた。23年2月には外交部により「概念文書」が公表された。

なお、23年3月15日オンラインで開かれた「中国共産党と世界政党ハイレベル対話会」における演説で習近平は「グローバル文明イニシアチブ（GCI）」を提唱した。世界の文明多様性の尊重、全人類の共同の価値の発揚、文明の伝承と革新の重視、国際人文交流・協力の強化という4つからなるとの説明であった。異なる文明の包容と共存を強調し、現代化は一部の国の独占物ではないとして、発展モデルは国により異なると主張した。GDI、GSI、GCIなど一連の表現で、国連の理念や国際的な準則に沿ったレトリックを使って、国際公共財を負担し、一人勝ちを追求しない中国の態度を強調しようとしたと解釈できる。それは国際的役割が急速に増大する中国が、米国の普遍主義への異議申し立てをしつつも、米主導の既存の国際秩序を転覆しようとはしないというメッセージの形を変えた表れでもある。

ASEAN・太平洋島嶼国との関係

ASEAN諸国との関係は、新型コロナウイルス感染拡大による深刻な経済停滞からの脱却、また地域の安定という地政学的な側面のほか、エネルギーと天然資源の確保、これを基にした地域統合の促進（経済圏の構築）とサプライチェーンの主導的構築、そして国際的役割の増大がリンクしている。

中国に近づいたドゥテルテ前大統領（16-22年）とは対照的に、22年6月に大統領に就任したマルコスは対米関係の修復を積極的に進め、16年7月の仲裁裁判の裁定の無視、またフィリピン近海における中国海警や漁船の行動を批判して中国

とは距離を置いた。その一方で23年1月初めマルコスは訪中し、習近平と会談を行い、多くの援助を引き出し、両国外務省間のホットライン設置で合意した。

中国側の報道はASEAN諸国との関係進展を強調するが、ASEAN諸国は中国との摩擦も抱え、バランス外交を追求してきた。22年7月G20外相会合のためバリを訪問した王毅外相は「中国・インドネシアハイレベル対話協力メカニズム」第2回会議を共同主催した。第3回会議は23年4月北京で開催された。11月インドネシアのバリで行われたG20出席のため、習近平はインドネシアを訪問した。7月下旬ジョコ・インドネシア大統領は訪中し、習近平と李克強とそれぞれ会見している。一方、8月インドネシアと米国は大規模な合同軍事演習を実施、日本の自衛隊も参加した。

リー・シエンロン・シンガポール首相は、22年11月11日、ASEAN関連の会議が開かれたプノンペンで李克強首相と会談したのに続き、17日にバンコクで習近平との会談を持った。さらに23年3月27日-4月1日、リー首相が訪中し、「全方位で質の高い未来志向のパートナーシップ」に引き上げ、18年に署名した「自由貿易協定の格上げに関する議定書」による交渉の実質的完了を歓迎し、関連議定書の調印を年内の早い時期に完了すると合意した。一方で10月シンガポールは日本との防衛装備品協定の交渉を始めた。

中国は、東南アジアで華僑・華人との結びつきも重視している。23年1月マレーシア駐在中国大使による両国間の全面戦略パートナーシップ関係成立10周年を祝う論評(『人民日報』)の中で、人口の約20%以上を占める680万人のマレーシア華人が中国伝統行事を祝うと言及し、文化的アイデンティティを強調した。22年6月にはより広くBRICSにおける華僑華人に対する統一戦線工作部の活動も紹介された。

軍事、治安、気候変動などの分野で米中のせめぎ合いを背景に、太平洋島嶼国との関係も進展している。22年4月にはソロモン諸島と安保協定を締結した。5-6月、王毅外相が東チモールを含め8カ国歴訪し、フィジーで開かれた第二回中国・太平洋島嶼国外相会議に出席した(第一回は21年10月オンライン)。

(浅野亮)

軍事

　22年5月から23年4月の期間も中国は急速な軍備増強を継続し、台湾周辺での軍事行動を活発化させた。22年2月24日にプーチン大統領によるウクライナ侵攻が開始されると、中国による台湾武力侵攻の可能性が取り沙汰されるようになった。米国が台湾防衛に関与する姿勢を強める一方、中国は米国の動きに反応して軍事行動を新たな段階に引き上げ、「新常態」としている。

　22年8月3日、米国のペロシ下院議長（当時）が台湾を訪問すると、翌日の4日から7日まで、中国人民解放軍が台湾を取り囲むように演習海空域を設定して、弾道ミサイル発射を含む大規模な演習を実施した。また、22年12月15日、米国連邦議会上院が23年度国防授権法を可決し、同月23日にバイデン大統領がこれに署名すると、中国は同月25日から台湾周辺海空域で実弾射撃を含む統合演習を行なった。台湾が中国の威圧的行為に対抗するための安全保障能力の現代化に対して5年間で最大100億ドルの支援を行うことを含む「台湾強靭性促進法案（TERA）」が、23年度国防授権法の一部になっていたからである。

　さらに、現地時間23年4月5日（日本時間6日）、中米を訪問するためにトランジットで米国に立ち寄っていた蔡英文総統が、ロサンゼルスにおいて、マッカーシー下院議長と会見すると、中国人民解放軍は同月8日から10日にかけて台湾を囲むように戦備警戒巡航を組織し、「利剣」統合演習を実施した。中国はこれら演習を「台湾独立」分裂勢力を対象にした軍事行動であるとしているが、実際には米国の台湾支援の姿勢が強化されることに反応している。台湾をめぐる軍事的緊張の高まりも、米中間のアクション・リアクション・ゲームであると言える。

　中国の急速な軍備増強も台湾および周辺国、米国が懸念を高める原因となっている。プーチン大統領が核の恫喝を用いてエスカレーション抑止を試みると、中国の核兵器開発にも注目が集まった。また、ウクライナおよびロシアが無人航空機（UAV／UAS）や無人水上艇（USV）等を用いて情報収集および攻撃を行っていることから、中国の無人機開発にも関心が寄せられている。

　しかし、ロシア・ウクライナ戦争が中国の台湾武力侵攻に関する意思決定に影響を及ぼすとしても、中国は現在に至るまで一貫して台湾に対する武力行使の選

択肢を放棄したことはなく、急速な軍備増強は以前から行われてきたものである。本稿では、中国の軍備増強および軍事行動活発化の継続性に、ロシア・ウクライナ戦争をはじめとする国際情勢の変化の影響を加味して中国軍事の現状について考察を進める。

米国に追いつこうとする中国戦略核兵力

　中国の対米核抑止の基盤は引き続き戦略核兵器であり、その戦略核兵力が米国のそれに近づきつつある。22年11月30日に米国防総省が発表した『2022年中国軍事力レポート』は、「2021年に北京は核兵器の拡張を加速させたと見られる。国防総省は中国の配備可能な核弾頭の保有量が400を超えたと推定している」とし、「中国が核兵器拡大のペースを維持すれば、35年までに約1,500発の核弾頭を備蓄することになる」と予測している。

　21年2月3日に米国とロシアが5年間延長に合意した新戦略兵器削減条約（新START）によって、米国およびロシアの配備可能な戦略核弾頭は1,550個以内に制限されていることから、新STARTが継続していれば、35年に中国の核弾頭配備数が米国に並ぶことになる。米国防総省の予想は、中国が民生用（発電用）核燃料を軍事用プルトニウムに転用しようとしていることを示唆している。中国は、加圧水型軽水炉の使用済み燃料からプルトニウムを分離し、ウランと混ぜた混合酸化物燃料（MOX燃料）にして発電効率の良い高速増殖炉で利用する核燃料サイクル技術の確立を目指している。現在、中国は、甘粛省の砂漠地帯に、新たに二つの再処理工場を建設中であり、第一工場が25年、第二工場が30年にも稼働を開始すると見られる。さらに中国は、福建省に2基の高速増殖炉も建設中である。高速増殖炉では、炉内で新たに生成されるプルトニウムの再処理により、兵器用プルトニウムを大量に獲得できるのである。

　中国は、新疆ウイグル自治区のロプノール核実験場に新たな坑道も建設しており、核実験を実施する可能性もある。中国は包括的核実験禁止条約（CTBT）を批准はしていないものの署名はしているため、CTBTに違反しない臨界前核実験（爆発を伴わない核実験）を実施する可能性が指摘されている。このような中国の不透明な核兵器増強の動きは、核兵器不拡散条約（NPT）体制を揺るが

す可能性があると危惧されている。NPTは核兵器拡散を防止する目的の枠組みであり、「核物質が核兵器その他の核爆発装置に転用されることを防止するため、非核兵器国は国際原子力機関（IAEA）の保障措置（監視、査察）を受諾する」ことを規定しているが、米国、ロシア、中国、英国、フランスという核兵器保有国は保障措置の対象外である。そのため、非核兵器保有国からNPTは不平等条約との指摘があった。核兵器保有国は自発的にプルトニウム保有量をIAEAに報告しているが、中国のみ、17年に突然この報告を停止した。中国の行動はNPT違反とは言えないものの、非核兵器保有国の不満を増大させると考えられるのである。

　中国は核兵器の運搬手段も急速に拡大している。新STARTでは、米国およびロシアの、核弾頭を搭載する大陸間弾道ミサイル（ICBM）、潜水艦発射弾道ミサイル（SLBM）、戦略爆撃機といった核弾頭の運搬手段も制限されている。一方、中国最新のICBMは、DF-41という中国初の個別誘導複数目標弾頭（MIRV）能力を持つミサイルである。DF-41は、一つのミサイルにつき3個以下の弾頭を搭載することを意図していると言われ、DF-31よりも射程と精度が向上している。また、中国はJL-2またはJL-3 SLBMを最大12基搭載できるJIN級（094型）潜水艦（SSBN）6隻で継続的に海上抑止パトロールを実施している。このほか、中国はH-6シリーズの戦略爆撃機も運用し、H-20ステルス戦略爆撃機を開発中である。

　DF-41発射機には、輸送起立発射機（TEL）を用いた道路移動型とサイロ型がある。中国は、これまで核弾頭数および発射機の対米劣勢から、TEL等を用いた最小限抑止戦略をとってきた。しかし、中国は甘粛省や内モンゴル自治区などの三つのICBMサイロ・サイトに約300基のサイロを建設しており、最小限抑止から相互確証破壊へと運用思想を移行させていると考えられている。中国は核戦略においても、一貫して米国と対等になりたいと考えており、中国の核兵器に関する能力がそれを可能にしつつある。中国は核戦力において本来の目的を達成しつつあると言える。

台湾武力侵攻での使用が見込まれる通常兵力

　中国メディアは、先述の22年8月4日から7日にかけて実施された統合軍事演習を、「台湾を封鎖する演習」と呼んだ。この演習において、中国軍用機は、繰り返し、中国も事実上認めていた大陸と台湾の間の中間線を越えて飛行した。この演習の後も、中国軍用機は頻繁に中間線を越えて飛行するようになり、この状態が「新常態」になったと評され、中国の台湾に対する軍事的圧力が一段高い段階に上がったと認識されている。

　この演習では、中国の短距離弾道ミサイルが初めて台湾上空（領空より高い高度）を飛行して台湾東方海上に着水した。中国は演習の中で、台湾北部、南部、東部に向けて合計11発のミサイルを発射したが、そのうち5発は日本の排他的経済水域（EEZ）に着水している。また、中国が設定した六つの演習海空域のうち、北東部と東部に設定された演習海空域は日本の与那国島を挟む形に配置されている。こうした状況は、「台湾有事は日本有事である」という議論を改めて日本社会に広めることになった。

　また、これも先述の23年4月に実施された演習には中国海軍2隻目の空母「山東」が参加し、台湾東方海域に展開して東方から台湾に接近する飛行を行ったり、発着艦を繰り返したりした。中国メディアは、空母「山東」の演習参加を報じるとともに、中央電視台などがアニメーションを使用して台湾に対するミサイル攻撃を示したことなどについて、台湾に対する攻撃でそのターゲットを明らかにすることは前代未聞であると報じている。

　これら演習で強調された主要な兵器は、台湾海峡やバシー海峡を封鎖するための海軍艦艇および戦闘機、台湾の軍事施設や主要施設を空爆するための弾道ミサイルや爆撃機、さらには台湾を東方から空爆するとともに東方から接近する米海軍増援部隊を迎え撃つための空母打撃群、などである。中国は、2隻の空母に加えて77隻の駆逐艦・フリゲートを擁し、台湾の対岸にあたる東部沿海部に最低でも7個短距離弾道ミサイル旅団を展開し、1,270機にも及ぶ第4・第5世代戦闘機を配備している。これらに加えて、中国は3隻目となる空母「福建」を上海の江南造船所において艤装中である。中国海軍はまた、新しい艦載機の開発も進めており、23年4月9日に撮影された衛星画像から、遼寧省葫蘆島市の海軍艦

載機訓練基地にすでに最低限2機の新型艦載機が配備されていることが確認できる。

　一方で、現在の中国人民解放軍には台湾武力侵攻のための十分な能力が備わっている訳ではない。その一部がカタパルト式（CATOBAR）空母の技術的問題および空母艦載機搭乗員の不足である。空母「福建」は22年6月17日に進水して以来、江南造船所で艤装中であるが、23年4月7日の衛星画像で確認する限り、電磁カタパルトと思われる部分の上部に環境シェルターが被せられたままである。「福建」の電磁カタパルトあるいはそれを動作させるための電源システムに問題があるという分析もあり、その問題が解決できていない可能性がある。

　また、21年10月2日、第13回中国国際航空宇宙博覧会（珠海航空ショー）の場で、海軍航空大学の訓練連隊の連隊長が「我が国は昼間・夜間の発着艦資格検定制度を確立し、何回もの発着艦訓練を実現し、『転換』モデルと『教育訓練』モデルを併用した養成訓練体系を実現した」と述べ、中国海軍が艦載機搭乗員の養成訓練の初歩的段階にあることを示した。「転換」モデルとは陸上航空隊の搭乗員を艦載機搭乗員にするための転換訓練体系であり、「教育訓練」モデルとは募集した候補生を最初から艦載機搭乗員として養成する教育訓練体系のことである。中国海軍は、19年から「教育訓練」モデルに基づく教育訓練を開始したばかりであり、この状況では3隻の空母の搭乗員の所要を満たすことはできず、搭乗員数が揃ったとしても熟練搭乗員の数は圧倒的に不足した状態が続くと予想される。

中国軍備増強の趨勢

　中国には大量の陸上兵力を渡海させる能力も不足している。中国人民解放軍は海軍艦艇を用いた渡海能力が不十分であることを理解しており、20年前後から民間船を使用した海上渡航の統合演習を繰り返し実施している。中国メディアの報道によれば、少なくとも、東部戦区の第71集団軍、第73集団軍、第74集団軍、および中部戦区の第81集団軍、第83集団軍が、大型RO/RO（Roll on/Roll off）船を用いた上陸作戦演習を実施している。しかし、RO/RO船を用いた陸上兵力輸送のためには、敵地の港湾施設を確保し揚陸時の脆弱な陸軍部隊を防

護するという、着上陸作戦とは別の課題を克服する必要がある。

　ロシア軍のウクライナ侵攻とは異なり、中国人民解放軍が台湾に武力侵攻しようとすれば台湾海峡を渡らなければならず、これが一貫して中国の大きな課題となってきた。現在の戦争においても、陸軍の兵力が入らない限り目的とする土地を占領することはできない。空爆の能力を保有しても、米国の軍事介入を抑止し、さらに台湾海峡を渡って着上陸作戦を行うという課題を克服しなければ、中国の台湾武力統一は難しいのである。

　中国は、渡海能力の不足を補い、大量の死傷者を伴う着上陸作戦を避けるため、無人機の利用を企図している。ウクライナにおける戦闘においても、偵察用ドローンや自爆型ドローンなどの効果が話題になっている。22年の珠海航空ショーにおいて、対無人機作戦（C-UAS）の運用構想イメージ図が展示された。これまで中国は無人機単体の性能を誇示してきたが、無人機・対無人機作戦の運用に意識が届き始めたことを示唆するものである。自律型無人機の運用にはAI等の技術が活用され、中国は無人機とAIを融合した智能化戦争を戦うことを目指してきた。中国は、19年に国防部が発表した国防白書『新時代的中国国防』で示された、「機械化と情報化の融合発展を進めるとともに智能化の発展を加速させる」という方針を、これまでと同様に追求すると考えられる。

（笹川平和財団上席研究員　小原凡司）

香港

　22年に返還から25周を迎えた香港では、中国による露骨な強権発動と香港警察による香港市民に対する統制が強化され、いっそうの「警察都市」化が進められた。

　林鄭月娥・行政長官が「家庭の事情」を理由に次期選挙への不再出馬と政界引退を明らかにしてから2日後の4月6日、香港政府ナンバー2の政務長官であった李家超が翌月行われる第6期行政長官（任期5年）選挙への出馬を表明した。警察でキャリアを積んできた李家超は、警察を統括する保安局長を17年7月から務め、19年の民主化要求デモを厳しく弾圧したことで米国政府から制裁対象に

指定された強硬派として知られる人物である。21年6月には、李家超は、中国に批判的な論調で知られた『蘋果（リンゴ）日報』の多くの記事が香港国家安全維持法（国安法）に違反し外国勢力と結託して国家安全を危うくしたとして、同紙幹部を逮捕、関連企業の資産を凍結し、同紙を閉鎖に追い込んだ。これを高く評価した中国は、同月、李家超を政務長官に抜擢した。

　李家超が次期行政長官選挙へ出馬表明した同日、中国中央人民政府駐香港特別行政区連絡弁公室が李家超を「唯一の候補者」とする意向を示した時点で、他者が出馬できなくなり、李家超の「当選」がほぼ決まった。習近平が「愛国者による香港統治の原則」を打ち出したことを受け、民主派が徹底排除される選挙制度へ21年5月に変更されていたことで、民主派や中国政府を批判する人々は立候補することも選出過程に関与することもできなくなっており、香港における「選挙」はもはや中国の決定を追認するセレモニーでしかない。そのため22年5月8日の行政長官選挙では、1,461人から成る選挙委員のうち1,428人が投票したものの、「唯一の立候補者」として出馬した李家超が1,416票（得票率99％）の「信任」を獲得して当選した（不信任8票、白票4票、無投票33票）。

　7月1日に香港コンベンション＆エキシビションセンターで香港祖国復帰25周年祝賀大会・香港特別行政区第6期政府就任式が盛大に行われ、習近平中国共産党中央総書記・国家主席・中央軍事委員会主席の立ち会いのもと、李家超が就任の宣誓を行った。習近平は重要講話と呼ばれる演説で、香港政府に対する「四つの必須」「四つの希望」「二つの堅持」を示した。「四つの必須」とは、①「一国二制度」の方針を全面的かつ正確に貫徹しなければならない、②中央政府の全面的な統治権と特別行政区の高度な自治権の保障の統一を堅持しなければならない、③「愛国者による香港統治」を実行しなければならない、④香港の独特な地位と優位性を維持しなければならないという中央による香港統治権強化の指示である。「四つの希望」とは、①ガバナンス・レベルの向上に力を入れる、②発展の原動力を絶えず増強する、③民生の懸念と問題を解決する、④調和と安定をともに維持するという香港政府に対する要求である。「二つの堅持」とは、①「一国二制度」を揺るがぬようにすること、②「一国二制度」が本来の姿を失わず形を変えないようにすることという習近平指導部が望む形態での

「一国二制度」を擁護せよという指令である。

　10月19日に就任後初となる施政方針演説を行った李家超は、「『一国二制度』の堅持」「ガバナンスのさらなる向上」「成長への原動力の創出」「民生問題への取り組み」「調和と安定の維持」「若者の育成・発展支援」「感染症への対策」を訴えた。この演説で李家超は、すでに小学1年から必修化されている愛国教育を一段と強化し、公立の小中高や幼稚園の新任教師に対して国安法に関する試験の合格を義務付けると表明した。これは、香港政府が学校やメディアなどを通じて愛国教育を進め香港住民の意識を高めなければならないと定めている国安法に遵った政策と言える。李家超の発言を受けて、香港の教育現場では教員の離職が加速した。22年9月から23年4月までに公立の小中高で定年前に離職した教師の数は3,540人にのぼった（20年度までは毎年1,300人前後で推移していた）。

　国安法が施行された翌年の21年から香港でも4月15日に「全民国家安全教育日」が導入されている。23年4月15日、国務院香港マカオ事務弁公室主任の夏宝竜が香港で講演し、「2019年に大規模な反政府デモを引き起こした混乱要因はまだ根絶されていない」「街頭での暴力の復活や外国勢力の活動を警戒せよ」と、さらなる取り締まりの徹底を呼びかけた。その翌日には、夏宝竜が香港立法会で演説を行い、「野党が存在することが民主主義ではない」と欧米の民主主義を批判し、中国式の政治制度の正統性を強調した。

　中国による統制が強まる中、李家超は4月18日に「早ければ年内、遅くとも来年までに香港基本法23条の立法化による国家安全条例の制定を目指す」と改めて表明した。香港基本法第23条は「香港特別行政区は国に対する謀反、国家を分裂させる行為、反乱を扇動する行為、中央人民政府の転覆、国家機密窃取のいかなる行為も禁止し、外国の政治組織・団体が香港特別行政区内で政治活動を行うことを禁止し、香港特別行政区の政治組織・団体が外国の政治組織・団体と関係を持つことを禁止する法律を自ら制定しなければならない」と規定している。国家安全条例が制定されれば、香港において公安当局による統制がさらに厳しいものとなっていくことになる。

　懸念されるのは、国安法による監視強化が「域外」にも拡がっている点である。例えば、日本留学中の21年にSNSで「香港独立が唯一の道」と投稿してい

た20代の香港人学生は、23年3月に身分証更新のため香港へ帰省したところ、「国家分裂を扇動した」として国安法違反で逮捕された（国安法には域外適用が明記されている）。釈放されたもののパスポートを没収された。香港や中国の公安当局は、海外にネットワークを構築し、中国や香港政府に不利な言動が広がらないように国安法による監視網を広げているのである。

（駒澤大学教授／平和・安全保障研究所研究委員　三船恵美）

台湾

ペロシ訪台と大規模軍事演習、中間線越えの常態化

　22年8月、中国はペロシ米下院議長の台湾訪問に対して抗議し、台湾周辺での「特別軍事演習」を行った。この演習は、大きく分けると三つの要素から成った。第一に、1995年から96年の第三次台湾海峡危機時と同様に短距離弾道ミサイルの試射を行なったが、その照準は台北の上空を超えた先の日本の排他的経済水域（EEZ）に設定された。第二に、ミサイル試射に続いて行われた海空軍の合同演習は、第三次台湾海峡危機時よりもさらに台湾島に近く、台湾北部と南部の海空路を塞ぐ区域で行われ、台湾侵攻時に米軍の来援を阻む能力を誇示した。そして第三に、中国は台湾海峡中間線付近での長距離ロケット砲の連射に続き、多数の軍機が中間線を超える行動を繰り返した。

　軍事演習の内容は解放軍の台湾侵攻シナリオを想起させつつ、16年に台湾周辺で続けてきた軍事示威を一挙にエスカレートさせるものであった。演習を行った人民解放軍東部戦区は、それまでの軍事示威と同様に、「米国の台湾問題における否定的な振る舞いが大きくレベルアップしたことに対する厳正な抑止と、『台湾独立』勢力が『独立』を企む行為に対する厳重な警告」が演習の目的であると、事前に「威嚇」の意図を公表した。予告していた期間が終わっても、中国は軍事演習を完全に終了させることなく、台湾海峡の中間線を越える軍機の活動や、民間ドローンの台湾領空への侵入を常態化させることで、軍事演習前より強度の緊張を持続させる作戦に移行した。

中国共産党第20回党大会と「総合的方策」

　ペロシ訪台に対して、強硬な反応を示す必要のあった理由の一つは、習近平の留任が掛かった中国共産党第20回党大会が近づいていたことがある。その第20回党大会で行った政治報告の冒頭で、習近平は「我々は新時代の台湾問題解決のための総合戦略を打ち出し、（台湾海峡）両岸の交流と協力を促進し、『台湾独立』という分離主義的行為と外部勢力の干渉に断固として反対し、両岸関係における主導権をしっかり掴んだ」と、この10年間の対台湾政策を総括した。そして、後段の各政策を論じる箇所では、「台湾問題の解決は中国人自身の問題であり、中国人が決めるべきことである」と述べ、「最大限の誠意と努力で平和統一を目指すが、武力行使の放棄は決して約束せず、あらゆる必要な措置を採る選択肢を保持する」と宣言した。

　「新時代の台湾問題解決のための総合戦略」への言及は、21年11月に開かれた19期6中全会の「歴史決議」において唐突になされた。その後、22年3月の全国人民代表大会でも、この「総合戦略」に言及する政府工作報告がなされた。ところが「総合戦略」の具体的内容は長らく明確に説明されず、第20回党大会で披露されると考えられていた。結局、党大会においても、「総合戦略」の具体的内容が習近平の口から説明されることはなかったが、党大会後に『求是』誌に発表された劉結一国務院台湾事務弁公室主任の論文は、それが過去10年間に習近平が行った対台湾工作に関する一連の重要発言、指示、指導などの総称であると解説した。

　党大会以降、中国の対台湾政策は台湾海峡における「戦争」よりも「平和」を強調し、中国と台湾の「融合発展」に向けた経済交流や人的交流を呼び掛ける統一戦線工作重視へと次第に移行した。この背景には、第20回党大会でその権威を揺るぎないものとした習近平が、米国などにも積極外交を展開しはじめたことがある。加えて、国内においてゼロコロナ政策を継続する必要がなくなったこともある。23年に入ると、党大会後に国務院台湾事務弁公室主任に任命された宋涛や、3月に人民政治協商会議主席に就任した王滬寧は、台湾との「融合発展」に繰り返し言及し、交流再開を呼びかけた。これに伴い、コロナで中断していた「小三通」が再開したり、台湾の社会団体、宗教団体、地方の基層民意代表などが続々と中国を訪れたりするようになった。

蔡英文＝マッカーシー会談と軍事演習

　ペロシに代わって米下院議長に就任したマッカーシーは、自分もいずれは台湾を訪問する旨を明言しており、それが実現すれば、中国はさらに激しい軍事行動を採るだろうと懸念されていた。23年3月、蔡英文は3月29日から4月7日にかけて、中南米の友邦2カ国を訪れる際、トランジットとしてニューヨークとロサンゼルスに立ち寄ることを発表した。その際、ロサンゼルスではマッカーシー米下院議長と会見する可能性が高いことが次第に明らかになった。こうした蔡英文の外遊日程が組まれたのは、22年夏のペロシ訪台時のように中国を刺激しないよう、台湾と米国の間で調整を行った結果であろうと推測できる。

　これに対して、中国も激しい軍事威嚇を行うのではなく、馬英九前総統を中国に招き、諸国との首脳外交を活発に展開することで、蔡英文政権に政治的攻勢をかけようとした。蔡英文の外遊とほぼ同日程で訪中した馬英九は、中国からの政治的な取り込みを警戒する台湾世論に配慮し、宋濤より高位の中国共産党要人と公開で会談することはなかった。並行して、習政権は、欧州諸国や東南アジア諸国との首脳外交にも力を入れた。この時期、シンガポールのリー・シェンロン首相、マレーシアのアンワル首相、スペインのサンチェス首相らがボアオ・アジアフォーラムに合わせて中国を公式訪問した。その後、フォンデアライエン欧州委員長やフランスのマクロン大統領も北京で習近平と会談し、中国、EU、フランス三者の首脳会談も行われた。

　中国は馬英九が台湾へ戻り、マクロンが帰国するまで、蔡英文とマッカッシーの会談に対して対抗措置を講じることを控えた。4月8日、人民解放軍東部戦区は3日間の軍事演習を台湾本島北部、南部、東部の海域で行うことを発表した。弾道ミサイル発射演習が無かったことや、台湾島周辺ではなく中国の沿岸部に航行禁止区域が設けられたことが示すように、その軍事演習の規模や強度はペロシ訪台時に比べると小さかった。ただし、空母「山東号」が初めて演習に参加し、台湾の防空識別圏に侵入する軍機数が最多を更新するなど、平時から有事への静かな移行を意識した訓練がなされたとの指摘もある。

（法政大学教授／平和・安全保障研究所研究委員　福田円）

第4章　ロシア

概　観

　2023年5月までの1年間のロシア政権の最大の目標は、ウクライナ侵攻の結果、国連総会で140カ国以上の批判を受け、40カ国近くの国々から様々な対露制裁を受けて国際的孤立に陥ったロシアの体面を保つことだった。つまり、いかに「孤立していない」という体裁を内外にアピールするかということだった。それはある程度「成功」したとも言える。というのも、G7広島サミットではプーチン政権の対ウクライナ政策は、ゼレンスキー大統領の参加もあって厳しい批判を受けたが、中国、北朝鮮だけでなく、グローバルサウスの国々の多くが、プーチンの対ウクライナ政策を正面からは批判しなかったからだ。

　経済的には、様々な対露経済・金融制裁にもかかわらず、日常の生活は少なくともモスクワその他の大都市では、制裁以前とさほど変わっていない。ロシアが直接輸入できなくなった商品も、旧ソ連諸国や第三国を通じた輸入という「抜け穴」が存在するからだ。また、国家予算はエネルギー輸出に多くを頼っていた。エネルギーの対露依存度が高かった欧州が禁輸措置に出たが、中国、インドなどが「叩き売り」の安値ではあったが大量に買い付けたこと、またロシアによる「エネルギーの武器化」によって、国際的エネルギー価格が高騰したことにより、皮肉な結果ではあるが、ロシアは経済破綻には陥らなかった。ただ、これは現在の現象で、今後長期的には対露経済制裁は「ボデーブロー」のように効くというのが、多くの専門家の見解である。

　軍事的には、数日で決着がつくと甘く考えたプーチン大統領のウクライナ侵攻作戦は、1年3カ月後でも終結の見込みはなく、ロシアメディアにも、10年は決着がつかないとの予測さえ出ている。長年ロシアは軍事大国と見られていたが、ウクライナ侵攻の苦戦は、核兵器を除くロシアの軍事力の脆弱性を世界に晒した。その結果としての国際的な政治・安全保障面におけるロシアの信頼性低下は、計り知れないほど大きい。

　それ故、ロシアは、中国、北朝鮮だけでなく、中東、アフリカ、南米その他の地域の発展途上国、新興国、つまりグローバルサウスの国々との良好な関係構築に全力をあげている。

　対日政策では、G7サミットの議長国としての岸田政権の対露政策に反発し、平和条約交渉やビザなし交流を停止するなどの挙に出ている。北方領土問題は数年、いや数十年での解決も難しいかもしれないが、ウクライナと同様、国家として主張すべきこと、行うべきことは長期的視点で毅然と遂行すべきである。

　（青山学院大学・新潟県立大学名誉教授／平和・安全保障研究所評議員　袴田茂樹）

内政：泥沼のウクライナ侵攻で統制を強化

　プーチン政権が2022年2月に開始したウクライナ侵攻は、1年を経ても続き、戦況は泥沼化し、長期化の様相を呈した。政権は反政府勢力の弾圧や愛国主義教育の徹底で、戦時体制を強化し、体制護持を最優先した。

　ロシアは22年9月、ウクライナ東・南部4州の一方的併合を宣言したが、一部地域からの撤収を強いられ、制圧地域はピーク時より縮小した。

　戦死傷者の増加で兵力不足に陥ったプーチン政権は9月に部分的動員令を発動したが、徴兵忌避の若者が大量に出国するなど混乱した。

　欧米の経済制裁の打撃は予想より小さいものの、国内で謎の爆発事件や火災が頻発するなど治安や世相が悪化してきた。

　プーチン大統領は24年3月の大統領選で5選を目指す構えで、内政の動向も焦点となる。

東・南部4州を一方的に併合

　ロシア軍のウクライナ侵攻は22年2月24日から、北部、北東部、東部、南部の各方面で展開され、東部ドンバス地方と南部のヘルソン、ジャボリージャ両州で支配地域を拡大した。しかし、首都攻略作戦は失敗し、ロシア軍は4月初めまでに首都キーウ周辺から撤退した。

　ロシア軍撤退後、首都近郊のブチャで住民虐殺や略奪、拷問の事実が明らかになり、国際的な批判を浴びた。しかし、ロシア側は虐殺をゼレンスキー政権による捏造だと全面否定し、プーチン大統領は現場指揮官に勲章を授与した。

　ロシア軍は戦線を再構築し、5月にドネツク州南部の要衝、マリウポリを完全制圧し、クリミア半島への回廊を確立した。

　防戦に追われたウクライナ側は夏以降、クリミアの空軍基地やロシア国内の軍事施設を攻撃。9月には北東部ハルキウ州、11月には南部ヘルソン市を奪還した。ロシア軍は9月以降、ウクライナ各地の電力施設など民間インフラへのミサイル攻撃を継続した。

ロシアは9月末、東部のドネツク、ルガンスク両州、南部のヘルソン、ジャボリージャ両州でロシアへの編入を問う住民投票を実施し、東部では90％以上、南部では80％以上の支持を得たとし、4州を一方的に併合した。

プーチン大統領は9月30日、クレムリンで4州代表と編入条約に調印。演説で「民族自決権の行使だ」と開き直り、「あらゆる兵器で領土を守る」と暗に核の使用を警告した。国際社会は自由・公正ではないと反発したが、ロシア議会は4州をロシア領に編入する憲法改正を行った。

大統領は「併合は決定され、今後領土交渉の対象としない」と表明し、戦闘が続く4州に戒厳令を敷いた。併合宣言は、政治解決を一段と困難にした。

「戦争はNATOとの戦い」

ロシア軍は戦場で、米国などNATO諸国がウクライナに提供した新型兵器の犠牲になり、1年で20万人近い死者・負傷者を出したと欧米で報じられた。

兵員不足を受けて、プーチン大統領は9月21日、予備役を約30万人徴兵する部分的動員令を布告した。

大統領は「主権、領土保全と住民保護のため、一定の動員が必要になった」と説明。「学生の動員は行わない」「地方首長が動員を進める」と述べたが、動員への抗議デモや徴兵事務所への襲撃事件が頻発し、1,000人以上が拘束された。徴兵を拒否する若者30万人以上が近隣諸国に出国した。

徴兵の対象は、大都市部の若者は少なく、イスラム圏の北カフカス地方や仏教圏のシベリア南部が多いことも判明し、政権は「民族浄化」を狙っているとの観測も出た。

大統領はこの演説で、ロシアはウクライナでNATOと対峙していると強調した。当初は「東部のロシア系住民をキエフのネオナチ政権による虐殺から守る特別軍事作戦」と称していたが、以後はNATOとの戦いと位置付け、国民の危機意識を高めようとした。

政権側は部分動員に続いて、志願兵を高給で40万人集める計画に着手した。

ショイグ国防相は約90万人の正規軍を150万人規模に拡大する方針を発表。侵攻作戦の長期化を念頭に置いていることを示唆した。

　政権は23年4月、徴兵忌避の対策として「電子招集令状」を導入する法案を成立させた。電子令状を受けた男性は出国や自動車免許証の使用が禁止され、徴兵逃れが困難になるため、国内に動揺が広がった。

　兵員不足を補うため、民間軍事会社「ワグネル」も戦闘に参加し、刑務所から多数の囚人が動員された。ドネツク州バフムトでの戦いにもワグネルの部隊が投入されたが、大量の犠牲者を出し、創始者のプリゴジンは正規軍が武器・弾薬をよこさないなどと厳しく批判。エリート層に亀裂が生じた。社会に影響力を持つ軍事ブロガーもSNSで、正規軍の戦いぶりを酷評した。

　プーチン大統領は10月、侵攻の総司令官に強硬派のスロビキン上級大将を起用したが、23年1月には交代させ、ゲラシモフ参謀総長を兼務で任命した。国防省幹部や現地司令官クラスの交代も相次ぎ、作戦や戦術をめぐる軍内部の混乱を示した。

反体制派を徹底弾圧

　一方で、侵攻1年を通じて、プーチン大統領の支持率は80％台前半、ウクライナ侵攻作戦の支持も70％台で推移した。政治的引き締めや国営メディアを駆使したプロパガンダ報道が功を奏したとみられ、侵攻直後に各地で起きた反戦運動は沈静化した。

　22年9月の統一地方選では、14の地方首長選で与党・統一ロシアの候補が全勝した。統一地方選勝利を経て、政権幹部からは、「侵攻は所期の目標達成まで続く」（ペスコフ大統領報道官）、「欧米のウクライナ支援や制裁圧力と関係なく、目標は達成される」（パトルシェフ安全保障会議書記）などと主戦論が相次いだ。

　ただし、野党・共産党が計画した有力候補の擁立は、政権の圧力で断念に追い込まれた。リベラル系の地方議員約50人が連名でプーチン大統領の弾劾を要求する共同書簡を発表する動きもあった。

　政権は侵攻直後、軍に関する偽情報流布を刑事罰に問い、最高15年の禁錮刑を科す法律を制定し、これを盾に反体制派の弾圧を強めた。23年4月、下院は国家反逆罪の最高刑を現行の20年から終身刑にする刑法改正案も可決した。

偽情報流布の容疑で逮捕された反政府記者のカラムルザは4月、禁錮25年の判決を言い渡された。投獄中の反政府指導者、ナワリヌイへの新たな裁判も始まった。

米紙ウォール・ストリート・ジャーナルの米国人記者も3月、スパイ容疑で逮捕された。米国人記者がスパイ容疑で逮捕されたのは冷戦終結後初めてとなる。フランスの人権組織は、ロシアで逮捕された内外の記者は23年3月時点で22人に上り、主要国で最大と批判した。

愛国主義教育を重視するプーチン政権は、9月からの新学期に、軍事教練を含む新たな愛国教育を全国の大学で一斉に導入した。反戦を口にした知人らを警察に密告する動きも社会に広がった。

終身体制維持の構え

プーチン大統領は23年2月、年次教書演説を2年ぶりに議会で行い、侵攻を「国民の大多数が支持している」と主張。地上戦でロシア軍が敗北することはあり得ないと強調した。また、一方的に併合したウクライナの占領地に「長期的な平和を回復する」と述べ、返還に応じない意向を確認。西側諸国の経済制裁は効果がなかったと主張した。

大統領はさらに、「24年3月の大統領選は憲法に沿って予定通り実施される」と述べ、戒厳令の可能性を否定し、選挙実施を明言した。

政府系メディアは、クレムリンがプーチン大統領の5選に向け準備を開始したと伝えており、終身体制を維持する構えだ。

一方で、ロシアでは謎の爆発事件や火災が頻発するようになり、ウクライナ系組織や反プーチン組織の犯行との見方も出ている。

22年8月には、極右理論家ドゥーギンの爆殺未遂事件で同氏の娘が死亡した。23年4月にはサンクトペテルブルクで著名軍事ブロガーの爆殺事件が起きた。政権はウクライナ系テロリストの犯行と指摘したが、国内の反プーチン組織も犯行を名乗り出た。

23年3月、南部軍管区の拠点があるロストフナドヌーの連邦保安庁（FSB）の建物が爆破され、4人が死傷した事件では、「黒い橋」と名乗る反プーチン組織

がSNSで犯行を表明した。

　国際刑事裁判所（ICC）は3月、ウクライナで子供の拉致にかかわったとして、プーチン大統領らに逮捕状を出した。ICCの締約国は120カ国以上で、大統領の外遊は規制される。

　22年秋に亡命した連邦警護庁（FSO）の情報将校は欧米メディアで、プーチン大統領について「情報真空状態で暮らし、自身と家族の安全に固執する偏執症的性格だ」と告発した。強引な軍事作戦の陰で、政権の停滞や社会の動揺が垣間見られる展開となった。

（拓殖大学特任教授　名越健郎）

経済：「プーチン・モデル」の効力喪失

　22年のロシア経済は、ウクライナ侵攻と西側による制裁に大きく規定されるところとなった。22年は、西側の制裁が原油・天然ガス価格の急騰を生んだことで、ロシアはGDPをマイナス2.1％というマイルドな縮小で維持することができたが、22年末に向けて経済は悪化の兆候を示し始めた。年末に向けての原油・天然ガス価格の急落は、ロシアの経常黒字を激減させるとともに、23年12月の財政赤字急増の一因となったのである。24年3月に予定される大統領選挙を乗り切るだけの資金は不足しつつある。対外貿易・決済は戦争と制裁で大きく制約され、先端技術の輸入も止まる等、ロシア経済は八方塞がりの状況にある。

マクロ経済

　ウクライナ侵攻で西側が制裁を発表した当初は、ロシアのGDPが10％以上減少することを予想した向きもあったが、ロシア統計局の発表では年間2.1％の減少で食い止めることができた。しかしこれは、西側制裁が喚起した原油・天然ガス価格の高騰と、軍需生産の急増に大きく依存している。原油価格（ブレント）は、1月の1バレル／85.5ドルから6月ピークの120ドルに急騰（ただしロシア産原油は開戦後、ブレントより40ドル程度値引きされている）、欧州向け天然ガス価格は21年4月の7.15ドル（百万BTU）から22年8月の70.04ドルに急騰した。軍需

生産額は秘匿されているが、22年国防予算は当初の3.5兆ルーブルから4.68兆ルーブルに引き上げられたとの観測がある。

しかし民需生産は、自動車生産が60％減少（外資が撤退、あるいは操業を停止したため）するなど、多くの分野で減少している。製造設備や部品の供給を西側に依存している分野が多いことが、響いている。

それでも商店での品不足は起きておらず、映画館ではハリウッドの映画が上映されている。これらは西側からの「並行輸入」等の便法、あるいはトルコ等の制裁に加わっていない諸国の製品輸入増加によるものである。人手不足が目立ち、企業は賃上げで従業員を確保しようとしているが、10％台のインフレには追い付けていない。

22年、政府の財政赤字は表向きGDP1.8％相当にとどまった（1月11日閣議でのシルアノフ財務相発言）。しかしこれは10月、ガスプロムから0.6兆ルーブルもの自己留保を取り上げるなど、隠れた臨時措置に多くを負っている。また政府は秋に約180億ドル相当の国債を発行したが、その消化は民間銀行に押し付けられ、さらに民間銀行はその資金を中央銀行から借りる―つまり実質的には中央銀行が紙幣を増発して国債を買い取る―という、悪質な資金捻出が始まっている。

なお、ロシアの経常収支は原油・天然ガス価格の高騰を受け、22年には約2,274億ドルという記録的な黒字を示したが、右価格の急落を受けて12月だけでは17億ドルと、10月の197億ドルから激減している。原油・天然ガス輸出額が激減した上、人民元による支払いが増えていることは、これに課税して歳入の多くを得ているロシアの財政にとって大きな打撃となる。

なお、ウクライナ侵攻と西側制裁を受けて、ロシア政府は経済統計を大きく秘匿するようになっている。

西側制裁の効果

経済面での西側制裁は、ロシアの原油・天然ガス輸出の制限、対外取引のドル決済の制限、西側資本市場での起債禁止、ロシアの在外資産の凍結、先端技術輸出制限の厳格化を柱とする。

EUはロシアの原油、天然ガス輸入停止の意向を明らかにしたが、それは完全

停止を意味しない。原油、天然ガスとも、ウクライナを通るパイプラインでの対EU原油・ガス輸出は、量こそ削減されたものの続いている。このロシア原油はハンガリー等で精油の上、ウクライナに輸出され、ロシア軍との戦闘に用いられている有様である。天然ガスはトルコへのパイプラインを通じて南欧諸国に輸出されてもいる。

またロシアは中国、インドへの原油輸出を増加させたが、中国の輸入需要は天然ガスも含めて、ロシアが対EUで失う分にまったく及ばず、しかもインドと並んで割引価格をロシアに強要している。両国ともロシアの原油を精製し、製品を欧州、アジア諸国等に輸出している。

つまり、ロシアの原油・天然ガスの輸出は物理的には止まっていないが、その量は減少し、輸出収入は大幅に減少しているのである。

対外取引でのドル決済を大きく制約されたため、いくつかの西側企業はロシアから撤退した。しかしガスプロム銀行等が例外扱いを受けているためか、大きな不満は聞かれない。問題は、貿易黒字を保管・運用する手段が限定されてしまったことにあるだろう。米国債、EU諸国国債を購入して、現地に置いておくことができなくなったのである。

ロシアは中国との貿易では決済の7割を人民元、あるいはルーブルで行うようになっている。22年両国間貿易総額約1,900億ドルのうちロシアの輸出は約1,150億ドルで、ロシアが380億ドル分の黒字を人民元、あるいはルーブルで得ることになっているが、人民元は汎用性を欠く。ロシアはインドとの貿易でも大きな黒字を上げるようになっているが、ルピーでの決済は双方が避けている。

西側資本市場での起債ができなくなったことで、ロシアは前記のように国債の中央銀行引き受け、あるいは中国での起債を進めようとしているが、前者は1998年8月のデフォルトに似た状況を導きかねず、後者は資本取引での人民元の使用に中国当局が後ろ向きであることから、いずれも限界があるだろう。

開戦当初、西側は3,000億ドルに上るロシアの在外資産を凍結する意向を示したが、実態の把握が難しく、現在370億ドル程度を捕捉したに過ぎないようだ。

先端技術の輸出規制強化は、ロシア経済、軍事力に多大な影響を及ぼす。プーチン大統領はAI、IT技術の重要性をよく指摘するが、コンピューター、半導体

の入手を制限された上、多数の若手技術者が徴兵・動員回避で海外へ流出する等、この面でもロシア経済の先行きは非常に暗い。

対外経済関係

　経済・技術力の一層の低下は、アフリカ、中東などでのロシア外交の力を殺ぐ。石油、天然ガスの先進国への輸出を大きく制約されたロシアは、中国、インド、および途上国への（安価な）原料供給国の地位に転落する。

　また外交面もそうだが、経済においても中国への依存度が高まるだろう。ロシアは「資源を中国に売って人民元を得、それで中国製消費財を輸入する」という、中国の衛星国的存在に甘んじることとなる。

　西側の制裁については、これを潜り抜ける便法──トルコや中央アジア・コーカサス諸国を通じる並行・個人輸入等──が発達しているが、それは小規模、かつ不安定なもので、ロシア人の消費生活を1990年代前半のように「バザール化」──街頭のキオスクの林立など──させるだろう。

　これまで兵器、穀物の輸出はそれぞれ200億ドル程度の外貨をロシアにもたらしていたが、双方とも昨年は戦争で輸出は激減している。まだ銅、パラジウム、チタンなどの資源を握ってはいるが、その輸出額はもともと大きなものではなく、西側は代替の輸入先を開発している。

大統領選を前にしての経済不調

　23年頭になって、これからのロシア経済多難を予告する事象が起きた。財政赤字が急増して23年1月だけで2.5兆ルーブルにのぼったことである。これは年間予算で予定した赤字の88%に相当する。

　普通は年末にまとめて支払う兵器購入分を、年頭に先払いしたのではないかと思われるが、国防費が膨張して生活向上面への支出を制約する構造を予見させる。政府の貯蓄に相当する国民福祉基金は急速に取り崩されつつあり、23年3月時点で1,470億ドル分しか残っていない。これでは、24年3月に予定される大統領選挙に向けての年金引き上げなどのバラマキが難しくなる。

　加えて、地方の税収が22年10月時点で約40%の減少（対前年）を示しているこ

とも、懸念材料である。中央政府と地方はすでに、兵士動員費用の負担等を押し付け合っており、極端な場合には1991年ソ連崩壊前夜のように、地方政府が中央への税収送金を止める場合もあろう。

　原油・天然ガス関連の富を国家に集約して国を運営するというプーチンの国家・経済モデルは、西側の制裁でほぼ完全に無効化された。大統領選挙を前に、プーチンはこの20年余の成果の空虚さを暴露されたのである。

（Japan-World Trends代表　河東哲夫）

対外政策

ウクライナ侵略のロシア側論理とその歴史的背景

　22年2月24日のロシアによる隣国ウクライナへの軍事侵攻は、世界秩序の安定に最大の責任を負う国連安保理常任理事国が隣国に軍事侵略をし、国際法・国際秩序の基礎が崩壊したという意味で、第二次世界大戦終了後の国際社会における最も深刻な事態である。「クリミア併合」（2014年3月）以来世界に激震をもたらした強烈なロシアの対外軍事侵攻は、近年のロシア、ウクライナ、ドイツ、フランスによる2回のミンスク合意（14年9月、15年2月—最重要課題はロシアとウクライナの休戦）の破綻の結果とかプーチン個人の考えが最近変急変した結果ではない。多くの専門家も気付いていないことだが、プーチン時代の比較的初期にすでにそのルーツがある。まず、ウクライナ侵攻のロシア側の言い分と、近隣国への侵攻の歴史的ルーツを説明し、次いで、現在の対欧米政策、近隣諸国への対応、グローバスサウスへの対応を説明したい。

　公式的なロシア政権側の言い分は、「独立国である（侵攻の3日前に露が独立を認めた）ドネツク人民共和国、ルハンスク人民共和国の要請に基づき、ウクライナのネオナチ政権（ゼレンスキー政権）がウクライナ東部で行っている大量虐殺に対処し平和を維持するために軍を派遣したもので戦争ではなく平和のための特別軍事作戦だ。目的は、ネオナチ政権に代わる非武装中立のキーウ政権樹立にある」とした。つまり、ロシアの隣国に対する一方的な軍事侵攻ではなく、独立諸国の要請に応じた、国際法的にも合法的な行為であるというものである。

もちろん世界のほとんどの国は、かかる明白な詭弁を認めていない。23年3月2日に、ウクライナ情勢を協議する緊急特別会合として開催された国連総会で、193カ国中141カ国がロシアへの非難決議に賛成した。前年10月22日にも、143カ国が同様の決議に賛成している。

　14年3月27日の「クリミア併合」後の国連総会で対露批判に賛成した国が100カ国だったことを想起すると、今回のロシアのウクライナへの軍事侵攻が国際社会の秩序を根底から揺るがしていることを示している。ちなみに、軍事侵略決断にあたり、当初プーチン大統領は「クリミア併合の成功」体験から、数日でウクライナを支配できると考えた。しかしこれは彼の致命的な誤算で、軍事侵攻開始から1年3カ月経った23年5月末でも露軍は欧米などの支援を受けたウクライナ軍に苦戦しており、ロシア軍の弱体性を世界に晒す結果となった。このことは、その後のロシアの対外政策にも決定的な影響をもたらしている。

　ロシア政権は、23年3月31日に、新しい「ロシア外交政策概念」を発表した。そこでは建前としては国際紛争の平和的解決の必要性が述べられている。国際紛争は、外交、交渉、会談、仲介などによって解決すべきとの主張である。ウクライナとの今日の紛争に関しても、プーチンやロシア政権が、「交渉による停戦、解決」に言及することがある。しかしプーチンは、和平交渉では「住民投票（自決権）でロシア領となった」クリミアや、ドネツク、ルハンスク、ザポロージャ、ヘルソン州の帰属問題については議論しないとの条件を付けている。これらの地域を国内法上でロシア領とした上で、停戦（休戦）ラインをこれらの地域のどこかに設けたとしても、朝鮮戦争におけるように、それが事実上の国境となる可能性もある。さらに、20年7月に改定されたロシア憲法によると、「領土割譲」は禁止されている。現行のロシア憲法では、国内法は国際法よりも優先されるとされている。つまり、ロシアの「和平提案」なるものは、ウクライナが到底受け入れられないものである。

　24年3月予定の大統領選挙では、選挙統制と有力対立候補の不在ゆえ、プーチン政権にそれまでに想定外の異変がない限り、「7−8割のプーチン支持」という世論調査の結果から見ても、また選挙の政権による支配という特殊性から見ても、プーチンの当選はほぼ確実だ。

　G7など西側諸国の支援を受けたロシアとウクライナの戦争の今後の見通しだが、プーチンはこれまで「ロシア領になったと宣言した地域」をウクライナに返還するつもりはない。これらのことと22年2月以来の戦況を考えると、この戦争は今後2、3年以内に集結する保証は何もなく、今後数年から10年、あるいはそれ以上長期化する可能性も否定できない。長期化の最大の原因は、ロシアの軍事侵攻前は、「ウクライナ国民」という自覚を有していなかった人々が、自国を「命を賭しても守るべき主権国家」だと自覚するようになったからだ。ロシアの軍事侵攻の皮肉な結果でもある。

　以下、ロシアのウクライナ侵攻の歴史的背景として、一般に見過ごされていることに関し、簡単に述べておきたい。

　一般的には、ロシアが旧ソ連諸国を主権国家と見なさず軍事侵攻する行為の起源としては、08年8月の「ジョージア戦争」が挙げられることが多い。ジョージア内の南オセチア自治州とアブハジア自治共和国を事実上軍事力で「独立」させ、ロシアの傀儡国家にした事件だ。この時の政権はジョージアに関してロシアの「特殊権益圏」だと公然と述べた。もちろん国際法無視の古い地政学的理念である。

　しかし日本だけでなく世界の多くの政府関係者や専門家も気付いていないことだが、ロシア外務省は、06年6月1日に、対外政策の重点を「領土保全」から「自決権」に移すと声明した。同日の『イズベスチヤ』によるとロシア外務省は次のように述べた。「我々は領土保全（統一性）の原則に敬意を払っている。しかし、グルジアに関しては、今のところ、この領土保全については、可能性の状態に留まっており、政治的・法的に現存する現実ではない。南オセチアの基本的立場は、自決権に基礎を置いている」。ラブロフ露外相もこの時、ジョージアの領土保全に敬意を払うと言いながら、次のように述べた。「この地域（南オセチア）がグルジア政権のコントロールの外にあるという状況を考慮せざるを得ない」。つまり、ジョージアは現実的には主権国家ではなく、ロシアは南オセチアをジョージアの一部とは認めなかった。つまり、「自決権」即ち「住民投票」によって独立国となる可能性を示唆したのだ。それが現実となったのが08年8月のジョージア戦争で、「南オセチア自治州とアブハジア自治共和国の自決権を守る

ために、露軍がジョージアに軍事侵略をした」という構図になっている。これらは、「クリミア併合」や「ウクライナ4州の併合」と同じパターンで、この方向にロシア外務省が対外政策の重点を公式に転換させたのが06年6月1日なのである。

対欧米政策

　ウクライナへの露軍の侵攻は明白な国際法秩序の侵害であるが、この戦争についてロシア政権は、ゼレンスキー政権を欧米、特に「米国の操り人形」だと見ており、ウクライナでの戦闘は本質的には米国、あるいはNATOとの代理戦争と見ている。これは、「弱小国」ウクライナへの侵攻作戦は数日で決着すると見ていたのが、実際には、今後数年以上続く可能性も生まれ、ロシア軍の弱体性が世界に暴露されたことに対するプーチンのロシア国民への苦しい弁明でもある。

　しかし、「1990年頃に、米国を中心とした北大西洋条約機構（NATO）は、1インチとも東方には拡大しないと約束したではないか。ロシアは裏切られた」とのプーチン発言は、彼が本気で信じていることでもある。実際にはNATOの拡大は、主権国家の加盟申請をNATO全加盟国が認める必要があり（NATO条約第10条）、米国大統領やNATOの事務総長といえどもそのような約束をする権限はないし、実際に当時の米大統領もNATO事務総長もゴルバチョフ大統領（当時）に対してそのような約束はしていない。当事者のゴルバチョフ自身が14年10月16日に、「当時はNATO拡大の問題そのものが提起されなかった。それは私が責任をもって確言できる」とロシアの英語メディアで述べている。

　ドイツを始め欧州諸国は特に天然ガスやエネルギー面で対露依存が大きかった。ウクライナ侵攻に対する対露制裁の重点として、欧州諸国はロシアへのエネルギー依存を縮小しようとしている。これに対して、ロシアは先手を打ってエネルギー資源の供給停止で対応し、欧州だけでなく日本を含め世界のエネルギー価格は上昇した。これをロシアによる「エネルギーの武器化」として欧米や日本は対露批判をしている。

　ロシアは欧州に対して、分断政策にも出ている。ドイツが労働力不足もあり、積極的に移民・難民の受け入れ策を推進し、欧州委員会や欧州議会も移民受け入れに前向きの姿勢を強めた。これに対して経済的に移民受け入れの余裕のな

い旧東欧諸国は難色を示した。特に、ハンガリーのオルバン首相はEUの移民政策に反発を強めて、積極的に対露宥和策を進めている。また自国の民族的、伝統的価値を重視する欧州の様々な右翼勢力、極右勢力も欧州委員会の移民政策やEU政策全般に反発している。一般的に欧米から孤立しているプーチン政権は、この状況を利用して欧州の分断策に力を入れた。また、民主主義国でありながら伝統的に米国からの独立志向の強いフランスに対しても、自立策を強めることを期待し、欧米の分断も対西側外交の中心に置いている。16年にトランプが大統領に当選した時には、米国の分断を謀るロシアの選挙介入やサイバー攻撃が問題にされた。

　しかし、ウクライナ侵攻は、マクロン大統領が19年11月に「脳死状態」とさえ述べたNATOやG7をかえって結束させた。また、ロシアはウクライナへの軍事侵攻が想定外の困難に遭遇しロシア軍の弱体性が暴露されたので、プーチンはしばしば「核の脅し」を公言するようになり、ベラルーシに戦術核の配備も進めている。ただ、「欧米との代理戦争」と言っても、キーウや西欧諸国への核兵器の行使は、現実的には困難である。核戦争の可能性を生むだけでなく、世界の反露感情を極端に強めるからだ。

近い外国 (旧ソ連諸国) との関係

　ロシアのウクライナ軍事侵攻で、古くから反露感情が強いバルト三国以外の旧ソ連諸国も一挙に対露警戒感を強めた。しかし、伝統的にユーラシア経済同盟や2国間の経済関係でロシアとの結びつきは強いので、ロシアは旧ソ連諸国との経済関係を、欧米の対露経済制裁の「抜け穴」として利用し、半導体などの禁輸品を使用した家電製品その他を大量に購入している。したがって、政治的には旧ソ連諸国は対露警戒心を強め、大部分の指導者は時にプーチンやロシア政権に厳しい発言や態度を取るが、ロシアとの経済関係の利益は保持しようとする曖昧な態度を取っている。

　アルメニアとアゼルバイジャンの紛争の的だったナゴルノカラバフ地方をめぐる22年の第二次ナゴルノカラバフ紛争に敗北したアルメニアは、23年5月、これまで実行支配していた同地方とその周辺のアゼルバイジャンによる支配を認めた。

これまで東方正教会のアルメニアを支援してきたロシアは、今回の紛争ではトルコが民族的にも宗教的にも結びつきの強いアゼルバイジャンを軍事支援したため、トルコへの配慮からアルメニア支援をせず、アルメニアを怒らせた。

カザフスタンのトカエフ大統領は、22年1月以来、院政的な権力を保持してきたナザルバエフを排除、燃料の値上げなどに反対する下からの反政府運動を、露主導の集団安全保障機構（CSTO）軍の初出動のもとに抑圧し、その後11月の大統領選挙で圧勝した。しかし、トカエフは22年10月に首都アスタナで開催された中央アジアとロシアの首脳会議（5プラス1）で、ウクライナへの軍事侵攻を批判し、またタジキスタンのラフモン大統領もプーチンに、彼らに敬意を払うよう公然と苦言を述べた。ちなみに、ロシアは歴史的にイスラム教の中央アジア諸国が団結することを嫌がり、日本が初めた「中央アジアプラス1」のような会合を避けて「分割し統治する」方針を貫いてきた。しかし近年は国際的孤立を避けるため、また中国の中央アジア進出に対抗するため、「5プラス露」の首脳会議を認めている。ただ、22年にキルギスは、中央アジアとロシアの別の首脳会議を欠席した。国境紛争で対立するタジク大統領との同席を避けたとされる。モルドバのサンドゥ大統領は、対露批判の態度を強め、民族や言語が同じルーマニアや、EU寄りの姿勢を強めている。

グローバルサウスとの関係

国連総会での対露批判決議において、棄権などで明確なロシア批判を示さなかった国の多くは、グローバルサウスと称される発展途上国や新興国家だ。ロシアは孤立を避けて欧米と対抗するためBRICS（ブラジル、ロシア、インド、中国、南アフリカ）やAU（アフリカ連合、55カ国）のメンバー国を取り込むことに熱心で、インドや中国には欧州に売れなくなったエネルギー資源をたたき売りしている。

中東ではロシアと密接な関係のあるシリアが23年5月に12年ぶりにアラブ連盟（21カ国・1機構）に復帰した。これは民衆弾圧をしてきたアサド政権を軍事支援しているロシアが、3月から根回しした結果だ。ロシアにとっては、親密なアサド政権がアラブ連盟から排除されている状態は困る。アラブ諸国の側も、OPECプラスに露を取り込んではいるものの、石油産出国の足並みをロシアが乱

すのを抑制する必要があった。

　アフリカでは、ソ連時代、ルムンバ友好大学にアフリカ諸国の若い指導者を招いていたことが、現在奏功している。また独裁国や専制国が多く紛争が絶えないが、正式にロシア軍を送れない状況下でも、ワグネルなど民間軍事組織を送り込んで軍事支援を行っている。その結果、多くのアフリカ諸国が、ロシアのウクライナ侵攻には、国連総会でも批判票を投じなかった。

（袴田茂樹）

極東政策

日露関係

　日本の岸田政権は、ウクライナを全面侵略しているプーチン政権に対して、侵攻開始後から現在に至るまで、アジアで唯一のG7構成国として、対露制裁を発動するなど一貫して毅然とした対露政策を実行している。これに対してプーチン政権は、全面的な対日敵視政策ともいうべき、一連の反日的な強硬政策を矢継ぎ早に打ち出し、圧力をかけている。

　プーチン政権は、9月5日、北方四島の元島民らが北方領土を訪れる「ビザなし交流」と「自由訪問」についての日露間の合意を破棄すると一方的に発表した。ウクライナ侵攻に伴う両国関係悪化を機に、プーチン政権は、旧ソ連末期から現在も細々と続いてきた人的交流すらも破棄する抜本的な政策転換を図った。プーチン政権や類似の権威主義的政権が続く限り、復活の見通しは皆無で、両国関係が冷戦時代のような「長い冬の時代」に入ったことを象徴している。

　ロシア検察当局は、23年4月、北方領土の返還実現と旧島民の支援を目的とする公益社団法人「千島歯舞諸島居住者連盟」（略称、千島連盟）について、ロシア国内での活動を禁じる「望ましくない組織」に認定したと発表した。検察当局は「ロシア領土の奪取」を目的としており、「ロシアの憲法秩序と安全保障に脅威となる」と指摘した。日本の団体が認定されたのは初めてとなる。千島連盟は日本固有の領土である北方領土返還を目指す日本政府のみならず、返還に向けた国民運動の中核を担っており、日本への攻撃的政策のギアをさらに一段あげたと言い

うるだろう。

この一方で、軍事的な圧力も強化している。プーチンは昨年7月末、サンクトペテルブルクで行われた海軍パレードでの演説で「わが国の主権と自由を侵害する全ての者に素早く対応する高度な準備ができている」として北方領土と千島列島のロシア名であるクリール諸島周辺を含む国境海域の防衛を強化する方針を示した。プーチン同演説で、ロシアの戦略原潜が航行するオホーツク海の重要性も強調した。

ウクライナでは苦戦しているが、極東では従来通り軍事力を誇示して、日米を牽制する意図が読み取れる。サハリンや北方領土（ロシア側呼称は「南クリール諸島」）で、日米を念頭に置いた仮想敵の上陸を防ぐ演習には原子力潜水艦や航空宇宙軍の航空機のほか、陸上部隊の一部も参加し、今回初めて、北海道の知床半島に近い国後島の南側でも演習を行った。

日本政府は欧米と歩調を合わせて23年1月27日、対露追加制裁を発表しドローン関連物品などの輸出を禁止、120以上の個人や団体を新たに資産凍結の対象にした。これに対して、ロシア側は、ウクライナ侵攻開始当初から「反露国家グループ」の一角を占める日本との「悲観的な両国関係のさらなる悪化は不可避だ」と反発。2月7日の北方領土の日に東京で開かれた返還要求全国大会で採択したアピールでは実に5年ぶりに「不法占拠」というキーワードが復活したが、これに対して、ロシア側は「例年より反ロシア的だ」（外務省情報局長）と間髪を入れず牽制した。

ロシアの対日政策の変化は7年ぶりに改訂され、23年3月末に発表された「ロシアの外交政策概念2023」で明確になっている。「アジア太平洋地域」の項目も含め対日関係について言及していない。一方で、「ナチスと日本の軍国主義者の犯罪の再生、美化を含む歴史の歪曲」について、「外国のパートナー」と共闘して対抗する方針が明記された。歴史問題での中国との共闘強化を意味していることは明白だろう。

中露関係

ウクライナに侵攻し、米欧日など主要国から厳しい制裁を科せられ国際社会か

ら孤立を深めるロシアにとって、米国の唯一の戦略的な競争相手である中国との関係強化は、ますます死活的な重要性を増している。

　ウクライナへの全面侵攻で、ロシアが国際的に孤立し、戦場では苦戦している状況を受け、中国が、拡大一辺倒だった対露関係を見直すのではとの観測も一部で出ていた。確かに米欧からの反発を恐れ、習近平国家主席はウクライナ侵攻後、ロシアへの支持も懸念も表明せず、22年中は、プーチンのロシア訪問要請にも応じなかった。あたかも中立的で一定の距離を置いているかのようなポーズをとってきたが、実際には習近平指導部は、米欧から制裁を科せられる事態を回避しながら、経済協力や貿易の拡大、技術協力など各分野でロシアを支えており、本質的には最大の対露支援国と言っても過言ではないだろう。

　23年に入って、2月下旬、中国外交部門トップの王毅・共産党政治局員がモスクワを訪問するなど、中国要人のロシア訪問が再び活発化、関係強化の総仕上げとして、習近平は3月20日、ウクライナ侵攻後、初めてモスクワを訪問した。

　ウクライナ戦争が長期化の様相を呈している中で、一時的に不透明感も指摘された中露の外交関係は、習近平のロシア訪問で、侵攻開始以前の段階に「正常化」したといえよう。米領空に中国が偵察気球を飛行させた問題などで、米中対立が再燃したことは、中国がこの時期に対露関係の積極強化に動いた最大の要因といえよう。

　中露首脳会談は21日に行われ、共同声明が発表された。「新時代の全面的戦略協力パートナーシップの深化に関する共同声明」とのタイトルが象徴的である。侵攻直前にモスクワで行われた首脳会談での共同声明では「両国の友情には限界がない」と関係強化に最大限の意欲を示したが、今回、パートナーシップをさらに「深化」させる基本原則が示されたのは、侵攻から1年が経過した国際情勢を念頭に置けば、非常に重要な意味を持つ。

　共同声明では全体として、米欧が主導する「ルールに基づく国際秩序」に中露が一致して対抗する姿勢が明確に打ち出されている。ロシアが国際規範を蹂躙して残虐なウクライナ全面侵攻を継続中の現在でも、中国がロシアと共同して、主権国家の独立を尊重するリベラルな国際秩序を打破する意思を示したことは、深刻な事態というべきだろう。

またウクライナを支援する米欧諸国で構成されるNATOについて、「他国の主権、安全、利益および文明的、歴史的、文化的多様性を尊重し、他国の平和的発展に客観的かつ偏見なく対処することを求める」として、あたかもウクライナ侵攻の原因が、NATOにあるとも解釈可能な文言が明記されている。ロシア・ウクライナ戦争については「ロシアは中国がウクライナ問題でとっている客観的かつ公正な立場を積極的に支持する」とし、「中国は、ロシア側が和平交渉の早期再開に向けて努力する意思を高く評価する」とされた。中国が残虐なウクライナ侵攻を継続中のロシアを支持する方針が示されたに等しいといえよう。

プーチンは4月16日、モスクワを訪問した中国の李尚福・国務委員兼国防相と会談し、「（中露は）情報を交換し、軍事技術分野で協力し、（各地で）合同演習も実施してきた」と述べ、軍事的連携が深化しているとアピールした。具体的な合意内容は公表されていないが、ロシアの独立系専門家はプーチンと習近平が3月の会談で新たな防衛協定について何らかの合意に達した可能性が高いと指摘している。

北朝鮮

プーチン政権はウクライナ侵攻直後からロシア支持を明確に打ち出している北朝鮮との連携をさらに強化した。北朝鮮は7月、ウクライナ東部ドネツク、ルガンスク両州の親露派武装勢力の支配地域、自称「人民共和国」の独立を正式に承認。ロシアが9月末に両州など東南部4州を一方的に併合すると、北朝鮮は直後に併合への支持を表明した。

国際場裡においては、国連総会での対露非難決議案にいずれも反対票を投じる一方、ロシアは中国とともに、北朝鮮のミサイル発射に対する国連安保理での新たな制裁案や非難決議案に拒否権を行使し、核ミサイル開発に歯止めが掛からない事態が続いている。

ウクライナ侵攻が難航し、武器弾薬が不足しているロシアからの要請に応じて、北朝鮮は弾薬や武器の供与に応じているもようだ。米国防総省報道官が9月上旬、ロシアが北朝鮮から砲弾を購入しているとの見方を示した。日本の一部メディアが関係筋の情報として伝えたところによると、11月20日、ロシアに砲弾など軍需物資を北朝鮮北東部・羅先特別市の豆満江駅とロシア沿海州のハサン駅

を結ぶ鉄道で輸送。両国は数百万ドル規模の砲弾やロケット弾の売却交渉を続けていたという。北朝鮮は、中国への過度の依存度を減らす絶好の機会とみなして対露支援に邁進しているもようだ。国家元首のプーチンが核兵器使用の威嚇を繰り返したり、戦争犯罪容疑で国際刑事裁判所（ICC）に訴追されるなど、ロシアはもはや巨大な「ならず者国家」となったともいえ、露朝関係がさらに緊密化するのは避けられそうもない。

（東京新聞編集委員　常盤伸）

軍事

軍事態勢全般

　ロシア連邦軍は、陸軍、海軍、航空宇宙軍の3軍種と、空挺軍、戦略ロケット軍の2独立兵科から構成される。地域別には西部、南部、中央、東部、北方艦隊の五つの軍管区が設置され、最高司令部直轄の戦略核部隊（戦略ロケット軍、海軍の戦略原潜、航空宇宙軍の戦略爆撃機）および空挺軍を除いた一般任務戦力（SON）を一元指揮する統合戦略コマンド（OSK）としての機能を持つ。

　2010年代から続くこれらの基本態勢自体に大きな変化はないが、ウクライナ戦争の長期化を受け一部に改定の兆しが見られる。21年12月に実施された国防省拡大幹部評議会では、西部軍管区を分割して新たにモスクワ軍管区、レニングラード軍管区を「諸軍種戦略地域連合部隊」として設置する方針がショイグ国防相から示されたが、これが従来のOSKと同等の地位を指すかは明らかでない。

　人員の定数は17年の大統領令555号で規定された190万2,758人（うち軍人101万3,628人）から軍人を13万7,000人増員し、定員203万9,758人、うち軍人115万628人とすることが22年8月25日付の大統領令575号によって規定され、23年1月1日に発効した。

　あわせて、これまで「ドネツク人民共和国軍」、「ルガンスク人民共和国軍」を名乗ってきたドンバスの民兵部隊（親露派武装勢力）が同地域の「併合」に伴い22年12月31日をもってロシア連邦軍に統合され、それぞれ第1軍団、第2軍団とし

て南部軍管区に編入された。

　『ミリタリーバランス』2023年版ではロシア軍の兵力を119万人と推計しており、正確な実勢は不明ながら動員兵を含めた実員数は約115万人の定数に近いか、これを上回るものとみられる。各軍種・独立兵科・その他の人員配分については以下表-1に示す。

表1：ロシア連邦軍の構成と人員配分（推定）

軍種	陸軍（SV）	55万人 （うち動員兵30万人）
	海軍（VMF）	14万5,000人
	航空宇宙軍（VKS）	16万5,000人
独立兵科	戦略ロケット軍（RVSN）	5万人
	空挺軍（VDV）	4万人
その他	特殊作戦軍（SSO）	1,000人
	鉄道部隊（ZhDV）	2万9,000人
	民兵（第1ドネツク軍団・ 第2ルガンスク軍団）	3万人
	指揮・支援要員	18万人

（出典）*The Military Balance 2023*, The International Institute for Strategic Studies, 2023, p. 183.

　加えて、前述の国防省拡大幹部評議会では連邦軍の兵員数をさらに150万人まで増加させ、地上軍（陸軍、空挺軍、海軍歩兵部隊）を大幅に増強する方針を打ち出しており、23年1月には増強計画がプーチン大統領の承認を得たと発表された。

　正規軍以外の軍事力に関して特筆すべき事項として、14年以降ウクライナ東部や中東、アフリカでロシアの非正規軍事作戦を請け負ってきた傭兵会社ワグネルが、ウクライナでの正規軍の任務を一部肩代わりすることで勢力を急伸させたことが挙げられる。ワグネルはロシア各地で囚人の超法規的なリクルートを行って戦闘員を集め、英国防省の分析によればその規模は最大で4-5万人に達したとみられている。一方で死傷率も高く、『ミリタリーバランス』では兵力を1万人と推計している。

　その他、準軍事組織として大統領直轄の治安部隊である国家親衛軍（33万5,000人）、連邦保安庁（FSB）の国境警備隊（16万人）および特殊任務部隊（4,000人）、連邦警護庁（FSO）の要人警護・警備部隊（4-5万人）が存在し、これらの一部はウクライナでの軍事作戦にも投入されているが、組織構成・人員数は国家親衛軍がやや減少した以外に大きな変化はみられない。

軍事・安全保障政策

　政策基本文書については、国家安全保障政策の指針を定める『ロシア連邦国家安全保障戦略』（21年改定）、同戦略の下位文書として軍事政策の詳細を規定する『ロシア連邦軍事ドクトリン』（14年改定）ともに変更は行われていない。

　特筆すべき動向として、23年3月にプーチン大統領は「連合国家」であるベラルーシへ戦術核兵器を配備する方針を表明し、ロシア国外に核兵器を配備しない従来の方針を転換した。23年7月までにベラルーシ領内に戦術核用特別貯蔵施設を建設し、ベラルーシ空軍機を改修して運搬能力を付与することで、ロシアが管理する核弾頭をベラルーシ軍が運用する「核シェアリング」の体制を構築することが示唆されているが、核弾頭の搬入時期やロシア軍自身の核運搬手段配備については明らかでない。

人員充足および主要人事

　ロシア連邦軍の軍人は、義務兵役による徴兵（兵役期間12カ月）と志願兵である契約軍人（契約期間24カ月）、職業軍人たる将校で構成されてきたが、22年9月21日の大統領令647号によって第二次世界大戦以来（ロシア連邦としては初）となる戦時動員（部分動員）が発動され、30万人にも及ぶ予備役が招集された。

　動員をめぐっては国内の反発も大きく、装備供給・訓練・配置などでも少なからず混乱が見られたが、10月末には予定していた30万人の招集が完了したと発表された。動員兵はウクライナでの損耗の補填と兵力増強のため大部分が陸軍に配属されたとみられ、『ミリタリーバランス』によれば22年初頭時点で28万人とされていた陸軍の兵員数は55万人に倍増した。一方で海軍歩兵、空挺軍の兵員数は5,000人ずつ減少したと推計されており、契約軍人を主体としてきた精鋭

部隊がウクライナでの損耗を回復しきれていないことが伺える。

本稿執筆時点で追加の動員が行われるか否かは不透明だが、23年4月には召集令状を電子化する法律が成立し、公共サービスポータルサイト（ゴスウスルーギ）を通じた徴兵登録や動員招集の通知、対象者の出国停止等の措置が可能となった。従来は書面での招集令状受領のみ有効とされていたため受け取り忌避という「抜け道」が存在したが、電子通知化は今後の徴兵・動員忌避がきわめて困難になることを意味する。なお、『ミリタリーバランス』では5年以内の軍務経験がある予備役の総数を150万人としている。

契約軍人の具体的な数については「40万5,000人に達した」と発表された20年以降明かされていないが、ウクライナ侵攻を通じて相当数の契約軍人が死傷したとみられている。契約軍人の不足は動員に踏み切るまでの間ロシア軍がワグネルをはじめとした非正規の兵力に頼る要因にもなっており、国防省は1年未満の短期契約制の導入や給与水準の引き上げなどで募集を強化しているが、十分な数の確保には至っていないもようだ。

一方、22年度の徴兵は25万4,500人（春季徴兵13万4,500人、秋季徴兵12万人）と前年より7,000人減少した。ロシア国防省は徴集兵がウクライナ等の国外に派兵されることはないと主張しており、運用上の縛りがない契約兵士の募集に注力する姿勢だが、23年春季徴兵の規模は14万7,000人と増加に転じており、今後増強予定の兵力のうち相当数を徴兵によってカバーする可能性がある。

人事に関しては、ウクライナ侵攻における作戦失敗をめぐってショイグ国防相やゲラシモフ参謀総長を含む高官の責任問題が取り沙汰されたが、実際には22年7月に空挺軍司令官セルジュコフ大将が解任され後任にテプリンスキー大将が就任した以外、組織トップの入れ替えは公にみられていない。ただし、軍管区司令官および国防省次官級以下の将官人事については少なからぬ変動があり、特にウクライナでの作戦指揮に直接関与する軍管区司令官は北方艦隊を除く4軍管区すべてで交代が行われた。

また、ウクライナに侵攻したロシア軍部隊は当初一元的な司令部を置かず、各戦域を担任する軍管区司令部がそれぞれ隷下部隊を指揮していたが、22年4月に南部軍管区司令官（当時）ドヴォルニコフ上級大将が統合司令官に任命され、

指揮の一元化が図られた。統合司令官は5月には早くもジトコ大将（軍事政治担当国防省次官）に交代し、10月に航空宇宙軍司令官スロヴィキン上級大将に再び交代したが、23年1月からはゲラシモフ参謀総長が司令官職を兼任し直接指揮を執る形（スロヴィキンは副司令官に降格）が続いている。

軍事支出

　ウクライナ戦争によって、ロシアの軍事支出は劇的に増加している。22年度当初連邦予算編成での国防費は3兆5,104億ルーブル（対GDP比2.6％）とおおむね平年並みの水準を予定していたが、実際の支出額は補正によって4兆6,787億ルーブルに達したとされている。23年度連邦予算での国防費は過去最高額となる4兆9,816億ルーブル（対GDP比3.3％）とされており、実際の支出はさらに増加する可能性が高い。

　なお、国防省をはじめとするロシア政府機関ウェブサイトはウクライナ侵攻以降国外からのアクセスを遮断する措置を取るケースが増えており、予算案を審議する下院もその一つとなっている。加えて、従来公表されてきた国防費の内訳等も非公開となっており、軍事支出の透明性は大きく低下している。

装備調達

　装備調達においてもウクライナ戦争の影響は大きい。新型装備の調達よりも既存装備の近代化改修や改良型の再生産によって装備更新を進める「質より量」の傾向に拍車がかかり、膨大な装備損失を補填すべく予備保管されていた旧式装備の再生・現役復帰も進められている。国防省拡大幹部評議会の報告によれば主要品目の国家防衛発注（GOZ）達成率は91％で、需要に応じて武器・装備供給への資金供給を増加させたとしている。一方で、唯一堅調に更新が進んでいる戦略核部隊を除いて「装備近代化率」への言及は鳴りを潜めた。

　制裁の一環として西側諸国が民生品を含めた電子部品、工作機械等の禁輸措置を強化したことで、西側製品への依存度が高かったロシア軍需産業は調達上の問題に直面しており、特に高性能兵器の供給については軍の要求にどの程度まで応えられるか不透明な状況にある。

この他、不足する武器弾薬の補充としてベラルーシから装甲戦闘車両や数万トン分の弾薬、イランから無人航空機、弾薬、個人装備等の供与を受けたとみられ、北朝鮮、ミャンマーからも弾薬等が供給された可能性が指摘されている。

軍事活動

　ロシア軍は22年2月24日に「特別軍事作戦（SVO）」と称してウクライナへ侵攻し、南部のヘルソン州、ザポリージャ州、北東部のハルキウ州の一部などを占領したが、当初目論んでいた首都キーウの早期攻略に失敗して大損害を蒙り、4月初頭には首都攻略を断念してウクライナ北部から撤退した。

　また、ロシア側が事実上支配権を握るとみられていた黒海においても、3月にベルジャンスク港に入港中の大型揚陸艦1隻を喪失し、4月には黒海艦隊旗艦であった巡洋艦モスクワがウクライナ軍の地対艦ミサイル攻撃を受け沈没した。以来黒海艦隊の沿岸部での行動は消極的で、遠距離からの巡航ミサイル攻撃だけが散発的に継続されている。対するウクライナ軍はセヴァストポリ基地への無人航空機、水中・水上無人機による偵察と攻撃を繰り返して圧迫しており、ロシア艦艇は行動の自由を制約されている。

　初夏以降、NATO諸国による大規模な武器支援を得て戦力を強化したウクライナ軍が反撃を加える一方、東部で攻勢を維持しつつも投入可能な兵員数に劣るロシア軍の進撃は鈍く、戦線は事実上膠着し消耗戦が続いた。緒戦での損耗を回復できないまま消耗を続けた結果、ロシア軍はドンバス民兵勢力や義勇兵、ワグネルなどの非正規兵に頼る状況が続き、占領地域でも守備兵力の弱体化・空洞化が進んだ。結果としてウクライナ軍が9月にハルキウ州で発動した反転攻勢に対しロシア軍は有効に対処できず、同州の占領地域の放棄・撤退に追い込まれた。

　ハルキウ奪還に成功したウクライナが攻勢転移への動きを強める中、プーチン大統領は9月下旬に部分動員を発令するとともに、ドネツク、ルガンスク、ザポリージャ、ヘルソン4州の占領地域の「併合」を宣言し、ロシア軍は守勢に転じはじめた。ロシア側はウクライナ軍の大攻勢を強く警戒しているとみられ、11月にはヘルソン州の州都ヘルソン市を含むドニエプル川西岸から自ら撤退して戦線を整

理し、以降23年5月現在に至るまで南部から東部にかけての広い地域で重層的な防御陣地の構築・強化が続けられている。当面は予想されるウクライナ軍の攻勢に対するロシア軍の相対的な対処能力が戦局を左右する鍵になると思われるが、さらなる長期戦を見据えた動きもみられ、戦争自体がどのような形で収束するか見通すことは困難である。

　なお、9月には4年毎に定期開催される極東大演習「ヴォストーク-2022」が実施されたが、直前で日程が変更される異例の展開となった。発表された参加兵員数は5万人で、30万人弱が参加したとされた前回2018年から大幅に規模を縮小した一方、参加国は中国のほかインド、シリアなど計14カ国へと増加した（18年は中国、モンゴルの2カ国のみ）。中国軍は初めて陸海空軍が同時参加してロシア軍との連携を強化し、演習地域には前回除外されていた北方領土（国後島、択捉島）や北海道沖が含まれるなど、これまで以上に政治的色彩が強い内容だったと評価できよう。

（軍事ライター　村田智洋）

第5章　朝鮮半島

概　観

　尹錫悦政権発足後、支持率の低下がみられたが、今後の政権運営次第で回復は可能である。与党と最大野党の支持率に大きな差はなく、2024年4月の総選挙が今後の政権運営を大きく左右する。北朝鮮の核の脅威の高まりを受けて、韓国では核武装論が高まった。

　尹大統領は、日本との協力を国民に訴えた。12年ぶりに日韓首脳によるシャトル外交が再開され、両首脳は5月のG7広島サミットの際に韓国人原爆犠牲者慰霊碑をともに参拝した。

　米韓間では、米韓同盟70周年を記念する共同声明および「ワシントン宣言」が発表された。過去に比べ、朝鮮半島や安全保障に留まらず、自由、民主主義、人権、法の支配といった普遍的な価値、インド・太平洋、経済、サイバー、宇宙といったグローバルで包括的な議論が実施された。「ワシントン宣言」では、「核および戦略企画を討議」するための「核協議グループ（NCG）」の設立などが盛り込まれた

　韓国は、国防白書で「北朝鮮の政権と軍」を「敵」とし、核・ミサイルに対応するための韓国型3軸体系を再び明記した。宇宙への挑戦や兵器輸出の飛躍もみられた。米韓連合軍は中止または縮小されていた大規模演習および戦略爆撃機などの朝鮮半島展開を再開させた。

　北朝鮮では、金正恩総書記が執権10年の党建設を総括し、朝鮮労働党の組織決定による政治運営を志向してきたことを確認した。

　北朝鮮は、新型コロナウイルスの流入阻止のため厳しい国境封鎖を続けてきたが、初めてコロナ感染者の発生を認め、大規模な隔離措置を実施した。しかし、感染実態を明らかにしないまま、防疫戦の「勝利」を宣言し、中朝間の列車による貨物輸送を再開させた。

　対米関係では、バイデン政権との対話に見切りをつけ、大陸間弾道ミサイル（ICBM）の発射を繰り返した。米全土を優にカバーする新型ICBM「火星砲17型」を発射し、発射時間の短縮を可能とする固体燃料推進式ICBMの開発へと歩みを進めた。また、米韓両国が米韓合同軍事演習を拡大して対北抑止を強めるなか、北朝鮮は、これに対抗する形で短距離弾道ミサイルの発射訓練を活発化させ、戦術核を運用する能力を誇示した。

　南北朝鮮関係では、保守派の尹錫悦政権が、北朝鮮が実質的な非核化に転じれば食糧やインフラ支援を行うとする「大胆な構想」を発表したが、北朝鮮に非核化を決断させる手段としては、米韓同盟を中心とする対北抑止と制裁・圧迫に置いており、北朝鮮は強く反発している。

（東京国際大学特命教授／平和・安全保障研究所研究委員　伊豆見元）

韓国（大韓民国）

尹政権の支持率低下と挽回の可能性

　2022年5月10日に発足した尹錫悦政権は、韓国ギャラップが実施した5月第2週の世論調査で52%の支持率を有していたが、8月第1週までには24%まで下落した。支持率は9月3週に33%に回復するも、9月第5週には再び24%に下落し、23年4月第3週までの間に27-37%の間で推移した。政権発足1年目で支持率が30%を切った大統領としては、1990年以降では盧武鉉大統領および李明博大統領に次ぐものとなる。盧武鉉大統領の支持率はその後も低迷したが、李明博大統領の場合は3年目で50%近くまで回復しており、尹政権の支持率がどうなるかは今後の政権運営次第といえる。

　政党支持率は、22年の大統領選に勝利した与党が野党を10%近く上回っていたものの、その後拮抗状態となり、23年4月第3週の調査で与党「国民の力」も野党「共に民主党」も32%であった。300議席の韓国国会において、過半数を占めるのは野党「共に民主党」169議席であり、与党「国民の力」は115議席に留まる。24年4月の総選挙までの間、与党は少数与党として厳しい政権運営が続くが、同選挙の結果が今後の政権運営を大きく左右するため今後の推移に注目する必要がある。

核武装論の高まり

　韓国では近年、核武装論が高まっている。韓国のシンクタンクであるチェ・ジョンヒョン学術院が韓国ギャラップに依頼して22年11月28日から12月16日まで満18歳以上の成人1,000人を対象に実施した世論調査によると、北朝鮮の非核化は不可能またはほぼ不可能であるとの回答は約77.6%であった。また、米国が自国に対する北朝鮮の核攻撃の可能性を顧みずに朝鮮半島有事の際に核抑止力を行使するとは思わないと約48.6%が答え、韓国の独自核開発が必要であると約76.6%が答えた。ただし51.3%は米国が核抑止力を行使すると回答しており、米国の核抑止を信頼できるが独自の核武装も必要だと考えている人々も一定数

いることが窺われる。これらの調査結果から、多くの韓国人が北朝鮮の非核化は不可能と考え、独自の核武装が必要と考えていることがわかる。

日本との協力を国民に呼び掛ける尹大統領

　尹大統領は、22年8月15日の光復節の演説で「日本は今や世界市民の自由を脅かす挑戦に立ち向かい、共に力を合わせていかなくてはならない隣国である」とし、1998年の「金大中・小渕共同宣言を継承し、韓日関係を早期に回復し、発展させる」と述べた。

　尹大統領は9月21日、国連総会出席のため米国・ニューヨークを訪問中の岸田首相と懇談を行い、日韓は「互いに協力すべき重要な隣国」であり、日韓関係を健全な関係に戻す必要性を共有し、1965年の国交正常化以来築いてきた日韓の友好協力関係の基盤に基づき日韓関係を未来志向で発展させ、懸案事項に関する外交当局間の協議を加速化するよう指示することで一致した。

　尹大統領は毎年3月1日に行われる日本統治時代の独立運動を記念する23年の式典における演説で、日本は過去の「軍国主義の侵略者」から、現在は「我々と普遍的価値を共有し、安保と経済、そしてグローバルな課題において協力するパートナーになった」とし、「普遍的価値を共有する国家と連帯し、協力して我々と世界市民の自由と独立を叫んだ我が先烈達のその精神と決して違わない」と述べた。この演説について聯合ニュースは同日、価値を共有する日本との協力の強化が独立運動の精神に込められた方向性と同じだということであり、歴代大統領と比べて、歴史問題への言及や反省・謝罪要求ととられる内容がなく、未来に重点を置く、異例の内容であると報じた。

　尹大統領は、23年4月24日付ワシントン・ポストのインタビューで、100年前のことで日本にひざまずけというのは受け入れられないと述べて注目を集めた。

韓国政府による解決策の発表

　朴振外交部長官は23年3月6日、前年5月の尹政権発足以降、旧朝鮮半島出身労働者の「被害者側の意見を尊重しつつ、韓日両国の共同利益に合致する合理的解決方法を準備するため努力」してきたとし、その例として「4回の官民協議会

と今年1月の公開討論会、外交長官による被害者遺族直面団等を通じて被害者側をはじめとした各界各層の意見を積極的に収集」してこれを基に日本側と協議を行ってきたことを明らかにした。そしてそれらの努力の結果として、韓国政府の行政安全部傘下の「日帝強制動員被害者支援財団」が「強制徴用被害者・遺族の支援及び被害救済の一環」として「2018年大法院の3件の確定判決の原告側に判決金及び遅延利子を支給する」と発表した。

また「現在係留中の強制徴用関連の訴訟が原告勝訴で確定する場合、同判決金及び遅延利子も原告に支払う」とし、さらには「被害者追悼、教育・調査・研究事業等」を推進するとした。財源については「民間の自発的な寄与等を通じて準備」するとした。

日韓首脳によるシャトル外交の再開

日韓両政府は23年3月9日、尹大統領夫妻が3月16日から17日に日本を訪問することを発表した。韓国大統領府は「12年間中断していた韓日の首脳交流再開」、「関係改善の重要な道しるべ」と意味づけ、「今回の訪日を通じて韓日両国が過去の不幸な歴史を克服し、未来に進むため、安保、経済、社会、文化の多方面にわたる協力が拡大し、両国国民の交流がさらに活性化することを望む」とした。

3月16日に東京で開かれた日韓首脳会談で、両首脳は、「現下の戦略環境の中で日韓関係の強化は急務であり、国交正常化以来の友好協力関係の基盤に基づき、関係を更に発展させていくこと」で一致し、両国の首脳が形式にとらわれず頻繁に訪問する「シャトル外交」の再開、日韓安全保障対話及び日韓次官戦略対話の早期再開、経済安全保障に関する協議を立ち上げることなどで一致した。また、輸出管理分野においても進展があったことを歓迎した。同日、経済産業省は日韓輸出管理政策対話を実施した結果、3品目（フッ化水素、フッ化ポリイミド、レジスト）の輸出管理について、韓国側の取組や実効性の改善が認められ、韓国側からも日本の輸出管理に関するWTOへの申立てを取り下げる旨の発表がなされることを確認したと発表していた。

岸田総理は5月7日から8日に韓国を訪問した。尹大統領は、首脳会談後の共同

記者会見で、シャトル外交再開合意から2カ月足らずの時点での、2国間訪問としては12年ぶりの訪問であるとして意義を強調した。岸田総理は歴史認識に関して「私自身、当時、厳しい環境のもとで多数の方々が大変苦しい、そして悲しい思いをされたことに心が痛む思い」と述べた。5月19-21日のG7広島サミットの際に韓国人原爆犠牲者慰霊碑をともに訪れて参拝することが発表された。北朝鮮のミサイルに関する日米韓リアルタイム情報共有についても協議に進展があることが明らかにされた。

　5月第2週のギャラップの世論調査では、外交35%、国防/安保6%、日本との関係改善6%などを理由にして、35%が大統領を支持すると答えた。ただし、岸田訪韓の成果については、33%があった、49%がなかったと答え、実益がない14%、過去の歴史無視/謝罪なし12%、譲歩/ばらまき11%、福島処理水問題未解決10%などの理由が挙げられた。

インド太平洋で米国と共同歩調をとる尹政権

　22年5月21日、尹大統領はバイデン大統領と首脳会談を開催した。尹新政権が早期首脳会談を求める中、バイデン大統領が5月24日に日本で開かれる日米豪印首脳会合への参加を予定していたこともあり、その前に韓国を訪問することを決めたことから、就任から11日という歴代で最も早い米韓首脳会談となった。

　この時の米韓首脳会談では、核兵器を含む全兵器による米国の韓国に対する拡大抑止の公約が確認され、高官級拡大抑止戦略協議体（EDSCG）を再開することで合意をみた。また、北朝鮮の高まる脅威を考慮し、朝鮮半島とその周辺での連合演習および訓練の範囲と規模を拡大するための協議を開始することで合意した。さらに、米軍の戦略アセット（原子力空母、戦略爆撃機、原子力潜水艦等）の展開についても進めていくこととした。

　両首脳は、繁栄し、平和で自由で開放されたインド太平洋の維持の重要性を認識し、協力の強化で合意した。バイデン大統領は韓国のインド太平洋戦略の枠組みを樹立するという尹大統領の構想に支持を表明した。また、両首脳はインド太平洋地域の安全保障および繁栄の核心要素として台湾海峡での平和と安定の維持の重要性を強調し、経済・エネルギー安保協力についても協議した。

　なお、共同宣言では北朝鮮との対話の道は開かれていると言及しつつも、記者会見でバイデン大統領は、北朝鮮の金正恩総書記と会談する可能性について「それは彼が誠実で、かつ、真剣かどうかによる」と述べるに留めた。

　米韓は22年9月16日、ワシントンで外交・国防次官級のEDSCGを開催し、核を含む米国の韓国に対する防衛公約を再確認し、まもなく行われる空母「ロナルド・レーガン」の朝鮮半島展開がその公約を示すものであると強調した。この時のEDSCGは、18年1月以来となる開催であった。

　米韓両国防長官は22年11月3日、第54回米韓安保協議会議をワシントンで開催した。両国防長官は「北朝鮮の核戦略と能力変化に対応するため、北朝鮮の核使用シナリオを想定した拡大抑止手段運用演習（TTX）」を定期的に開催することで合意した。また、「北朝鮮の核・ミサイル脅威に対する対応態勢を強化するため連合演習及び訓練を拡大する必要性がある」とし、「大規模野外機動訓練を再開するため、緊密に協力」していくことで一致した。朝鮮戦争以来、米軍が保有している韓国軍の戦時作戦統制権の移管に関しては、移管の条件となっている韓国軍指揮官による「未来連合司令部の完全運用能力（FOC）の評価が成功裏に行われ、全評価課題が基準を満たした」として進展があったことが言及された。

米国との核の情報企画共有を目指す尹大統領

　尹大統領は23年1月2日、朝鮮日報とのインタビューで「米国と核についての『共同企画、共同演習』の概念を協議しており、米国もこれについて相当肯定的である。核兵器は米国のものであるが、計画、情報共有、演習と訓練は米韓が共同でしなくてはならない。韓米が共同参与するという意味においてこれまでの拡大抑止の概念からはかなり進展したものである」と述べ、共同参与によって拡大抑止を進展させていると強調した。

　しかし、バイデン大統領が同日、ホワイトハウスで記者団から「韓国と共同の核演習を議論しているのか」と問われ、「ノー」と否定したため、米韓で食い違いがあると報じられた。

　韓国大統領室は1月3日、「韓米両国は北朝鮮の核の対応のため、米国保有の

戦略アセットの運用に関する情報の共有、共同企画、これに基づく共同の実行方法を協議している」、「バイデン大統領の発言はロイターの記者が単刀直入に『核戦争演習を（協議）しているのか』と聞いたので当然『No』と答えざるを得ないものであった」と説明し、米韓に立場の違いがあるとの見方を否定した。

尹大統領は1月11日、外交部・国防部の業務報告の場で「我々自身が独自核を保有することもできます」と述べ、大統領が核保有に言及したと報じられた。しかし大統領は続けて「現実的で可能な手段を選択することが重要である」、「今は韓米間にこのような核アセットの憂慮に関して我々が情報を共有して、ともに参与し、共同企画、共同実行、このような議論が展開されている」と述べた。

要するに、尹大統領の発言は、核を保有することはできるが、そうするのではなく、現実的かつ可能な手段として、米国の核に関する計画、企画、情報共有、演習、訓練を共同で行うことにより、以前の拡大抑止とは違うものにしていくと強調したかったと言ってよい。

23年4月26日に米韓首脳会談がワシントンで開催され、米韓同盟70周年を記念する米韓首脳共同声明に加えて、拡大抑止の強化に関する「ワシントン宣言」が発表された。過去の首脳会談に比べ、朝鮮半島や安全保障に留まらず、自由、民主主義、人権、法の支配といった普遍的な価値、インド・太平洋、経済、サイバー、宇宙といったグローバルで包括的な議論が実施された。「ワシントン宣言」では、「核および戦略企画を討議」するための「核協議グループ（NCG）」の設立や原子力潜水艦の韓国寄港などが盛り込まれた。共同記者会見で、尹大統領は、米国が核に関する情報と企画、対応実行を共有することになると意義を強調し、バイデン大統領も「緊密な協議と協力をすることになる」と説明した。

3軸体系を再明記した韓国軍

韓国国防部は、23年2月16日、国防白書を発表し、「北朝鮮の政権と北朝鮮軍は我々の敵」であると明記した。「敵」と表現するのは6年ぶりである。また、北朝鮮の核・ミサイルの脅威に対応するための韓国型3軸体系が再び明記された。韓国型3軸体系は、①キル・チェーン、②韓国型ミサイル防衛（KAMD）、③大量膺懲報復（KMPR）で構成される。

　「キル・チェーン」は、「北朝鮮の核・ミサイル関連の指揮・発射・支援システム、移動式発射台などの核心標的を迅速・正確に探知し、使用の兆候が明らかな場合、発射前に除去する攻撃体系であり、これにより『拒否的抑止』の概念を具現化する」というものである。

　韓国軍は、北朝鮮の固定標的に対しては戦術地対地誘導兵器や高威力ミサイルなどで打撃能力を強化し、移動標的に対しては第5世代戦闘機の戦力補強および長距離空対地誘導弾などの確保を通じて精密打撃能力を増大していく方針である。また、停電弾、電磁パルス、電子戦機など新概念の非物理的（non-kinetic）攻撃手段を強化する方針である。

　「韓国型ミサイル防衛」は、探知・警報・迎撃により被害を最小化しようとするものである。22年4月1日、防空誘導弾司令部をミサイル防衛司令部に拡大・改編した。ミサイル迎撃システムである「ペトリオット」の性能改良、「天弓-II」および「L-SAM」の実戦配備による多層防衛システムの構築を進めている。また、北朝鮮の多連装ロケットを迎撃するための「韓国型アイアンドーム」の実戦配備も進めていく予定である。さらに北朝鮮の新型ミサイルの脅威に対応するため、米国との間でミサイル防衛共同研究協議体を再稼働し、22年11月18日に第1回ミサイル対応政策協議体を開催するなど、米国とのミサイル防衛協力をより具体化している。

　「大量膺懲報復」は、北朝鮮が大量破壊兵器を使用する場合、「高威力・超精密打撃能力等の圧倒的打撃力により、戦争指導部と核心施設を膺懲報復する体系」であり、各種ミサイルだけでなく、特殊部隊による作戦も含まれている。

表1: 韓国が保有する主なミサイル

玄武1（ヒョンム）		180キロメートル	弾道ミサイル
玄武2	a	300キロメートル	弾道ミサイル
	b	500キロメートル	
	c	800キロメートル	
玄武3	a	500キロメートル	巡航ミサイル（地対地）
	b	1,000キロメートル	
	c	1,500キロメートル	
玄武4		800キロメートル 弾頭2トン以上	弾道ミサイル
玄武5		射程非公表、弾頭8トン以上	弾道ミサイル
KTSSM		120-290キロメートル	弾道ミサイル
海星2（ヘソン）		1,000キロメートル	巡航ミサイル（艦対地）
海星3		1,000キロメートル	巡航ミサイル（潜対地）
タウルス		500キロメートル	巡航ミサイル（空対地）

※ KTSSM:韓国型戦術地対地ミサイル

※ 聯合ニュース等による

宇宙への挑戦、兵器輸出の飛躍

　国防科学研究所は22年3月30日の初の発射に続いて12月30日、2度目の「固体推進宇宙ロケット」の試験発射に成功した。国防部は、固体燃料を推進剤に利用するロケットは液体燃料のものに比べて「長期間貯蔵可能で、移動・取り扱いが容易、構造が簡単なために低コストで短期間で大量生産が可能」であるとし、「数年後、小型衛星または多数の超小型衛星を地球の低軌道に投入することができる宇宙ロケットを確保して独自の宇宙を基盤とする監視偵察能力を大きく発展させる」と発表した。

　韓国国防部は、ロシア・ウクライナ戦争でドローンによる効果が検証されたことや北朝鮮のドローンが22年12月26日、ソウル中心部に侵入したことを受けて、ドローン作戦司令部を創設する予定である。

　22年に、韓国の防衛産業は兵器の輸出において大きな飛躍を遂げた。国防

白書によると、10年以降、おおむね30億ドル前後であった輸出額は、21年に約72.5億ドル、22年には173億ドルとなった。対空ミサイル「天弓-Ⅱ」のUAEへの輸出、ポーランドへの戦車K2、自走砲K9、戦闘機FA-50および多連装ロケット「チョンム」の輸出が飛躍に大きく貢献した。

　23年の国防予算は、前年比4.4%増の57兆143億ウォンとなった。

図1：韓国の国防予算

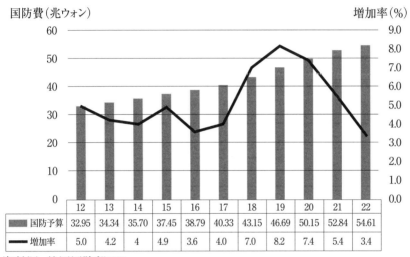

	12	13	14	15	16	17	18	19	20	21	22
国防予算	32.95	34.34	35.70	37.45	38.79	40.33	43.15	46.69	50.15	52.84	54.61
増加率	5.0	4.2	4	4.9	3.6	4.0	7.0	8.2	7.4	5.4	3.4

資料源：韓国国防部HP

大規模演習および戦略アセットの展開を再開する米韓連合軍

　米韓連合軍は、これまで米朝・南北対話や新型コロナウイルスの影響を受けて、中断または縮小していた訓練を再開した。また、米戦略爆撃機や原子力空母等の米戦略アセットの朝鮮半島展開も再開されるようになった。

　韓国軍合同参謀本部は22年6月4日、米韓海軍が日本沖縄南東で6月2日から空母「ロナルド・レーガン」を中心に空母強襲団連合訓練を実施したと明らかにした。また、6月6日、北朝鮮の短距離弾道ミサイル発射に対する対応として米韓両軍が地対地ミサイルATACMS8発を発射し、7日には米韓のF-35ステルス戦

闘機等による空中デモンストレーション飛行を行ったと明らかにした。さらに7月11-14日にはF-35ステルス戦闘機を初めて含む連合飛行訓練を実施した。

米韓国防当局は8月16-17日、第21回米韓統合国防協議体（KIDD）会議（ソウル）において、米韓連合演習および訓練の範囲と規模を拡大することで合意した。

米韓連合軍は、22年に米韓連合演習「ウルチ・フリーダム・シールド（UFS）」を実施した。演習は米韓がおおむね毎年夏に実施してきた大規模演習であり、同名称で実施されるのは初めてである。演習は2部に分けて実施され、第1部（8月22-26日）では、戦時体制への移行および北朝鮮による攻撃の撃退と首都圏防衛、第2部（29日-9月1日）では首都圏の安全を確保するための反攻作戦および本格的な反撃作戦が行われた。演習は指揮所演習と野外機動訓練を連携させて、より実戦的な形式で実施された。朝鮮戦争以来、米軍が保有している韓国軍の戦時作戦統制権の韓国への移管の条件の一つとなっている韓国軍の「完全運用能力（FOC）」の評価も行われた。

22年9月23日、空母ロナルド・レーガンが釜山に入港した。米空母の韓国入港は、空母等の米戦略アセットを朝鮮半島に展開させるとの米韓首脳間の合意に基づくものであり、18年10月の済州国際観艦式以来、約4年ぶりとなった。米韓両海軍は9月26日から29日、日本海において空母「ロナルド・レーガン」を含む連合海上訓練を実施した。

韓国軍合同参謀本部は10月4日、米韓が北朝鮮の中距離弾道ミサイルの発射に対抗して精密爆撃訓練を実施し、5日には地対地ミサイルを発射したと発表した。

米韓両空軍は22年10月31日から11月4日まで、大規模連合空中訓練「ヴィジラント・ストーム」を実施し、訓練には両軍計240機が参加すると発表した。大規模連合空中訓練は17年の「ヴィジラント・エース」以降5年ぶりである。なお、「ヴィジラント・ストーム」は、北朝鮮のミサイル発射を受けて1日追加され、11月5日にB-1B戦略爆撃機が参加する形で実施された。B-1Bが朝鮮半島周辺を飛行するのは17年12月以降初めてであった。

韓国軍合同参謀本部は22年11月18日、北朝鮮のICBM発射を受けて、ミサイル移動式発射台の打撃訓練を実施し、19日にはB-1B戦略爆撃機が参加する形で連合飛行訓練が実施された。B-1B戦略爆撃機は23年2月19日にも朝鮮半島

周辺に飛来し、以降、「米国の拡大抑止の提供意志を示す」、「米戦略資産の展開を通じて北朝鮮のいかなる核攻撃も許さないという同盟の意志を行動で示す」（韓国合同参謀本部）などとして、B-52を含む戦略爆撃機の朝鮮半島周辺の飛行が頻繁に公開されるようになった。

　米韓連合軍は23年3月13日から23日までの間、米韓連合指揮所演習「フリーダム・シールド」を実施した。今次演習は、休日を取らない形で、11日間連続で実施された。また、同指揮所演習以降も継続して、米戦略爆撃機、米空母、米強襲揚陸艦や特殊部隊を含む大規模な陸海空各種の実戦訓練が実施されたほか、18年春に実施されて以降、中断してきた連合上陸訓練「双竜訓練23」が3月20日から4月3日まで実施され、訓練には英国軍海兵隊も参加した。

（外務省　平田悟）

北朝鮮（朝鮮民主主義人民共和国）

金正恩、執権10年の党建設を総括

　北朝鮮の金正恩総書記は、22年10月、朝鮮労働党中央幹部学校を訪れ、「新時代の我が党の建設方向と党中央幹部学校の任務について」と題する記念講義を行った。この中で、金正恩は、自身の執権10年の党建設を振り返り、その間の主要な成果として、「思想と領導の唯一性の固守と継承」、「（党の）領導的機能と役割の向上」、「人民に服務する革命的性格の強化」の3点を挙げた。特に、党の領導的機能と役割の向上について、厳しい挑戦と難関に直面する中、「革命と建設において新たに提起される理論・実践的諸問題に対する科学的な解答を探究し、それを全党の組織的意思として定立し、人民大衆自身の闘争として実現させること」に注目し、「党大会や中央全員会議、政治局会議をはじめとする重要党会議を定期的に稼働させる制度を復元し、その運営を改善すること」を重視してきたと主張した。そして、各重要党会議で「全党的な闘争方向と路線・政策を集団的に議決し、その執行状況を周期的に総括して対策を講じる」ことによって、「党の領導的権威と役割が大いに高まった」と総括した。

　また、金正恩は、別の部分で、21年1月の第8回党大会を契機として、5年を周

期とする定期的かつ効果的な活動体系を有するようになったとも指摘した。金正恩政権発足後、党中央委員会政治局会議や全員会議の開催が増加し、党の意思決定機構の運営を正常化する動きが観察されてきたところ、金正恩の発言は、他の社会主義政党と同様の意思決定システムの「復元」を意識的に進めてきたことを確認したと言える。

その上で、金正恩は、今後の党建設の方針として、政治、組織、思想、規律、作風の五つの分野で党の強化を進める「新たな五大建設方向」を打ち出したが、興味深いことに、この「五大建設方向」は、12月の党中央委員会第8期第6回会議に上程・採択されて初めて「五大建設路線」として党の正式路線に位置付けられた。「復元」された意思決定システムのもとでは、最高指導者の方針も党議決定を経なければならないということを示した格好の例である。

金正恩の「娘」を公開

22年11月、北朝鮮報道機関は、大陸間弾道ミサイル（ICBM）「火星砲17型」の発射を報じた際、金正恩が自身の娘と見られる一人の少女をつれて発射場を視察する様子などを写した複数の写真を公開した。これについて、外部では、金正恩の後継者を公開したものではないかとして非常に注目を集めている。この少女は、23年2月に行われた朝鮮人民軍創建75周年慶祝閲兵式にも金正恩夫妻とともに出席し、ひな壇中央に設けられた貴賓席に立って金正恩の傍で軍事パレードを観覧したほか、その後も金正恩の視察活動に同行していることが伝えられている。

韓国では、金正恩と李雪主夫妻の間には10年頃に生まれた長男以下3人の子どもがおり、この少女は、その年恰好などから、13年初めに生まれた第2子で、同年訪朝して金正恩と面談した元NBA選手のデニス・ロッドマンが伝えた「ジュエ」であるとの見方が一般的である。ただし、北朝鮮報道機関は、「（金正恩の）愛する子弟」（日本語版では「娘」、「お嬢様」）として、金正恩の娘であることは認めているものの、氏名や続柄は明らかにしていない。

金正恩の娘の公開は、李雪主夫人の公開に続く金正恩「家族」宣伝の延長線上にあり、権力の継承が世襲によって行われることを印象付ける狙いがあると見

られるが、金正恩が40歳前でまだ若く、10歳前後の娘の登場をもって直ちに後
継者と見るのは、やや時期尚早の感がある。実際、北朝鮮で娘の登場を後継問
題に結び付けるような言説等は、これまでのところ見受けられない。

　むしろ、娘であれば、その登場が後継問題に直結して金正恩の健康や引退に
焦点が当たるようなことはないとの判断があったとも考えられる。娘の出現が
ICBMの発射など軍事関係に多いという点から見ると、度重なるミサイル発射で
米韓に対する軍事的挑発を強める中、内部に対しては戦争に繋がるとの不安感
の醸成を抑え、外部に対しては過剰な緊張感を抑制する効果を期待している可
能性がある。

新型コロナウイルス感染者の発生を初公表

　22年5月12日、朝鮮労働党は、中央委政治局会議を開催し、平壌のとある「有
熱者」から採取した検体から新型コロナウイルスの変異株オミクロンBa.2が検出
されたとして、従前の「国家非常防疫体系」を「最大非常防疫体系」に格上げす
ることを決定した。北朝鮮報道機関は、4月末から「原因不明の熱病」が全国的
範囲で拡大し、35万人余りの「有熱者」が発生し、6人が死亡、うち1人がBa.2確
定診断者であったと伝えた。北朝鮮は、20年1月末、中国で新型コロナウイルス
感染症が拡大したことを受けて国境を厳格に封鎖して以来、新型コロナウイルス
感染者はいないと主張してきたが、感染者が出たことを認めたのは、これが初め
てである。

　「最大非常防疫体系」の発動を受けて、各地域や生産・居住単位ごとの封鎖・
隔離や全住民を対象とする検温が実施され、国家非常防疫司令部が連日「伝染
病の伝播・治療状況」を発表したが、公表したのは定義不明の「有熱者」の人
数であった。これは検査能力が不足する中、住民に隔離の網を大きく被せること
によって、あり得る新型コロナウイルスの感染を抑える狙いがあったと考えられ
る。「有熱者」の数は、5月中旬に一日当たり40万人弱にまで急増したが、その後
は減少し、北朝鮮は、8月10日に初めて「悪性ウイルス感染者」がゼロになった
と発表し、同日開催の全国非常防疫総括会議において、防疫等級の引き下げが
決定され、金正恩が「勝利宣言」を行った。結局、北朝鮮は、この間の感染者数

の推移は明らかにせず、感染の実態は不明となっている。23年1月末に、平壌で「呼吸器疾患」の拡大を理由とする都市封鎖が一時実施されるなど、なお疑わしい状況が見受けられる。

新型コロナウイルスの流入経路について、北朝鮮は、南北軍事境界線付近で韓国側から飛来したビラが原因と主張したが、疑問視されている。4月下旬に中朝国境の中国側の丹東で新型コロナウイルス感染が拡大し、1月に約2年ぶりに再開されたばかりの貨物列車の往来が中止されており、時期的に見て、これが関係している可能性が考えられる。

北朝鮮は、「最大非常防疫体系」の実施に当たり、中国の支援を重視したものと見られる。「最大非常防疫体系」実施の発表を受けて、中国外務省が支援の用意を表明すると、北朝鮮は、金正恩が対策会議で「中国の経験を見習うべき」と述べたことを公表し、まもなく北朝鮮の輸送機が中国の瀋陽に飛び、医薬品を積んで帰投したことが外部の報道で伝えられた。北朝鮮としては、国連制裁に加え、国境封鎖の長期化で経済が疲弊する中、貨物列車の往来を早期に再開させるため、中国の支援を受けて封鎖一辺倒の新型コロナウイルス対策を国際標準的なものに近づける狙いがあったと考えられる。

その中朝間の貨物列車の往来は、9月末に再開され、その後、中朝間の貿易額が増加の傾向にある。23年1月には月当たりの貿易額が国境封鎖前の水準に回復した。特に、食糧の輸入が増加し、23年1-3月期のコメと小麦の輸入量が10万トンを超え、22年の1年間の輸入量に迫る状況となっている。米韓との対峙状況の長期化に備え、体制維持の基盤となる食糧事情の安定を図る狙いがあると見られる。

激増する弾道ミサイルの発射

金正恩政権下で繰り返されている弾道ミサイル等の発射は、22年に飛躍的に増加した。防衛省の公表分だけでも発射数は計59発に上り、21年の6発から大幅に増加した。国連報告などによれば、朝鮮半島の西側や近海に発射したものを含めて、発射数は70発以上とされた。23年に入っても、北朝鮮は引き続き高い頻度で弾道ミサイルの発射を続けており、その数は4月末現在、報道ベースで17

発に上っている。この間、日本では、全国瞬時警報システム（Jアラート）が3回発出された。5年ぶりの発出となった1回目（22年10月4日）は、中距離弾道ミサイル「火星12型」が青森県上空を通過して太平洋上に落下した事案であり、他の2回（11月3日、23年4月13日）は、ICBM級の発射とみられたが、発出後、領域内への落下の可能性はないとして訂正された。

　このうち、ICBM級と見られるミサイルの発射は、22年に8回観測された。この間、北朝鮮は、「超大型ICBM」として知られる新型の「火星砲17型」の予備的試験発射を数回行った後、11月18日に最高高度約6,000キロメートル、飛翔距離約1,000キロメートルのロフテッド軌道での発射を成功させた。これは、通常軌道で発射した場合、弾頭重量によっては米国全土をカバーする約1万5,000キロメートルの射程距離と推定されている。

　また、23年2月および3月には、2017年に発射したICBM「火星砲15型」と同17型の発射訓練をそれぞれ実施した。北朝鮮がICBMの発射訓練を行ったのは初めてであり、液体燃料推進式ICBMについては、開発から訓練の段階に移行しつつある。一方、4月には、固体燃料推進式と見られる新型の三段式ICBM「火星砲18型」の初の発射実験を実施し、液体燃料に比べて保管が容易で、発射準備に要する時間が短い固体燃料式ICBMの開発に本格的に取り組むことを窺わせた。

　北朝鮮のICBMの発射については、通常軌道での大気圏再突入を実施したことがなく、再突入時に発生する高温や振動から弾頭を保護する「再突入体（RV）」の耐久性は検証されていないとの見方がある。北朝鮮もこれを意識しているとみられ、22年12月に金与正党副部長が「（通常軌道での発射を）直ちにやってみれば分かることだ」と述べ、近く太平洋に向けてICBMを通常軌道で発射するのではないかとの受け止めが広がったが、その後行われたICBMの発射はすべてロフテッド軌道で日本海に落下させており、金与正も「太平洋を我々の射撃場に活用する頻度は米軍の行動の性格にかかっている」（23年2月）と述べ、トーンダウンさせた。太平洋にICBMを打ち込んだ場合の米国の対応を警戒しているものと見られる。

　北朝鮮が発射したミサイルの多くは、主として韓国全域をカバーする短距離

弾道ミサイル（SRBM）であり、訓練および運用の段階に入っていることを窺わせている。特に、22年9月下旬から11月上旬の間、米空母「ロナルド・レーガン」の釜山入港および米韓合同海上訓練や米韓合同空中訓練「ヴィジラント・ストーム」の実施に対抗し、「戦術核運用部隊の軍事訓練」や「（空中訓練への）対応軍事作戦」として多数のミサイルを複数の地点から相次いで発射した。

　この間、北朝鮮は、軍事境界線付近に多数の軍用機を接近させるとともに、東西の海上に向けて砲撃を繰り返して軍事的緊張を高めたが、北朝鮮側のミサイル1発が日本海の韓国側水域に着弾し（引き上げの結果、地対空ミサイルと判明）、韓国軍が対応措置として空対地ミサイル3発を北朝鮮側水域に発射する一幕もあった。なお、北朝鮮は、12月末、韓国領空に偵察用と見られるドローン5機を侵入させ、うち1機は首都圏上空に飛来した。

　23年に入り、北朝鮮は、前線のミサイル部隊において、SRBMに戦術核の模擬弾頭を搭載して発射し、目標上空で空中爆発させるなど、戦術核による攻撃を想定した実戦訓練や、発射手順および兵器操作の習熟を目的とした発射を繰り返し、戦術核部隊の運用能力の向上に取り組んでいる。また、弾道ミサイル以外にも、巡航ミサイル「ファサル（弓）」の発射訓練や、核魚雷と見られる無人水中攻撃艇「ヘイル（津波）」の投入実験を行い、戦術核の多様な運搬手段の保有に取り組んでいる。こうした中、北朝鮮は、23年3月末、戦術核弾頭と見られる「ファサン（火山）31」の写真を公開し、これら運搬手段に搭載する核弾頭の完成を内外にアピールした。

　北朝鮮はまた、軍事偵察衛星の打ち上げを目指してきた。金正恩総書記は、23年4月、国家宇宙開発局を訪れ、軍事偵察衛星1号機の計画された期日内に発射するよう、最終準備を早期に終えるよう指示するとともに、今後連続的に数個の偵察衛星を配置して、衛星情報の収集能力を構築する課題を提示した。これに対し、日本では、北朝鮮が予告した軍事偵察衛星が領域内に落下し、これを破壊する事態に備えて、防衛大臣が自衛隊法に基づく「破壊措置準備命令」を発出し、自衛隊に対し、上空通過が予想される沖縄県内に地対空誘導弾PAC3や海上配備型迎撃ミサイルSM-3を搭載した護衛艦の展開などを指示した。

　23年5月31日、北朝鮮は軍事偵察衛星の打ち上げを実施したが、発射体のエ

ンジン部分の異常によって黄海に墜落し打ち上げは失敗に終わった。

「核武力政策法」の制定

　北朝鮮は、22年9月の最高人民会議第14期第7回会議において、法令「核武力政策について」を採択した。北朝鮮が核政策に関する法令を制定するのは13年4月以来のことであり、今回の「核武力政策法」はこれに代わるものである。

　「核武力政策法」の特徴は、戦争の抑止を核武力の第一の使命としつつも、抑止できない場合は核兵器を先制使用することを事実上示したところにある。すなわち、核兵器の使用条件として、北朝鮮に対する核兵器その他の大量破壊兵器による攻撃など5項目を列挙し、それらの項目には、いずれも「それが差し迫っていると判断された場合」、「作戦上の必要が不可避なものと提起された場合」、「核兵器で対応せざるを得ない不可避の状況が造成された場合」といった記述が加えられており、北朝鮮側の判断次第で核兵器を先制的に使用することを可能としている。また、金正恩を頂点とする核武力指揮体系が攻撃を受ければ、敵に対する核攻撃が「自動的かつ即時に断行される」と定めるなど、首脳部に対する奇襲攻撃、いわゆる「斬首作戦」を意識したと見られる規定も盛り込まれた。

　北朝鮮が、この時期に核政策に関する法令を改めて制定した背景には、米韓両国が合同軍事演習を活発化させるなど軍事的抑止の強化に傾く中、核の先制使用の可能性を示すことにより、前述の活発なミサイル発射と相まって、両国に対する核抑止を最大限に効かそうとする思惑があるものと見られる。

北朝鮮のサイバー攻撃で増大する暗号資産の窃取被害

　国連安保理北朝鮮制裁委員会専門家パネルの年次報告書によると、22年の北朝鮮系ハッカーによる仮想通貨（暗号資産）の窃取被害額は、21年の約2倍となる6億から10億ドルに上り、過去最高額を記録した。22年に全世界で窃取された暗号資産約38億ドルのうち、4割以上に当たる16億5,000万ドルが北朝鮮によって窃取されたとする暗号資産取引解析企業の試算もある。

　北朝鮮系ハッカー集団は近年、暗号資産窃取をサイバー攻撃の主たる標的としており、22年4月には、米連邦捜査局（FBI）が、北朝鮮系ハッカー集団「ラザ

ルスグループ」と「APT38」が人気オンラインゲーム「アクシー・インフィニティ」の運営会社にサイバー攻撃を仕掛け、6億2,000万ドル相当の暗号資産を窃取したと発表した。日本でも10月に金融庁、警察庁、内閣サイバーセキュリティセンター（NISC）の3者が合同で、暗号資産事業者などが「ラザルスグループ」のサイバー攻撃の標的になっていることが「強く推察される」として、攻撃の手口を紹介し、対策を呼び掛ける「注意喚起」を行った。

　北朝鮮系ハッカー集団による暗号資産の窃取は、北朝鮮の活発な核・ミサイル開発の資金源になっていると見られており、今後一層激化する可能性が懸念されている。

対米「正面勝負」に出る北朝鮮

　22年6月に開催された朝鮮労働党中央委第8期第5回全員会議において、金正恩は、「わが国の安全環境はきわめて深刻であり、周辺情勢は極端に激化する危険性を帯びている」として、国防力強化の目標を前倒しで達成することを求めるとともに、自衛権守護のためには一切譲歩しないとする「強対強、正面勝負の原則」を強調し、米国を念頭に対決姿勢を鮮明にした。北朝鮮は、22年1月の党政治局会議で18年の米朝首脳会談を前に決定した核実験とICBM発射のモラトリアムを破棄する可能性を示唆し、3月には新型ICBM「火星砲17型」を発射して見せたが、米国のバイデン大統領は、5月にソウルで行われた米韓首脳会談において、朝鮮半島の完全な非核化目標を確認するとともに、韓国への拡大抑止や戦略軍事兵器の展開の義務を確認し、米韓合同軍事演習の規模拡大に向けた協議を開始することに合意した。これにより、北朝鮮は、バイデン政権との間で関係改善に向けた対話は困難と判断し、国防5か年計画の達成に向けた兵器開発を急ぎ、対北敵対視政策の象徴とみなす米韓合同軍事演習に軍事力で対抗していく決心を固めたものと見られる。

　その後も金正恩は、「核武力政策法」を採択した22年9月の最高人民会議で行った施政演説で「絶対に先んじて核放棄、非核化ということはなく、そのためのいかなる交渉も、交換する取引物もない」と表明し、米国が求める非核化交渉を拒否する姿勢を明確にしたほか、米原子力空母の日本海進出に対抗して10月

に実施した戦術核運用部隊の訓練を指導しつつ、「我々には敵と対話する内容もなく、その必要性も感じない」、「強力かつ断固たる意志と行動で敵に明白なシグナルを送らなければならない」と強調した。

こうした中、北朝鮮は22年11月18日、再びICBM「火星砲17型」を発射し、金正恩が「敵が（朝鮮半島周辺に）核打撃手段を頻繁に引き込みながら引き続き威嚇を加えてくるなら、我が党と共和国政府は断固として、核には核で、正面対決には正面対決で応える」と表明し、軍事的対応を一層攻勢的なものにすると強調した。これは、11月13日にプノンペンで開かれた日米韓首脳会談で、バイデン大統領が日本および韓国への拡大抑止強化のコミットメントを再確認し、日米韓3カ国が北朝鮮に対する抑止力強化で協働することに合意したことを意識したものと見られる。

その後、北朝鮮は断続的にICBMの発射を繰り返し、ICBMをはじめとする核戦力の威嚇によって米国の対北朝鮮政策の変化を促す姿勢を改めて示した。しかし、米国の姿勢には依然として変化はない。23年4月26日、バイデン大統領は、韓国の尹大統領と首脳会談を行い、韓国に対する拡大抑止の強化に関する「ワシントン宣言」を採択し、北朝鮮が核を使えば政権の終焉に繋がると共同会見で表明した。これに対し、金正恩の妹の金与正党副部長は、「ワシントン宣言」を「極悪な対朝鮮敵対視政策の集約化された産物」と非難するとともに、朝鮮半島周辺における米国の軍事演習や戦略資産の展開に対する「自衛権の行使」が正比例的に増大すると述べ、米国に対し、引き続き「正面勝負」で臨むことを予告した。

ロシアの民間軍事会社に武器弾薬を支援か

北朝鮮が22年に弾道ミサイルの発射を激増させた背景の一つには、前述の通り、国連安理において、中国とロシアが北朝鮮への制裁強化決議案に拒否権を行使するなど、安保理が北朝鮮に対して一致した行動を取れないようにしていることがある。北朝鮮は、日米韓と対峙する中、こうした中国とロシアの支持を固めるべく、両国と米国が対立する場面において、積極的に両国を支持する立場を強調してきた。

中国に対しては、22年8月、ペローシ米下院議長の台湾訪問をめぐり、朝鮮労働党が中国共産党宛てに「連帯書簡」を送り、下院議長の訪台を「許し難い政治的挑発行為」と決めつけ、中国に対する内政干渉であると非難した上で、今後とも台湾問題に関連する中国共産党の立場とすべての決心を全面的に支持する旨を表明した。

　ロシアに対しては、ウクライナ侵攻をめぐり、22年7月、ウクライナ東部の親露派勢力「ドネック人民共和国」、「ルガンスク人民共和国」の「独立」を承認したほか、10月には、ロシアによる両「共和国」を含むウクライナ4地域の「併合」を支持し、これを違法・無効とする国連総会の決議に反対票を投じた。両「共和国」からは、北朝鮮との間で両「共和国」地域への北朝鮮労働者の受け入れを協議しているとの情報が発信されたが、派遣の事実は今のところ確認されていない。一方、米国は、北朝鮮が11月、ウクライナ侵攻に参戦しているロシアの民間軍事会社「ワグネル」に対し、歩兵用ロケット兵器などを供与したと発表し、取引の場面とする露朝国境の貨物列車の様子を写した衛星写真を公表した。北朝鮮はこれを「米国が自作した流言」として否定したが、米国は23年3月にも、ロシアが北朝鮮から追加の弾薬を獲得しようとしていると発表し、取引を仲介しているとしてスロバキア国籍の武器商人を制裁対象に追加した。

日朝平壌宣言20周年に際して対日担当大使が談話発表

　22年9月、北朝鮮の宋日昊大使が、02年9月に金正日総書記（当時）が日本人拉致問題を認めた日朝首脳会談で日朝平壌宣言を採択してから20年となるのに際して談話を発表した。宋日昊大使が日本関係で談話を発表するのは、19年11月以来のことであり、同談話の発表で宋日昊大使が引き続き対日担当であることが示された形である。

　談話の中で、大使は、日朝平壌宣言について、日本が植民地支配を誠実に謝罪し、相応の賠償と補償をした上で、実りある政治的、経済的、文化的関係を樹立することが宣言の基本精神だと述べ、日本は、平壌宣言を拉致・核・ミサイル問題の解決のためのものに歪曲し、北朝鮮に対する制裁措置を次々にとって宣言を反故にしたと批判し、「今日の朝日関係の形勢が今後どのような方向に進む

のかは、全面的に日本政府の態度いかんにかかっている」と主張した。談話の内容には目立った新味はないが、19年11月の談話では、当時の安倍首相を名指し・呼びつけで罵倒し、安倍首相が呼び掛けた無条件での日朝首脳会談を念頭に「安倍は永遠に平壌の敷居をまたぐ夢さえ見てはならない」と断言していたので、今回の談話で「日本政府の態度いかん」としたところは、米国や韓国との外交に打開の目処が立たない中、対日観の微妙な変化を窺わせた。

南北朝鮮関係

「力による平和」を掲げる韓国新政権に「戦術核」で威嚇する北朝鮮

　22年7月、北朝鮮の金正恩総書記は、「祖国解放戦争（朝鮮戦争）勝利」69周年記念行事で行った演説において、「この機会を借りて、米国の対朝鮮敵対視政策実行の先頭に立つ南朝鮮（韓国）の保守『政権』と好戦狂らにも厳重に警告しようと思う」と述べ、韓国の新政権が「北朝鮮を主敵と定め、力による平和を唱えつつ、（北朝鮮に対する）先制攻撃も辞さないとうそぶき、兵器開発に熱を上げるとともに、米国の戦略資産を引き入れ、戦争演習を拡大している」として、文在寅前政権下で縮小した米韓合同軍事演習の規模や頻度の拡大を進める尹錫悦新政権を批判的に描写した。

　その上で、金正恩は、「絶対兵器（核）を保有しているわが国を相手にして軍事的行動を云々するのはきわめて危険な自滅的行為」と強調し、先制攻撃を企図するならば、尹政権と韓国軍は「全滅する」と警告した。金正恩の発言は、尹政権に対する初の公式的な言及であったが、北朝鮮は朝鮮戦争を対米戦と位置付け、韓国を当事者とは認めていないだけに、その記念行事で韓国に対して詳述したのは異例のことである。

　北朝鮮の核をものともせずに軍事力で対抗する尹政権に対し、北朝鮮は、戦術核兵器による威嚇で対抗しようとしている。22年に激増した北朝鮮のミサイル発射の多くが韓国をカバーする短距離弾道ミサイル（SRBM）であり、戦術核の搭載を模擬した発射訓練を相次いで実施したことは、前述した通りである。12月に開催した朝鮮労働党中央委員会全員会議では、情勢報告を行った金正恩

が「南朝鮮傀儡らが疑う余地もなく我が方の明確な敵として迫っている現状況は、戦術核兵器生産の重要性と必要性を浮き彫りにし、国の核弾頭保有量を幾何級数的に増やすことを要求している」と述べ、戦術核弾頭の増産を23年度の核武力および国防発展戦略の基本に位置付けた。

　また、同会議に際して行われたSRBM「600ミリ超大型ロケット砲」の贈呈式では、同ロケット砲が韓国全域を射程圏に収め、戦術核の搭載が可能であるとした上で、将来的に北朝鮮の中核的な攻撃兵器となると表明した。23年3月には、米韓合同軍事演習「フリーダム・シールド」が実施される中、戦術核攻撃の手順に習熟するための戦術核運用部隊の総合戦術訓練を2日間にわたって実施するなど、北朝鮮は、戦術核の実戦配備とその運用能力の向上に取り組んでいる。

尹錫悦大統領、対北政策「大胆な構想」を発表

　韓国の尹大統領は、22年5月10日に行った就任演説において、北朝鮮の核開発問題の平和的解決のために対話の門を開いておくと表明し、北朝鮮が核開発を中断し、実質的な非核化に転じれば、国際社会と協力して北朝鮮の経済と住民生活の質を画期的に改善する大胆な計画を準備すると表明した。尹大統領はその後、8月15日に行った解放記念日の演説において、「大胆な構想」に名を改め、北朝鮮への支援が実質的な非核化への転換の程度に合わせて段階的に行われることを明らかにし、支援の内容として、北朝鮮に対する「大規模食糧供給プログラム」、「発・送電インフラ支援」、「国際交易のための港湾・空港現代化プロジェクト」、「農業生産性向上に向けた技術支援プログラム」、「病院・医療インフラの現代化支援」、「国際投資・金融支援プログラム」の6項目を提示した。尹大統領はさらに、10月の施政演説において、北朝鮮が非核化の決断を下して対話に復帰すれば、「大胆な構想」を通じた政治・経済的支援を開始する意向を示した。

　韓国統一部が22年11月に発表した尹政権の統一・対北政策の説明資料「非核・平和・繁栄の韓半島」によれば、尹政権は、米韓同盟を中心に北朝鮮の核の威嚇を抑止し、制裁と圧迫を通じて核開発を断念させ、外交と対話を通じて非核化を推進するという総体的アプローチによって、北朝鮮が自ら非核化交渉に

復帰し得る環境を醸成することを基本的な政策方向にするとした。

　そのうえで、北朝鮮が非核化交渉に復帰した段階で、初期措置として、制裁対象となっている北朝鮮の鉱物資源輸出を一定限度で許容し、その代金を食糧や肥料、医薬品を購入する「韓半島資源・食糧交換プログラム」や、民生改善のモデル事業などを行う。南北間で非核化のロードマップに合意すれば、非核化の進展に合わせて、尹大統領が明言した発・送電インフラ支援など残り5項目の経済的支援を実施するほか、政治・軍事分野の措置として米朝関係正常化の支援や平和協定締結など平和体制の構築、南北間の軍事的信頼構築措置や軍備統制を推進するとした。

　尹政権は、北朝鮮が非核化に対する確固たる意志を示しさえすれば初期段階措置を果敢にとるとして、「大胆な構想」は柔軟かつ実用的な構想であると説明しているが、核抑止と制裁・圧迫を通じて北朝鮮に核開発を断念させるとしている点で、北朝鮮がこれを受け入れる可能性は低い。

　実際、尹大統領の22年8月演説から数日後に談話を出した金与正党副部長は、「我々の国体である核」を「経済協力のようなもの」とは引き換えられないと強調し、「今日は『大胆な構想』を云々し、明日は北侵戦争演習を強行する破廉恥な者が他ならぬ尹錫悦という『偉人』である」などと揶揄し、「大胆な構想」を一蹴しており、南北間の対話の再開の見通しは立っていない。

（公安調査庁　瀬下政行）

第6章　東南アジア

概　観

2022年から23年にかけての東南アジア情勢においては、主に三つの点が注目された。

第一は、ミャンマー問題の長期化である。21年2月ミャンマーでのクーデターとその後の軍政による市民への度重なる人権侵害に対し、地域機構である東南アジア諸国連合（ASEAN）は、依然として有効な解決の糸口を見いだせずにいる。ASEANはクーデター直後、特別外相会議、特別首脳会議を開催し、ミャンマーに対して、暴力の即時停止を含む「5項目の合意事項」をすみやかに履行するよう要求した。しかし合意事項は履行されておらず、ASEANは21年10月の首脳会議以降、ミャンマー軍政の指導者を招かないとの方針を貫き続けている。ミャンマー代表不在のままに開催される首相会議、外相会議では、毎回、ミャンマー情勢と暴力の激化について「深い懸念」が表明され、合意の履行を求める声明が発出されている。しかし、ミャンマー軍政にどのように向き合うかをめぐっては、加盟国によって意見が異なり、ASEANとして具体的な手立てを示すには至っていない。

第二は、22年2月のロシアによるウクライナ侵攻に対する東南アジア各国の態度の違いである。ASEANは同年2月と3月に声明を発出したが、ロシアを名指ししての批判は避け、平和的解決を呼びかけるにとどまった。3月の国連総会におけるロシア非難決議では、加盟10カ国中、8カ国は賛同したが、ラオスとベトナムが棄権した。東アジアサミット（EAS）の中心となるASEAN議長国カンボジア、20カ国・地域首脳会議（G20）の議長国インドネシア、アジア太平洋経済協力（APEC）議長国タイは、いずれも22年の首脳会議にロシアの参加を認めると表明した（実際には、プーチン大統領はこれらすべての首脳会議の参加を見送り、EASにはラブロフ外相が、APECにはベロウソフ第1副首相が代理で参加した）。東ティモールを含む東南アジア11カ国のうち、対露制裁に加わっているのはシンガポールのみ、首脳がロシアを名指しして公の場でその行動を批判しているのは、シンガポールとフィリピンのみにとどまっている。

第三は、フィリピンのマルコス新政権の米国接近である。22年6月に就任したマルコス大統領は、前任者のドゥテルテ大統領とは異なり、南シナ海の領有権問題をめぐる16年の国際仲裁裁判所の判断を支持し、中国に譲歩しない姿勢を明確にした。11月にはハリス米副大統領がフィリピンを訪問し、マルコス大統領に対して、南シナ海でフィリピンが攻撃されれば、米・フィリピン相互防衛条約が発動されると発言し、南沙諸島に近いパラワン島で沿岸警備隊の船舶も視察した。23年2月には、14年に米・フィリピン間で締結された「防衛協力強化協定（EDCA）」に基づき、フィリピンが、すでに米軍の使用を容認してきた国内5カ所の基地に加えて、新たに4カ所の使用容認計画を発表した。4月にはマルコス大統領が米国を公式訪問し、両国間で初めて相互防衛指針（ガイドライン）が策定された。

安全保障環境

南シナ海における中国の活動

　南シナ海では従来、中国が、公海、領有権係争中の海洋および岩礁の上に建造物を作ったり、埋め立てによって拠点を構築したりといった軍事的活動を繰り返してきた（主な動きについては表1を参照）。2013年、中国と領有権を主張して中国と争う係争国の一つであるフィリピンが、中国をオランダ・ハーグの国際仲裁裁判所に提訴し、16年にはフィリピンの主張がほぼ全面的に認められる判決が下った。しかしその後も、中国は全面的にこれを無視し、海警局の艦船に加えて調査船、海軍艦艇などを駆使した活動を実施している。各国が新型コロナウイルス感染症対応に忙殺された20年には、中国は南シナ海に西沙区、南沙区という新たな行政区の設置を発表し、海域の支配の既成事実化を進めてきた。

　22年から23年にかけても、南沙諸島では、中国船がフィリピン船を妨害する事案が相次ぎ起こってきた。22年6月にはフィリピン公船がセカンド・トーマス礁における補給活動中に、中国海警局の船舶から妨害を受けた。同年12月には、フィリピン外務省は、中国が新たな埋め立て活動を始めた兆候があるとの懸念を表明した。

　23年2月には、セカンド・トーマス礁での補給活動を行うフィリピン海上警察に対し、中国海警局の船が軍事用レーザーを照射する事案が発生した。フィリピンのガルベス国防相はオースティン米国防長官と電話会談し、南シナ海におけるフィリピン海上警察への軍事攻撃は、米比相互防衛条約に基づく米国の相互防衛義務の適用範囲となることを再確認した。マルコス大統領はマレーシアのアンワール首相とも、南シナ海問題について協議を行っている。

表1：南シナ海における主な動き（2022年以降）

22年1月	●米国が西沙諸島海域で「航行の自由」作戦を実施。（駆逐艦「ベンフォールド」）
22年3月	●中国海警局の艦艇が、フィリピンのEEZ内にあるスカボロー礁周辺でフィリピン沿岸警備隊の巡視船に威嚇行動。フィリピン外務省が中国に抗議声明を発出。
22年6月	●中国漁船100隻超が南沙諸島のウィットサン礁に集結。フィリピン外務省が抗議。
	●南沙諸島のセカンド・トーマス礁における補給活動を実施しようとしたフィリピン公船が中国海警局の船に妨害される。
22年7月	●米国が西沙諸島海域で2回にわたって「航行の自由」作戦を実施。（駆逐艦「ベンフォールド」）
22年11月	●米国が西沙諸島海域で「航行の自由」作戦を実施。（駆逐艦「ベンフォールド」）
	●中国海警船が南沙諸島のティトゥ島付近で、中国の大型ロケットの残骸を回収して曳航していたフィリピン海軍船舶を妨害し、残骸を強奪。フィリピンは、当該行為を違法として抗議。
	●ハリス米副大統領がフィリピンを訪問しマルコス大統領と会談、「南シナ海でフィリピンの軍隊や公船、航空機が攻撃されれば、米比相互防衛条約が発動される」と発言。南沙諸島に近いパラワン島を視察。
22年12月	●多数の中国船が南沙諸島のイロコイ礁およびサビナ礁に集結。フィリピンは「重大な懸念」を表明。
	●フィリピン国防省が、中国による領海侵犯、エルダド礁やランキアム礁など4カ所での新たな埋め立て活動の開始を批判する声明を発出。
23年2月	●オースティン米国防長官がフィリピンを訪問し、米比相互防衛条約の適用範囲は南シナ海のフィリピン国軍、公船、航空機に及ぶことを明言。14年に締結した防衛協力強化協定（EDCA）に基づき、従来の5カ所のフィリピン国軍の基地に加え、新たに4カ所の拠点を米軍が使用することで合意。
	●南シナ海の南沙諸島のセカンド・トーマス礁付近で、海軍拠点への補給活動を支援していたフィリピン沿岸警備隊の巡視船が、中国海警局の艦船から軍事用レーザー光線の照射を受ける。

中・ASEANによる「南シナ海における行動規範（COC）」策定見通し

　ASEAN と中国との間では、南シナ海での紛争を防止するために当事国の行動を法的に規制する「南シナ海における行動規範（COC）」の策定交渉が13年から続けられているが、調整は長期化している。協議内容は非公開とされているも、19年の中ASEAN首脳会議では第二読会の開始が伝えられた。中国の王毅外交部長、李克強首相はともに、「21年までにCOC交渉を終結できることを期待する」と述べてきた。

　21年8月、中・ASEAN外相会議（オンライン）の折に、王毅外交部長は「序文についての暫定合意に達した」と述べたが、詳細は明らかにされなかった。同年11月の中・ASEAN首脳会議（オンライン）では、李克強首相に代わって特別に議長を務めた習近平国家主席が、COCの成文化交渉を迅速に行うように呼びかけ、共同声明にもCOCの早期策定が盛り込まれた。しかし、その後も目立った進展はない。

　23年5月にインドネシアで開催されたASEAN首脳会議の議長声明でも、COCについて「早期妥結を期待する」、「COC交渉の迅速化を主導することを歓迎した」といった従来通りの表現にとどまり、具体的な妥結時期の目標や期限は明記されていない。

　中国は、中・ASEAN以外の域外国を、南シナ海での軍事演習や資源開発から締め出す条項をCOCに盛りこむ方針であるとも報道されている。フィリピンやマレーシアは、中国のペースで交渉が進むことを強く警戒しており、策定にはなお時間がかかる見込みである。

マルコス新政権の発足と米フィリピン安全保障協力の深化

　22年5月のフィリピン大統領選の結果を受けて、同年6月、フェルディナンド・"ボンボン"・マルコス・ジュニアを大統領とする新政権が発足した。当初は、マルコス大統領は前ドゥテルテ大統領同様、中国に対してはある程度、宥和的な姿勢をとるであろうと報じられていたが、実際は政権交代後、米・フィリピン間の安全保障対話、安全保障協力は急速に深化した。

　マルコス大統領は就任直後、南シナ海問題について、16年の国際仲裁裁判所

の判断を支持すると明言した。22年7月に行った初の施政方針演説では、いかなる外国勢力に対しても領土を譲歩しないと述べつつ、「フィリピンはすべての国の友人であり、いかなる国の敵でもない」と述べた。

9月、国連総会出席のため訪米したマルコス大統領は、バイデン大統領との初の首脳会談を行い、南シナ海における航行の自由と紛争の平和的解決という共通の方向性で一致した。

11月にはハリス副大統領がフィリピンを訪問し、南シナ海でフィリピン軍の航空機や公船が攻撃された場合には米比相互防衛条約（1951年締結）が発動されると明言した。さらに同副大統領は南沙諸島に近いパラワン島を訪れ、沿岸警備隊の視察などを行った。外国の高官のパラワン島訪問は初のことであった。

23年2月にはオースティン国防長官がフィリピンを訪問し、ガルベス国防大臣と防衛相会談を行う中で、米比相互防衛条約の適用範囲は南シナ海のフィリピン国軍、公船、航空機に及ぶと改めて明言した。両国は、14年に結ばれた防衛協力強化協定（EDCA）に基づき、従来合意されていた5カ所に加えて、新たにフィリピン国軍の4カ所の拠点を米軍が使用することに合意した。

4月にはマルコス大統領が米国を公式訪問してバイデン大統領と共同声明を発出し、南シナ海におけるフィリピンの軍や公船、航空機への攻撃は相互防衛条約の適用対象になることを確認した。さらには、初めてとなる相互防衛指針（ガイドライン）を策定し、そこでも、南シナ海で武力攻撃が発生した際には米比相互防衛条約を発動することが記された。

さらに米国は、日本を含む3カ国での防衛協力を進展させる方針も提示した。米国・日本・フィリピン、米国・オーストラリア・フィリピンそれぞれの3カ国協力は、マルコス政権の発足直後より米国のシンクタンク戦略国際問題研究所（CSIS）が提言していたことである。

こうした米比協力の急速な進展、特に米軍によるフィリピンの国軍基地の使用に関して、中国政府は懸念を表明してきた。米国側は基地を台湾有事に備えて運用することを期待しているが、マルコス大統領は中国や国内世論を刺激しないよう、EDCAを含む米国との防衛協力と、台湾有事におけるフィリピンの軍事的関与とを絡めて論じることには非常に慎重になっている。

タイ総選挙：親軍派と反軍派の対立の先鋭化

　23年5月、タイで4年ぶりとなる下院選挙（総選挙）が実施された。投票率は75％を超え、選挙妨害や選挙不正の可能性も噂されていたものの、選挙監視団体は、選挙が平和裏に終結したことを歓迎する声明を発出した。

　選挙では、2000年代から続いてきた「タクシン元首相派VS反タクシン派」の構図に代わり、14年クーデター後に軍政を引き継いできた親軍派の与党各党と、反軍派の対立が際立った。新軍派への支持が低下する一方、選挙では、国軍の政治関与を徹底的に批判し、徴兵制撤廃、さらには王制改革や、刑法に規定された不敬罪の廃止までをも謳う革新系野党「前進党」が、特に都市部の若年有権者らの支持を受けて野党第一党に躍進した。「前進党」の得票と、それまで最大野党であったタクシン元首相派の「タイ貢献党」との得票を合わせると過半数となり、親軍派を大きく上回る。

　ただ、クーデター後に定められた17年憲法では、タイの首相は、上院（250議席）と下院（500議席）からの最大多数の首班指名を受けて選出されるとされている。上院250議席は事実上の任命制であるため、親軍派が入る可能性が高く、「前進党」から首相が選出される可能性は低い。

　よって、今後の焦点は、各党がどのように連立を組むかである。「前進党」は、王政改革を明言しない「タイ貢献党」との連立は行わないことを、選挙前から明言している。つまり、選挙には強くても、政権を取ることは難しいとみられている。さらに、「前進党」の政治家らは若く、閣僚経験どころか国会議員経験もない人物が多いことから、同党の政治家らが重要な役職につけば、親軍派や王党派からの批判が予想される。「前進党」の前身にあたる「新未来党」は20年に、憲法違反であるとして憲法裁判所から解党処分を受けている。最悪の場合は軍部によるクーデターの再発もありうるとの懸念が、タイ社会では蔓延している。

　あるいは、野党第2党の「タイ貢献党」が、「前進党」の頭ごなしに親軍派政党と組む可能性も取り沙汰されているが、そうすれば、「前進党」を支持する革新派の若年層らの不満が増大するだろう。

　いずれにしても、高い投票率とは裏腹に、市民らは、選挙結果が不服であれば解党やクーデターといった選択肢が存在することを認知している。選挙制度

そのものへの不信の蔓延は、市民の間に、選挙をしてもしかたがないという諦観や、選挙結果は軽視してもよいのだといった誤った認識を生み出している。すべての勢力が今回の選挙結果を受け入れ、勝者が利益を総取りしたり敗者をバッシングしたりすることなく、全員がルールを守って次の総選挙を待つことができるのか。王室は選挙結果に関与せずにいられるのか。連立政権の行方よりもむしろ、そうした、民主主義の定着のための道筋が注目される。

ASEANを中心とした地域協力枠組み

米中対立の中でのASEANの基本的な立場

　08年に制定された「ASEAN憲章」は、加盟国の内政問題への不干渉と、法の支配、グッド・ガバナンス、民主主義の原則などを謳っている。内政不干渉と「ASEANの一体性」を前面に掲げ、域外大国からの干渉を拒むのは、ASEANの特徴の一つである。

　その原則ゆえに、ASEAN諸国は、この地域をめぐる米中対立に「巻き込まれたくない」との意識を鮮明にしている。ASEANは、地域機構としても、そして各加盟国としても、米国、中国、日本、ロシア、インドなどの域外国との対話・協力関係を築きながらも、米中の板挟みになりたくないと主張してきた。

　日本と米国が推進してきた「自由で開かれたインド太平洋（FOIP）」に対しても、東南アジア諸国は賛意を示していない。FOIPは、太平洋からインド洋にまたがる地域で、法の支配や市場経済といった価値を共有する国々が協力する構想である。日米は、当初「戦略」としていたFOIPをのちに「構想」と言い換えたが、ASEANはFOIPを受け入れれば中国を刺激することになるとして、警戒を緩めていない。

　19年のASEAN首脳会議で採択された「インド太平洋に関するASEANアウトルック（AOIP）」という文書は、FOIPを認知しつつも、肯定も否定もせず、「ASEANは、利害が競合する環境の中で、中心的で戦略的な役割を担う」と表明している。

　日本も米国も、外交的には、同文書への歓迎を表明している一方、こうした

ASEANの優柔不断な姿勢を歯がゆく批判する論調も見られる。ただ、この数年間にわたってASEANが繰り返してきた「（米か中かの）選択を迫らないでくれ」という主張は、国際社会の実務家、研究者の間でも広く知られ、一定の理解を得ているように見える。1984年のASEANの発足当初、東南アジアは冷戦の主戦場の一つであった。第二次世界大戦前はこの地域は列強諸国によって分断され、日本と連合国との戦場ともされてきた。米中対立に巻き込まれたくない、再び分断されたくないとのASEAN諸国の意志は固い。

　同様の理由で、米国、日本、オーストラリア、インドによる4カ国枠組みについても、また、米国、英国、オーストラリアによる安全保障の枠組みAUKUSについても、ASEAN加盟国政府の間にかなりの温度差があり、ASEANは統一見解を示していない。

ASEAN首脳会議

　22年のASEAN議長国はカンボジアであった。2月のASEAN外相会議は、同国のフン・セン首相が、ミャンマー国軍の任命した「外相」の出席を認めるとしたため、マレーシアやシンガポールなどがこれに反対して出席を拒んで1カ月延期されるなど、早くも波乱が見られた。

　11月のASEAN首脳会議でも、ミャンマー情勢をめぐっては参加国間で意見の隔たりが目立ったが、議長声明では、民主派活動家の死刑執行や暴力の深刻化など「長引く政治危機に懸念を表明する」と記した。また「5項目の合意」については、議長声明とは別の文書で、期限を明確にした実行計画を作る方針を示した。実行計画の具体的な内容は加盟国の外相によって検討される。ロシアのウクライナ侵攻に関しては、ロシアを名指しして非難することは避けつつ「国家主権や政治的独立、領土保全を尊重することを再確認する」と言及した。

　23年は議長国がインドネシアに引き継がれ、5月にASEAN首脳会議が開催された。ミャンマー軍政の代表は招かれておらず、代わって、オブザーバー参加した東ティモールが初めて集合写真に加わった。11年に加盟申請を行った東ティモールのASEAN加盟は、23年中に認められるとみられている。

　なお、例年、東南アジアでは11月に国際会議が集中するが、22年はASEAN

関連首脳会議に続き、インドネシアで20カ国・地域首脳会議（G20サミット）、タイでアジア太平洋経済協力会議（APEC）の首脳会議が開催された。それぞれの議長国カンボジア、インドネシア、タイは首脳会議にロシアの参加を認めると表明した。実際には、プーチン大統領はこれらすべての首脳会議の参加を見送り、EASにはラブロフ外相が、APECにはベロウソフ第1副首相が代理で参加した。

東アジア首脳会議（EAS）

　EASは地域および国際社会の重要な問題について首脳間で率直な対話を行うことを目的に05年に発足した会議体であり、ASEANの10カ国に加え、日本、米国、中国、韓国、オーストラリア、ニュージーランド、インド、ロシアが参加している。

　22年8月に開催されたEAS外相会議は、ペロシ米下院議長の台湾訪問直後に開催されたこともあり、非難の応酬となった。ブリンケン米国務長官は、台湾周辺で軍事演習を続ける中国の王毅国務委員兼外相を批判し、ロシアのラブロフ外相とも目を合わせることはなかったという。首脳らによる率直な対話を通じた安保環境を向上させるという本来の目的の達成は、年々難しくなっている。

　11月のEASでは、6年ぶりの対面出席となった。バイデン米大統領が出席し、中国との衝突回避、台湾海峡の平和と安定、朝鮮半島情勢への重大な懸念、南シナ海問題などが議論された。議長声明ではロシアを名指ししない形で、「ほとんどの参加国が侵略行為に非難を表明した」と明記した。北朝鮮による弾道ミサイルの発射については、「重大な懸念を表明し、すべての関係者の間で平和的対話を継続することの重要性を強調した」、南シナ海問題については、「一部の国から埋め立てや活動、深刻な事件について懸念が表明された」と表現した。ミャンマー情勢については「最近の動向について幅広く議論した。『5項目の合意』の履行に関する進捗が限定的なことについて、ほとんどの国が深く失望した」とした。

　なお、トランプ前大統領は17年以降、ASEANとの定例会議を連続して欠席しており、バイデン大統領にとっては、EASが就任後、初の東南アジア訪問であった。バイデン米大統領は米・ASEAN首脳会議にも臨み、両者の外交関係を「包括的戦略パートナーシップ」に格上げすることで合意した。

ASEAN地域フォーラム（ARF）

　ASEAN地域フォーラム（ARF）は、1994年に開始されたアジア太平洋地域における政治・安全保障分野を対象とする全域的な対話のフォーラムであり、ASEANを中心に、北朝鮮を含む26カ国とEUが参加している。毎年1回の外相会合をはじめ、外交当局と国防・軍事当局の双方の代表による対話と協力を通じ、地域の安全保障環境を向上させることが目的である。

　22年のARFでは、ペロシ米下院議長の台湾訪問を機に緊張が高まる台湾情勢が急遽、主要議題となり、議長声明では米中両国を念頭に「最大限の自制と挑発的な行為の抑制の重要性」を強調した。ロシアのウクライナ侵攻をめぐってはロシアの名指しや「侵略」の表現は避け、関係国に対し国際法の基本原則を尊重するよう呼びかけた。南シナ海問題については「埋め立てなどに対する懸念に留意する」との表現を盛り込んだ。ミャンマー情勢については、国軍による民主活動家ら4人の死刑執行などについて「長引く政治危機に懸念を表明した」とした。北朝鮮に対しては、「核実験とミサイル試験の停止」を求めた。

　ARFは、北朝鮮が参加する数少ない多国間協議の枠組みであり、毎年、北朝鮮への各国の動向が注目されているが、北朝鮮は19年以降、ARF閣僚会議を欠席し続けている。22年も崔善姫外相は欠席し、安光日駐インドネシア大使が出席した。

アジア太平洋経済協力会議（APEC）

　APECは、米国、中国、日本、ロシア、カナダ、オーストラリア、メキシコなどを含む21の国と地域で構成されていている。APEC参加国の人口は全世界の38％を占め、国内総生産（GDP）は62％、貿易の48％を占めている。

　22年のAPEC首脳会議は11月にタイで開催され、ルールに基づく多国間貿易システムを維持し一層強化する決意を表明するとともに、インフレ加速や食料安全保障、気候変動、自然災害などの課題に対処するため、より徹底した取り組みが必要との認識を示す首脳宣言を採択した。

　首脳宣言では「今年はウクライナでの戦争が世界経済にさらなる悪影響を及ぼしている」と指摘し、大方の加盟国が戦争を強く非難したことを明記した。直前にインドネシアで開催されたG20首脳会議の首脳宣言を踏襲し、ロシアの侵攻

を非難し、ウクライナからの完全かつ無条件の撤退を求める国連決議に言及した上で、この問題に関してはさまざまな意見があるとの認識も示した。

議長国タイのプラユット首相は、アジア太平洋自由貿易圏（FTAAP）構想の実現に向けた複数年にわたる作業計画で合意したとし、「大きな進展」があったとの見解を示した。23年の首脳会議は、米国サンフランシスコで開催される。

東アジア地域包括的経済連携（RCEP）

20年11月15日、ASEAN10カ国を含む15カ国は、東アジア地域包括的経済連携（RCEP）の協定にオンライン署名式で合意した。RCEPは関税削減や統一的ルールによって自由貿易を推進する枠組みであり、人口と域内総生産がいずれも世界の3割を占める巨大経済圏が誕生する。

RCEPは、ASEAN10カ国と他の5カ国のそれぞれ過半数が国内手続きを終えてから60日後の22年1月に、10カ国について発効した。各国で国内承認手続きが進められてきたが、23年5月現在、インドネシア、ミャンマー、フィリピンの3カ国では手続きが遅れており、未批准のままである。

日本にとってRCEPは、貿易額が最大の中国、3位の韓国が含まれる初の経済連携協定となる。また、日本とRCEP参加国との貿易額は、貿易総額の半分を占める。

RCEP成立により、日中韓と東南アジアとが経済的な相互依存関係を深め、中国が東南アジアへの経済的影響力をより強めることは必然である。中国によるエコノミック・ステイトクラフト（経済的な手段を用いた他国に対する影響力の行使や、それによる地政学的・戦略的目標の追求）に対し、各国が経済と安全保障とのバランスをどのように維持していくのかが問われることになろう。

表2：RCEP参加国

ASEAN	インドネシア、マレーシア、フィリピン、タイ、ベトナム、シンガポール、カンボジア、ラオス、ブルネイ、ミャンマー（10カ国）
非ASEAN	日本、中国、韓国、オーストラリア、ニュージーランド

ミャンマー問題と ASEAN

　21年2月にミャンマー国軍が全権を掌握したことに対し、ASEANは翌月に非公式の外相特別会合（軍政によって外相に任命されたワナ・マウン・ルウィンが出席）、4月に本件に関する特別首脳会合（クーデターの首謀者であるミン・アウン・フライン国軍総司令官が出席）を開催した。ASEANは同会議の呼称を、首脳会議（summit）ではなく、指導者会合（Leaders' Meeting）と、ミャンマー軍政の首脳としての代表性を公式には認めない立場をとった。内政不干渉を掲げるASEANが、加盟国の国内問題を論じるために会議を開催するのは異例のことであった。議長声明で、加盟国はミャンマーに、国軍による抗議デモへの武力行使の即時停止、ASEAN特使の受け入れなどの「5項目の合意」を要請し、ミン・アウン・フライン国軍総司令官は「状況が安定した時に、慎重に考慮する」としながらも、基本的には受け入れた。

表3：特別首脳会談における5項目の合意事項

1.	ミャンマーにおける暴力の即時停止と、すべての関係者による最大限の自粛
2.	すべての関係者による建設的な対話による、人々の利益となる平和的解決の模索
3.	議長国ブルネイが任命するASEAN特使とASEAN事務局長による仲介
4.	ASEANによるAHAセンターを通じての人道支援の提供
5.	特使はミャンマーであらゆる利害関係者と会談すること

　しかし、これらの合意事項の実現を担保する措置についての規定はなく、5項目を履行しないミャンマーに対し、ASEANは対応に苦慮してきた。第3項目の「議長国が任命する特使の選定」においては、特使の形式や候補に関して、ASEAN加盟国内で異なる意見が提示された。最初に特使に任命されたブルネイ第二外相は、拘束中のスーチー元国家顧問を含む全勢力との対話がミャンマー訪問の条件であるとしたが、スーチー国家顧問との対話を認めず、特使の

訪問を拒み続けた。

　他方、22年の議長国カンボジアの22年の議長国カンボジアのフン・セン首相は、他の加盟国に相談せず、みずからミャンマーを訪問し、ミン・アウン・フライン国軍総司令官と会談した。ミャンマーに外国の首脳が訪問するのはクーデター以降では初となった。その後、新たに特使に任命されたカンボジアのプラク・ソコン副首相兼外相も、同司令官と複数回会談しているが、スーチーとの面会は実現していない。

　21年10月のASEAN首脳会議以降、ASEAN9カ国は、「5項目の合意事項」の不履行を理由に、ミャンマー軍政関係者を首脳会議にも外相会議にも招かない方針を貫いている。ミャンマー外務省は当初、閣僚級の代表者の代理参加も模索したが、非政治的な代表しか認めないと主張するASEAN側と調整がつかず、欠席が続いている。ミャンマー代表不在のままに開催される首相会議、外相会議では、毎回、ミャンマー情勢と暴力の激化について「深い懸念」が表明され、合意の履行を求める声明が発出されている。しかし、ミャンマー軍政にどのように向き合うかをめぐっては、加盟国によって意見が異なり、ASEANとして具体的な手立てを示すには至っていない。

ロシアによるウクライナ侵攻と東南アジア

ロシアから東南アジアへの防衛装備品輸出

　22年2月のロシアによるウクライナ侵攻に対し、ASEANは2月と3月に声明を発出したが、ロシアを名指ししての批判は避け、平和的解決を呼びかけるにとどまった。3月2日の国連総会でのロシア非難決議では、8カ国は賛同したが、ラオスとベトナムが棄権した。東ティモールを含む東南アジア11カ国のうち、対露制裁に加わっているのはシンガポールのみ、首脳がロシアを名指しして公の場でその行動を批判しているのは、シンガポールとフィリピンのみにとどまっている。

　ロシアは米国に次ぐ世界第二の武器輸出国であるが、東南アジアだけで見ると第一位である。ストックホルム国際平和研究所（SIPRI）によると、ロシアは東南アジアの主要な武器供給国であり、00年から19年の間に約107億ドル相当の

防衛装備品を輸出している。ロシアは従来、欧米の装備品よりも安い価格で、非常に高度な技術を用いた戦闘機や潜水艦から、軍用車両、小型武器まで、あらゆる種類の装備品を提供してきた。

表4：2000-19年の東南アジアへの防衛装備品輸出国とその総額（単位：10億ドル）

ロシア	10.7
米国	7.86
フランス	3.57
ドイツ	2.82
中国	2.6
韓国	2.15
英国	1.28

出典：Stockholm International Peace Research Institute（SIPRI）
ウェブサイト<https://www.sipri.org/>

表5：2000-21年のロシアからの防衛装備品の輸入総額がもっとも多い
　　　東南アジアの国（単位：億ドル）

ベトナム	65.42
マレーシア	12.74
インドネシア	11.53
タイ	0.7
カンボジア	0.05

出典：Stockholm International Peace Research Institute（SIPRI）
ウェブサイト<https://www.sipri.org/>

　ベトナムはロシアの最大の顧客である。ベトナム戦争以来、両国は良好な防衛協力関係を築いており、00年以降にベトナムがロシアから調達した装備品総額は、同国の武器輸入総額の8割を占める。南シナ海問題をめぐるベトナムと中国の間の緊張が高まるにつれ、ロシアは、ベトナムの国軍近代化計画に寄与すると明言し、大小の近代的な装備品を供与してきた。中国はそのことに不満を抱いているとみられるが、米国からの調達よりはまだましであると考えているはずである。

マレーシアは冷戦終結後、装備品調達先の多様化を模索し、ロシアから多数の戦闘機を購入してきた。インドネシアも装備品調達先の多元化を志向してきたものの、1998年のスハルト大統領失脚後、東ティモールでの人権侵害を理由に米国からの武器禁輸を課され、03年から12年の間に、ロシアから戦闘機やヘリコプターを調達した経緯がある。

　総額は少ないものの、長年、西側民主主義国との関係を絶っていたミャンマーも、ロシアの重要な顧客である。ミャンマー国軍は1990年代には中国から戦車、大砲、装甲兵員輸送車、トラック、戦闘機、ヘリコプター、軍艦など推定16億ドル相当の武器を調達していたが2000年代になると中国への一国依存を軽減すべく、ロシアから戦闘機MiG-29、複座高等ジェット練習機／軽攻撃機、輸送ヘリMi-17、攻撃ヘリMi-35、対空ミサイルシステムなどを購入するようになった。

　西側民主主義国と異なり、ロシアは相手国への内政干渉を行わず、ASEAN加盟国に武器の禁輸を課したこともない。そのため、国内の人権問題などを理由に欧米諸国からの制裁措置を受けたことがあるベトナム、ミャンマー、カンボジア、ラオス、インドネシアなどは、必然的に、ロシアや中国に、装備品を依存してきた。ロシアは、21年2月のミャンマーでのクーデターの翌月、ネピドーで開催された国軍記念日の式典にもフォミン国防副大臣を派遣するなど、西側の国々とはまったく別の論理で、東南アジア諸国との防衛協力を深化させようとしてきた。

　とはいえ、武器輸出以外の分野におけるロシアと東南アジアとの防衛協力・防衛外交は、限定的なものにとどまっている。ロシアは10年以来、プーチン大統領のアジア重視政策の一環として、東南アジアへの防衛外交を拡大してきたが、ロシア海軍の東南アジアへの寄港や合同軍事演習は、米国や中国に比べて頻度が低く、規模も小さい。ロシアともっとも防衛協力関係の深いベトナムとでさえ、ロシア海軍がベトナム海軍との潜水艦救出演習を行ったのは19年とごく最近のことである。

「グローバル・サウス」の事情

　防衛装備品をロシアに依存していない東南アジア諸国にも、ロシアを批判すると、中国から「西側民主主義国側」または「米国側」についたとみなされると

の懸念があり、中国を刺激することは得策でないとして明言を避けている面もある。22年のASEAN議長国カンボジア、G20議長国インドネシア、APEC議長国タイは、いずれも22年の首脳会議にロシアの参加を認めると表明した。そもそも、東南アジアの一部の政策エリートの中に、ロシアではなく「欧米諸国」の方を批判する傾向があることも見逃せない。

　シンガポールのシンクタンクISEASユソフ・イシャク研究所は、マレーシア、フィリピン、ベトナムなどを含む複数の国のソーシャル・メディアのコンテンツを分析し、ロシアを擁護するような書き込みがなされる背景を分析している。それによると、オンライン空間では、欧米諸国による他国への内政干渉や「覇権主義」を批判する声が、複数の国においてみられたという。例えばマレーシアやベトナムでは、イラク戦争や、21年8月のアフガニスタンからの米国とNATOの撤退を引き合いに、「米国は他国に平気で軍事介入するくせに、状況が悪くなると友人を見捨てて逃げるのに、ロシアばかりを批判するのは二枚舌外交だ」といった言説が見られるという。これは、ロシアを名指しで批判することを避ける他のグローバル・サウスの声の一端であると言えよう。

調達計画の見直し

　とはいえ、14年のロシアのクリミア併合以降、東南アジア各国が、ロシアからの武器調達の方策を見直しつつあることもまた事実である

　まず、東南アジアにおけるロシアの最大の顧客であるベトナムが、ロシアからの調達の不透明さおよび、国内の汚職防止の観点から、ロシアからの武器調達による国軍近代化事業を一時中断していると発表した。同国は、16年にロシアから第三世代主力戦車T-90を、19年には複座高等ジェット練習機／軽攻撃機Yak-130を調達したのを最後に、それ以降の調達を見送っている。

　14年にロシアがクリミアを併合し、ウクライナのドンバス地域で分離主義勢力を支援したのを契機に、欧米諸国がロシアの防衛産業部門に制裁と輸出規制を課すようになったことも、東南アジア諸国の武器調達の方向性に影響を与えている。17年にはトランプ米大統領（当時）が、いわゆるロシアゲート問題（16年の大統領選において、トランプ大統領と側近がロシアと共謀していたという疑惑）に

よってロシアと距離を置く姿勢を示す必要に迫られ、より強い制裁法である「対敵対者制裁措置法（CAATSA）」に署名した。これによって米国は、ロシアの防衛産業部門と取引を行っている個人または国に対して選択的に制裁を課すことが可能になり、実際に米国は、すでに中国とトルコに対して制裁を発動した。フィリピンは20年、にロシアからの2隻の潜水艦の調達を見送った。インドネシアは18年にロシアとの間で合意していた11機のSu-35多用途戦闘機の調達を、21年に見送った。これらはいずれも、米国がCAATSAを発動することを懸念したためであるとみられている。ただし、インドネシア政府はその後、代替策としてフランスから81億ドルでラファールの戦闘機を購入する契約を結んだものの、ロシアとの防衛外交は続けており、21年12月には、初となるロシアとASEANとの合同海上演習を主催した。

　バイデン米政権が直ちに東南アジア諸国に対してCAATSA制裁を課すと脅す可能性は低いとはいえ、東南アジアの「ロシアからの調達離れ」は、今後、いっそう加速すると思われる。輸出規制により、ロシアのハイテク部品へのアクセスは厳しく制限される。ロシアは、発注済みの部品、保守用の部品を入手できなくなる可能性がある。ロシアの銀行口座に対する制裁と、国際銀行間通信協会（SWIFT）グローバル決済ネットワークからの除外は、ロシアとの取引をより一層困難にするだろう。21年クーデターの直後に権力を掌握したミャンマー軍政のスポークスマンでさえ、ロシアのウクライナ侵攻後は、同国からの武器調達は不透明であるとの懸念を示している 。

　ロシア軍の苦戦や装備品の消耗率などが、東南アジアの「顧客」の信頼を損なう可能性も指摘されている。テレビニュースでは連日、ベトナムとラオスが購入したT-90戦車、インドネシアが購入した歩兵戦闘車と装甲兵員輸送車、マレーシア、ミャンマー、フィリピン、ベトナムが購入した攻撃ヘリコプターや輸送ヘリコプター、ミャンマーが購入した防空システムなどが、破壊されて放置されている様子が映し出される。これらの映像が、ロシア製の装備品を使用する各国の安全保障の政策担当者や実務家らに与える心理的影響も大きい。東南アジア諸国の側には、装備品の輸入先をできるだけ単一国に依存せずに多様化しておきたいとの思惑がある。

日本の対東南アジア安全保障協力

　1973年の日・ASEAN合成ゴムフォーラムから始まった日・ASEAN友好協力は、23年に50周年を迎える。岸田首相は23年12月に東京で日・ASEAN特別首脳会議を日本で開きたいと表明し、すでにASEAN加盟国からの賛同を得ている。

　現在、日本の東南アジア外交は、1977年に当時の福田赳夫首相が東南アジアを歴訪した際にフィリピンで表明した3原則「日本は軍事大国にならない」、「日本は各国と心と心の触れあう信頼関係を構築する」、「日本とASEANは対等なパートナーである」（いわゆる福田ドクトリン）を下敷きとしている。地域の安全保障環境が変化し、日本も2022年12月に新たな「安保3文書」（国家安全保障戦略、国家防衛戦略、防衛力整備計画）を発表する中、日本と東南アジア諸国が、福田ドクトリンの原則を踏襲しながらも、どの程度、安全保障協力を深化させていくのかが注目される。

ビエンチャン・ビジョン2.0

　日本は、16年にラオスのビエンチャンにて開催された日・ASEAN防衛担当大臣会合において、個別の各国に加えてASEAN全体の能力向上に資する防衛協力を推進する方針「ビエンチャン・ビジョン」を発表した。同ビジョンは、日本が、法の支配の定着や海洋・上空の情報収集・警戒監視、捜索・救難といった分野で、国際法の実施に向けた認識の共有をはじめとした能力構築支援、防衛装備品移転と技術協力、多国間共同訓練、オピニオンリーダーの招聘などを2国間、多国間で実施していくことを謳っている。これを受け、日・ASEANの間では、海軍種間の「乗艦協力プログラム」、陸軍種を中心とした「人道支援・災害救援招聘プログラム」、空軍種間の「プロフェッショナル・エアマンシップ・プログラム」を含む、多様な事業が実施されてきた。

　18年に決定された新たな防衛力整備の指針「防衛計画の大綱」にも、ASEAN諸国との関係について「共同訓練・演習、防衛装備・技術協力、能力構築支援等の具体的な二国間・多国間協力を推進する」ことを明記している。

19年、日本は「ビエンチャン・ビジョン」のアップデート版として、「ビエンチャ
ン・ビジョン2.0」を発表し、2国間の能力構築支援事業や防衛装備品・技術協
力、訓練・演習などが深化してきたことを評価した上で、従来構想をアップデート
した。そこでは、「心と心の協力」、「きめ細やかで息の長い協力」、「対等で開
かれた協力」という実施3原則が新たに盛り込まれている。これは「福田ドクトリ
ン」に通じるものである。

ハイレベルの安全保障対話

　21年には、当時の岸信夫防衛相がブルネイのハルビ第2国防相とテレビ電話
会談を行い、同国が中心になって運用する、緊急事態の際に各国の国防省が連
絡を取り合うためのホットライン「ASEAN・ダイレクト・コミュニケーションズ・イ
ンフラストラクチャー（ADI）」に加入する意向を伝えた。

　22-23年度の日本と東南アジアとの間のハイレベル防衛対話は、表のとおりであ
る。2国間では特に、フィリピンおよびシンガポールとの防衛協力が促進された。

　22年11月に、3年ぶりに対面で開催された「第9回拡大ASEAN国防相会議
（ADMMプラス）」には、小野田防衛大臣政務官が出席し、ロシアの行為はイ
ンド太平洋地域の問題でもあることを指摘した。北朝鮮がかつてない高い頻度
で、新たな態様での弾道ミサイル発射を繰り返していることについても、関連す
る国連安保理決議に違反するものであるとして非難した。その上で、日本が新
たな国家安全保障戦略等を策定し、防衛力を抜本的に強化すること、引き続き
「自由で開かれたインド太平洋」の維持・強化に取り組むべく、「ビエンチャン・
ビジョン2.0」に基づく協力や、日本とベトナムが共同議長を務めるPKO専門家
会合をはじめ、ADMMプラスの枠組みにおいて、建設的な役割を積極的に果た
して行く旨を述べた。また、ADIも活用し、ASEAN諸国の国防省との意思疎通
を一層緊密にしていく考えを強調した。

表6：22年以降の日本と東南アジアとの間の審議官級以上の防衛対話
（首脳会談については、防衛協力について具体的な言及があったもののみを記載。）

2022年3月20日	日カンボジア首脳会談
2022年4月7日	日フィリピン防衛相会談
2022年4月9日	第1回日フィリピン外務・防衛閣僚会合（「2プラス2」）
2022年4月29日	日インドネシア首脳会談
2022年5月1日	日ベトナム首脳会談
2022年5月2日	日タイ首脳会談
2022年5月16-17日	ASEAN国防高官会議（ADSOM）プラス（カンボジア）に槌道防衛審議官が出席
2022年6月11日	第19回IISSアジア安全保障会議（シャングリラ・ダイアローグ、シンガポール）に岸田首相、岸防衛大臣が出席
2022年6月11日	日シンガポール首脳会談
2022年6月11日	日シンガポール防衛相会談
2022年6月21日	日・ASEAN国防担当大臣会合（カンボジア）に岸防衛大臣が出席
2022年6月21日	日インドネシア防衛相会談
2022年6月21日	日カンボジア防衛相会談
2022年6月21日	日ベトナム防衛相会談
2022年6月21日	岸防衛大臣とブルネイ・ハルビ首相府大臣による会談
2022年11月23日	第9回拡大ASEAN国防相会議（ADMMプラス、カンボジア）に小野田防衛大臣政務官が出席
2022年11月23日	小野田政務官によるカンボジア副首相兼国防大臣表敬
2022年12月8日	日フィリピン防衛次官級協議
2023年2月3日	井野防衛副大臣とブルネイ国防副大臣による会談
2023年2月9日	日フィリピン首脳会談
2023年2月10日	日フィリピン防衛相会談
2023年3月7日	岡防衛審議官とラオス国防副大臣およびラオス国防次官との会談

（1）シンガポール：「防衛装備品及び技術の移転に関する協定」の交渉開始

　22年月、第19回IISSアジア安全保障会議（シャングリラ・ダイアローグ）出席のためシンガポール訪問中の岸防衛大臣は、シンガポールのエンヘン国防大臣とともに、改定された「日本国防衛省とシンガポール共和国国防省との間の防衛交流

に関する覚書」への署名および防衛相会談を行った。そのうえで両大臣は、「防衛装備品及び技術の移転に関する協定」について正式に交渉が開始したことを歓迎し、今後具体的な移転案件の協議をさらに加速させていくことで一致した。

同年9月、また、岸田首相は、故安倍晋三国葬儀に参列するため訪日中のリー・シェンロン首相と会談し、防衛装備品・技術移転協定の早期締結を期待する旨を述べた。

（2）フィリピン：さらなる防衛協力への合意

フィリピンとの間では、東南アジア地域ではインドネシアに次ぐ第2の事例となる外務・防衛閣僚会合（2プラス2）が、ドゥテルテ政権下の22年4月に東京で開催されている。

23年2月には、岸田首相は、日本を公式訪問中のマルコス大統領と首脳会談を行った折に日本の新たな国家安全保障戦略等について説明し、マルコス大統領は、自由で開かれたルールに基づく国際秩序への日本のコミットメントを歓迎した。両首脳は、引き続き、2プラス2を含む2国間協議を通じ、安全保障・防衛協力の具体化を追求していくことで合意した。また両国は、「フィリピンにおける自衛隊の人道支援・災害救援活動に関する取り決め（TOR）」に署名し、両国の共同訓練等を強化・円滑にするための更なる枠組みを含む方途の検討を継続していくこと、防衛装備・技術協力や日米比の協力強化に向けた検討も進めていくことで一致した。

防衛装備品・技術移転

14年に策定された「防衛装備移転三原則」では、日本が装備や技術を輸出できる条件が整理され、友好国の安全保障・防衛協力の強化に資するものであって、相手国の「監視」や「警戒」に係る能力の向上に寄与する装備については輸出が可能となった。16年、安倍首相とドゥテルテ大統領が、海上自衛隊練習機TC-90の貸与と、それに関係する技術情報などのフィリピンへの移転に合意したことは、日本の装備品協力の先行事例となった。その際、自衛隊によるフィリピン海軍のパイロットへの教育や整備要員に対する支援も開始された。

従来は、装備品を含めた自国財産の他国への移転は売却か貸与に限定されて

いたが、17年の不用装備品等の無償譲渡等を可能とする自衛隊法改正により、無償譲渡が可能となった。同法改正に伴う初めての防衛装備品移転の事例もまたフィリピンであった。両国は、すでに貸与中であった5機のTC-90を無償譲渡に変更することに合意し、同年中に2機、18年に残り3機がフィリピン海軍へ引き渡された。18年6月にはフィリピン国防省からの依頼を受けて、陸上自衛隊多用途ヘリコプターUH-1Hの不用となった部品などをフィリピン空軍へ無償譲渡することが防衛大臣間で確認され、11月に装備担当部局間で譲渡に係る取決めが署名された。これに従い、19年3月に引き渡しが行われた。また、フィリピン海軍パイロットに対する操縦訓練を日本の海上自衛隊の基地で実施する、フィリピンに日本の整備企業の要員を派遣し、維持整備を支援するといった事業も行われてきた。

　20年8月、フィリピン国防省と三菱電機との間で、同社製警戒管制レーダー4基を約1億ドルで納入する契約が成立した。当該レーダーは、三菱電機がフィリピン空軍の要求に基づき、自衛隊向けのレーダーを製造した経験を踏まえて、新たに開発・製造するもので、日本から海外への完成装備品の移転としては初の案件となった。

　22年5月現在、無償譲渡が実施された事例、完成品の売却事例はともにフィリピンのみであるが、日本は東南アジア5カ国を含む11カ国と「防衛装備品・技術移転協定」を締結している。

表7：東南アジアとの「防衛装備品・技術移転協定」および関連する覚書などの締結状況

インドネシア	2021年3月	防衛装備品・技術移転協定署名・発効
シンガポール	2022年6月	防衛交流覚書署名
タイ	2022年5月	防衛装備品・技術移転協定署名・発効
フィリピン	2016年2月	防衛装備品・技術移転協定署名
	2016年4月	防衛装備品・技術移転協定発効
ベトナム	2021年9月	防衛装備品・技術移転協定署名・発効
マレーシア	2018年4月	防衛装備品・技術移転協定署名・発効
ブルネイ	2023年2月	防衛協力・交流覚書署名

政府安全保障能力強化支援（OSA）

　23年4月、日本の外務省は、前年12月に閣議決定された国家安全保障戦略に基づき、開発途上国の経済社会開発を目的とする政府開発援助（ODA）とは別に、同志国の安全保障上のニーズに応え、資機材の供与やインフラの整備等を行う、軍等が裨益者となる新たな無償による資金協力の枠組み「政府安全保障能力強化支援（OSA）」を導入することを発表した。今後、東南アジア諸国は、太平洋諸国や南アジアと並び、装備品・物資の提供やインフラの整備等といった、軍が裨益者となるOSA事業の受け手となっていく可能性が高い。

　　　（神戸市外国語大学准教授／平和・安全保障研究所研究委員　木場紗綾）

第7章　南アジア

概　観

　2022年5月から23年4月までの南アジアの動向は、インドが世界的な影響力を伸ばし、中国に対しても若干差を縮めつつあるのに対して、パキスタンの影響力がますます低下する傾向を強く示している。

　日印関係は、安倍首相暗殺事件以後、一時的な空白状態が生まれたかに見えたが、その後、23年に入り、日印の陸海空すべてが毎月共同演習を行い、3月には、副外相、外相、首相の訪印が続き、両国がそれぞれG7、G20の議長国であって、その関連イベントでも交流して、急速に関係が改善しつつある。

　インドとロシアの関係には変化がみられる。ロシアは、過去70年一貫してインドを支持してきた国であるが、インドはロシアのウクライナ侵攻のことをよく思ってはいない。モディ首相からプーチン首相に「今は戦争の時代ではない」と直接述べている。インドは、ロシアが中国に接近していることも懸念している。インド軍はロシア製の武器に依存しているが、インドはそれを切り替えようとしている。インドはロシアから原油を安く輸入しているが、それをまともな価格でヨーロッパに輸出して、差額で稼いでもいる。そのため、インドは、ロシアを支えてはいるものの、徐々に、ロシアと距離をとりつつある。

　印中国境では緊張状態が続いている。それが、米国との共同演習を促している。米国は昨年夏に印中国境から200キロメートル、昨年末に100キロメートル、今年4月には、中国を爆撃できる基地に爆撃機を配置して、米印共同演習を繰り返している。共同演習は、派遣する側だけでなく受け入れ側の意向なしにできないので、印中国境の情勢が直接、米印関係の強化に繋がっていることを明示している。

　G20の議長国として、インドはグローバルサウスの代表として影響力を行使しようとしている。ジャイシャンカール外相の「ヨーロッパは、ヨーロッパの問題は世界の問題だが、世界の問題はヨーロッパの問題ではないという認識から脱する必要がある」という言葉は、グローバルサウスを代弁しようとするインドの方向性を示す言葉である。

　内政では24年の下院総選挙を念頭に、あらゆることが与野党対決のネタになっていて、モディ政権への批判も強まっている。経済は堅調で、中国の経済成長率を上回っている。

　軍事情勢については、ロシアのウクライナ侵攻を受けて、武器の国産化の方針が色濃く出るようになっている。インドの武器の国産化は、実際には、国産化だけでなく、西側諸国がインドの武器体系に食い込むことにも繋がっている。

　インドが勢いを増しつつあるのに対し、パキスタンの危機は深刻の度を増している。経済は悪く、債務は多額で、食料・エネルギー価格が高騰して生活を直撃しているところに、新型コロナウイルスの危機とロシアのウクライナ侵攻の影響、さらには洪水被害が起きた。政治は不安定で、「パキスタンのタリバン運動」との戦闘も始まって、IMFの支援を受けて国の再建を図っている。深刻である。

インド

安倍元首相の暗殺後に空いた穴を岸田政権は継承に努力

　ここ1年、日印関係は節目の年を迎えたといえる。それは安倍元首相の銃撃殺事件があったからである。安倍元首相は、日印関係の要の人物であった。特定の個人を重視する傾向のあるインド側が、非常に信頼していたからである。2022年7月、その安倍元首相が暗殺されてしまい、インド側は繰り返しプレスリリースを発し、国葬にもモディ首相自ら参列するなど、ショックの大きさを隠し切れない、権力空白のような状態となった。

　その後、日印関係を継続して発展する努力が行われた。9月には東京で日印両国間の外務・防衛閣僚による「2プラス2」が実施され、9月にはニューヨークで日米豪印外相会談も実施された。特に、23年に入ってから、大きな節目を迎えた。

　23年1月、インド空軍のSu-30戦闘機4機が、東京近郊の百里基地に来日し、初の日印共同演習「ヴィーア・ガーディアン」が実施された。2月には、インド陸軍第8歩兵大隊の選抜メンバーも来日し、初めて日本において日印共同演習「ダルマ・ガーディアン」が実施された。さらに3月、インド洋では海上自衛隊が、インド海軍と、米英仏加海軍とともに共同演習「ラ・ペルーズ」を実施、同じ月、インド空軍の輸送機が来日し、輸送機同士の共同演習「シンユウ・マイトゥリ」も実施した。これらの共同演習は、以前から計画されていたものが新型コロナウイルス感染拡大の中で延期され、このようにまとまって開催されたものではあるものの、安倍元首相の暗殺以後、損失を受けていた日印協力の雰囲気を一挙に推し進めるものであった。23年は、日本がG7の議長国、インドがG20の議長国で、日印が協力し合うことで、世界情勢をリードする年となる。インドは50以上の都市で200以上のイベントを開く力の入れようである。そのため、日印協力を再び軌道に乗せる最適な年であったといえる。

　ところが、3月に、日本側のインドとの協力促進に影を差す事件が起きた。G20のイベントとしては首脳会談に次ぐ重要性を持つ、G20外相会談に出席するはずだった林外相が、国会に出席せざるを得ないとの判断から、G20外相会談欠

席を決めたのである。強い批判の高まりを受けて、国会出席中の1日の間に林外相に来た質問はわずか1問で、その日のうちに林外相はインドに行き、G20外相会談には間に合わなかったものの、その後の日米豪印外相会談に出席するなどして、損失を最小限にするように努めた。しかし、この欠席は問題であった。日本は5月のG7首脳会談のゲスト国としてモディ首相を招待することを計画したからだ。もし、日本がインドの招待を断った直後に、日本がインドを招待するという状態になれば、インドも日本の招待を断らないと面子が立たないだろう。日本が日印関係を促進し、インドを含める形でG7首脳会談も成功させるには、状況を変えなければならなくなったのである。

　この状況を変えたのが、2週間後の岸田首相の訪印であった。岸田首相が訪印すれば、その後、5月に日本がモディ首相を招待した際に、モディ首相は、岸田首相が訪印した返礼として来日できることになる。しかも、この訪印は、さらに二つの意味で重要であった。一つは、岸田首相がインドで、「自由で開かれたインド太平洋（FOIP）のための新たなプラン」を発表したことである。この政策は、インド太平洋の構想を、より具体的にするものであった。もともとインド太平洋の概念は、07年に安倍元首相がインド国会で演説して、公になった経緯がある。だから、インドでは、インド太平洋はインド重視の構想として知られている。岸田首相はそのインドで、より具体化した構想を発表することにより、日本がインドを重視し続けていることを示したわけである。

　さらに、岸田首相の訪印の最中、岸田首相はポーランドを経てウクライナのキーウを訪問した。これも日印関係にとって重要であった。なぜなら、日程を調整する段階で、インドは、岸田首相の予定がおかしいことに気づいてしまう。だから、インドとの口裏合わせが必要であり、インドは、岸田首相のウクライナ訪問に秘密裏に協力していたことが類推される訪問となった。

　このような岸田訪問もあり、日印関係は、安倍首相暗殺後の冷めた雰囲気から、新たなステップへと進みつつある。23年は転換点となった年といえよう。

変化するロシアとの強い繋がり

　22年2月のロシアのウクライナ侵攻におけるインドの対応は、インドとロシアの

伝統的な友好関係を際立たせた。その後1年以上になり、インドとロシアの関係には一定の変化が出始めている。

一見するとインドとロシアの友好関係は健在だ。22年2月以降、頻繁に連絡を取っている。7月には、電話首脳会談と外相会談、8月には、インドの国家安全保障局長にあたる国家安全保障顧問の訪露、9月にはウズベキスタンで行われた上海協力機構（SCO）の首脳会談の際に、両国は対面の首脳会談を行った。さらに同じ月、BRICSの外相会談も行われ、10月にはインドの新しい国防相が、電話にて国防相会談も行い、11月には印外相の訪露、12月には電話首脳会談を行った。23年、インドはG20の議長国であるが、G20のメンバーであるロシアは呼ぶが、ウクライナの代表を招待していない。22年のG20の議長国インドネシアがジョコ大統領自身でキーウを訪問し、ウクライナのゼレンスキー大統領をオンライン参加させたのとは、対照的な状態になっている。

しかし、インドとロシアの関係は着実に変化しつつある。その象徴的な動きの一つは、23年9月に対面で行われた首脳会談において、モディ首相がプーチン大統領に「今は戦争の時代ではない」と述べたことである。インドは、ロシアに配慮しつつも、戦争そのものには反対していることを明確に示したのである。

インドのロシアに対する友好的な姿勢の背景には、過去70年間、ソ連およびロシアが一貫してインドを支持してきたことがあるが、現在も続く利害関係もある。例えば、インドは、中国に対抗するために、その反対側に位置するソ連と事実上同盟関係になってきた経緯がある。だから、インドはロシアに、中国対策を期待している。冷戦後、ロシアは中国に武器を売るようになり、ロシアのウクライナ侵攻を受けて、中露の連携はますます深まっているから、中国対策にロシアを役立てたいと考えるインドの期待は裏切られつつあるのだが、インドがロシアに配慮しないと、ますます中国とロシアが接近してしまうという危機感を、インドは持っている。

また、インド軍に配備された武器の約半分が旧ソ連・ロシア製であり、特に戦車、艦艇、戦闘機といった正面装備多い。武器は高度に精密なものであるにもかかわらず、乱暴な環境で使うものである。だから、頻繁に壊れ、専属の修理部隊が修理して使う。そのため、修理部品の供給が必要となる。また正面装備は弾薬を使うため、弾薬の補給が必要である。インドの正面装備の多くをロシア製が占

めているということは、ロシアからの修理部品や弾薬の供給に依存していることを示し、インドが中国やパキスタンと戦う際に、ロシアから修理部品や弾薬を送ってもらわないと戦闘できないことを意味している。

　しかし、過去10年をみてみると、この関係は変化しつつある。インドが、米国、英国、フランス、イスラエルから輸入する武器の金額が増えつつあり、ロシアから輸入する武器の金額を上回っている。さらにロシアがウクライナ侵攻を開始して以降、ロシア自身が戦場で多くの武器を必要としており、さらにロシアに対して半導体の輸出を規制する経済制裁もかけられ、結果として、ロシアはインドに対して、武器の輸出ができなくなっている。インド空軍がロシアから輸入する武器にかける予算は減り、地対空ミサイルS-400に関しても、当初の契約では5個大隊分導入することになっていたが、3個大隊までで終わりそうである。

　さらに、印露間の貿易に関しても、変化が出ている。インドは、ロシアのウクライナ侵攻後、ロシアからの原油輸入を増やし、ロシアとの間で自由貿易協定の交渉を進めている。こうした動きは一見すると、インドとロシアの関係の強化を示している。しかし、実際は、このような貿易で、ロシアは相当打撃を受けているとの指摘がある。

　まず、インドはロシアから原油の輸入を増やしているが、非常に安い価格で購入しているようである。そのため、対露制裁として、1バレル60ドル以上の価格で原油を購入した場合、海上保険などが適用できないようになっているが、インドがロシアから購入する場合、1バレル60ドル以下であり、これに違反しない。このように低価格では、ロシアが得られる収入はわずかである。

　また、ヨーロッパ各国がロシアから原油を輸入できなくなる一方で、インドから輸入する例が増えつつある。つまり、インドは、ロシアから安く原油を輸入し、それをまともな価格でヨーロッパへ輸出し、その差額で儲けているようである。だから、インドはロシアから原油を輸入する際に、より安く輸入する動機をもっており、ロシアは厳しい取引を強いられている。

　さらに、ロシアは、経済制裁を受け、SWIFTをはじめとする米ドル決済のシステムを利用できなくなっており、別の通貨で取引せざるを得ない。ロシアとしてはロシアの通貨ルーブルで取引したいが、インドは、ルーブルをもらっても他の通貨に

交換できず、使い道が限られるため、ルーブルを拒否している。そこでインドの通貨ルピーで取引することになるが、そこでもめている。インドが提案しているルピーとルーブルの交換比率が、インドに有利すぎ、ロシアが懸念を示しているためだ。

さらに、インドとロシアとの自由貿易交渉の背景には、インドがロシアから輸入を増やしているのに、ロシアがインドから輸入を増やしていないため、貿易不均衡になっており、インドがロシアに対して、インドからもっと輸入するよう要求していることが背景にある。こうしたインドの姿勢を見る限り、インドはロシアを支えるために努力をしているとはいえ、それを理由に、インドにとって相当いい条件をロシアに強いているようにみえる。

しかも、インドは、ウクライナやNATOとの交渉を止めたわけではない。ロシアのウクライナ侵攻後、モディ首相とゼレンスキー大統領は複数回電話会談を行っているし、23年3月にウクライナの副外相も訪印して協議を行っている。そして、同じ3月、ライシナ会議を機に、NATOからも代表者が訪印し、インドと協議も行っている。

上記のように、インドは、中国対策、武器の供給などで、ロシアとの連携に魅力を感じている。また、中央アジアからくるイスラム過激派テロ対策などもインドにとって、ロシアとの協力は魅力がある。しかし、ロシアは中国との連携を深め、武器の供給にも支障をきたしている。インドとロシアの関係は、まさに、変化の途上にある関係といえる。

緊張続く印中国境と米印関係の強化

印中国境においては、20年以降、すでに3年近い緊張状態が続いている。20年6月、釘が多数出た鉄の棒や青龍刀で武装し、インド側に侵入してきた中国軍は、インド軍を待ち伏せして襲撃、1,000名近い大乱闘となり、インド側だけで死傷者約100名近くを出す事件となった。それ以後、中国側は、極超音速ミサイル、ステルス戦闘機、大規模な戦車部隊を展開し続けている。さらに、中国側は22年8月時点で629カ所の村を建設し、そこを拠点に徐々にインド側に侵入する準備を進めているものとみられている。

このような中国側の動きに対し、インド側も対抗措置をとっており、印中国境に

インド軍も大規模展開したままだ。例えば印中国境のラダクだけで両軍5-6万人ずつの兵力が展開している。印中国境は総延長で3,500-4,000キロメートル近い長さがあり、これは日本の東西ないし南北の長さに匹敵するものである。そのため、22年12月には西の端のラダクとはまったく反対側のアルナチャル・プラデシュ州で中国軍がインド側に侵入事件を起こし、両軍が小競り合いを起こしている。

　ただ、印中国境においては、中国側に比べインド側のインフラが悪い。筆者は22年8月に実際現地を訪れたが、ラダクのパンゴン湖では、中国側が200両もの大規模な戦車部隊を展開し、補給するインフラを整えているのに対し、インド側は、1車線の道路しかなく、その3分の1は舗装されていないなど、兵站網という点で問題が多いことが確認できた。インドはインフラ整備を急いでいるが、現時点では問題の多い状態であった。

　このような緊張状態は、外交的に多くの問題を起こしている。インド側としては、侵入事件を起こした中国側が、インド側から撤退し、国境地域に展開する兵力を減らし、緊張を解くまで、対面での首脳会談を拒否している。そのため、22年にウズベキスタンで開催されたSCOの首脳会談においては、その直前に、20年以降インド側に侵入させてきた中国軍を撤収させた。

　しかし、中国側は、印中国境に展開させている極超音速ミサイルやステルス戦闘機、大規模な戦車部隊などを撤退させておらず、緊張状態が続いている。23年、インドはSCOとG20の議長国で、中国側から代表者がインドでの会議に参加するため、この国境地域での緊張状態が緩和するかどうかが、重要になっている。23年3月末に行われたSCOの国家安全保障局長級の会合では、中国とパキスタンの代表は、インドに入国できず、オンライン参加となった。4月に行われたSCOの国防相会談では、インドは中国の国防相は受け入れ、パキスタンだけがオンライン参加となったが、インドの国防相は、中国側の国防相に対し、印中国境での緊張を緩和するよう強く要求した。

　ただ、印中国境に関して、印中間の主張は違っている。中国側は、侵入地域から撤退したのだから、現時点ですでに現状だとの認識を示すのに対し、インド側は、現時点でも中国軍はインドが自国領だと考えている場所に居座っており、さらに、最新兵器を装備した部隊を大規模展開するなど、以前よりも緊張をエスカ

レートさせ、その上、インド側への侵入事件そのものの数も増やしていることを問題視している。そのため、双方は繰り返し交渉を行っているものの、緊張状態が継続しているのである。

このような印中国境の緊張状態は、インドと米国の関係に影響を与えている。インドと米国の関係は、ロシアがウクライナへの侵攻を開始した時点では、立場の違いから、バイデン大統領がインド側の対応を非難するなど、心配される情勢であった。しかし、中国が印中国境で緊張状態を継続する中、両軍の協力関係は、明らかな進展を遂げている。そのことを端的に表しているのが、両国の共同演習の位置である。

22年8月、両国は印中国境から200キロメートルのところで共同演習を実施した。11-12月にかけては印中国境から100キロメートルの位置で共同演習を実施した。そして23年4月には、第二次世界大戦中、中国大陸にいる日本軍を爆撃するために使用したインドのカライクンダ空軍基地に、通常弾頭の巡航ミサイルを運用するB-1爆撃機を展開し、インドと共同演習を実施した。これらの演習は、インドにとっては、中国が印中国境で緊張を高めれば、インドは米国と協力し、中国に対し強い軍事的反撃を加えることができることを示すことになる。一方米国からすれば、印中国境でインドを支援する軍事介入を行う可能性を示唆するものであり、中国側が台湾侵攻を考える際は、中国軍の一部を印中国境側に引き付ける狙いがあるものと思われる。

G20の議長国としてグローバルサウスの代表を狙う

インドは、23年、G20の議長国を担う。インドは200以上のG20関連イベントを、インド各地の50以上の都市で行い、9月にG20の首脳会談を行う計画だ。モディ首相は、全国の知事を集めた会議を開催し、G20は「インドの力を示すユニークな機会」だと述べ、ジャイシャンカール外相は、「（インドの各地方も含めた）国家的お祝い」にしたいとも発言している。モディ首相は22年12月1日に読売新聞にも寄稿しており、その意気込みがわかる。その中で、インドが掲げているのが、グローバルサウスの代表者としての位置づけである。

このようにインドがグローバルサウスを掲げている背景には、インドがグローバ

ルサウスの国々と共通の認識を有している側面がある。22年6月にインドのジャイ
シャンカール外相は「ヨーロッパは、ヨーロッパの問題は世界の問題だが、世界
の問題はヨーロッパの問題ではないという認識から脱する必要がある」と述べ、
ロシアのウクライナ侵攻に比べ、他の地域の紛争や危機が軽視されているとい
う、グローバルサウスの認識を代弁した。

　特に、ロシアのウクライナ侵攻の後、食糧やエネルギーの供給が滞り、価格が高
騰したことはグローバルサウスにとっては深刻であった。グローバルサウスの国々
では、食糧やエネルギーが十分に供給されないと、実際に人が死ぬほどの、まさに
死活問題である。こういった情勢から、ヨーロッパ諸国、特に西側諸国は、ロシア
のウクライナ侵攻のことは気にかけているが、グローバルサウスが直面する死活的
な問題を気にかけずに対露制裁を行っているという認識になるのである。そして、
そういった認識は、グローバルサウスの国々が、かつて、主に西側諸国の植民地
だったことを思い出させ、西側諸国に対する反感となっているのである。

　ただ、ロシアのウクライナ侵攻以降、グローバルサウスの重要性が認識される
ようになったのは、世界政治の中で、その影響力が増大しているためだ。ロシア
のウクライナ侵攻を受けた対露制裁に、多くのグローバルサウスの国々が参加せ
ず、ロシアと貿易を続けていることは、対露制裁の抜け穴になっている。また、グ
ローバルサウスの国々の中で急速な経済成長を遂げている国々の影響力を無視
し得なくなってもいる。G20はその一例で、G7の国々のGDPが世界全体のGDP
に占める割合は、1980年代は6割を超えていたのに対し、20年代には4割程度
になっている。一方、G20が世界のGDPに占める割合は85%に到達しており、グ
ローバルサウス、特にその中でも新興国の影響力の増大を示している。世界の情
勢を議論する際に、G7に加え、グローバルサウスの国々をどう取り込むか、以前
よりもはるかに重要度を増していることがわかる。

　このようなグローバルサウスの取り込みは、西側諸国だけでなく、中露なども
認識しており、グローバルサウスをどの国が味方につけるのか、大国の影響力
争いの場でもあり、実際に競争が激化している。議長国は、G20の構成国の他
にゲスト国を呼ぶことができる。今年インドが招待することを計画しているの
は、バングラデシュ、モーリシャス、オマーン、シンガポール、アラブ首長国連邦

（UAE）、エジプト、オランダ、スペイン、ナイジェリアである。このうち、バングラデシュ、モーリシャス、オマーン、シンガポール、UAEについては、インド洋の沿岸国である。中国と争うインド洋地域において、インドの影響力を確保するため、これらの国々との連携を模索したものとみられる。

　インドが中国を意識していることは、G20にまつわる200以上とされるイベントにも見て取れる。インドが議長国になる直前の11月、インドの元外務次官が、G20各国の大使を引き連れて、インドのアンダマン・ニコバル諸島を訪問した。もしインドが十分な軍事力を持ち、ここを封鎖すれば、中国は困るとされ、インドが軍事展開を進める戦略上の要地である。インドがG20の大使たちを案内し、各国に状況を説明すれば、自然と、各国は、インドと中国がインド洋で展開するパワーゲームに気付く。インドがインド洋の安全保障上、重要であることを示し、中国の影響力拡大に対抗しようとしているものとみられる。

　インドはゲスト国以外に、国際機関も招待している。インドが、日本が強い影響力をもつアジア開発銀行の代表を呼んでいることは、注目である。中国のインフラ開発計画よりも、日本のインフラ開発を重視していることの表れでもある。

　加えて、今回のG20で掲げている、モディ首相の言葉は、中国にとっては、不愉快なものかもしれない。モディ首相はG20議長国就任にあたり、「われわれはトップダウンではなく、市民が主導する人々の動きとしての国家の発展を目指す」と演説している。

　インドは、グローバルサウスの代表者としての立場を掲げながら、西側諸国に自国の重要性を示し、同時に、中国への対抗策を進めていくものとみられる。

内政と経済

　モディ政権は、愛国心を高める政策を採用しており、その傾向が随所にみられるようになっている。また、インドは国内の反乱勢力などの鎮圧に成功しつつあり、同時に24年の下院総選挙に向け、選挙ムードになっており、与野党の批判合戦も激しさを増している。また、経済成長率は、中国を上回っており好調である。

　モディ政権の愛国心高揚政策は、街中にインド国旗が増え、デリー中心部への

スバス・チャンドラ・ボーズ像の建立、戦没者慰霊施設の建設などでみてとれ、その落成式（22年9月）にはモディ首相が出席した。23年1月には、アンダマン・ニコバル諸島の21の島に、勲章受章者の軍人の名前をつけるなど、国への奉仕の重要性を随所で示している。

　インドは、実際に、反乱対策でも成果が出つつある。インドでは長年、多くの反乱・テロに悩まされており、中国とパキスタンはそれらの反乱を支援してきたものとみられてきた。カシミールにおいてはイスラム過激派が、インド北東部においては独立派の各種武装勢力が、そして、インドの東部から南部にかけて広い範囲で毛沢東主義派が活動してきた。しかし、インド北東部においては1970年代以降、カシミールにおいては01年を境に活動が減少しはじめ、19年、モディ政権がカシミールを分割し、中央政府の直轄領にして以降、活動はほぼ沈静化しつつある。パキスタン側からは繰り返しドローンが越境し、麻薬や現金、武器などが運ばれてはいるものの、それらも迎撃が進んでいる。そして、毛沢東主義派についても、09年には2,258件あったテロ事件も、21年には509件に減少し、減少した。そのため、テロ対策のための軍への権限移譲を定めた法律「軍特別権限法」などに関して、各地域への適用を止めるべきか、議論になるようになった。

　こういったインドの治安状況の改善は、04年に下院議院の総選挙を見据えて、与野党対立に利用されるようになっている。モディ首相の人気が高いまま推移する中、野党は、モディ政権の政策が非民主的であると指摘する傾向が強まっている。これは、仏教徒やキリスト教徒に対する政策よりも、特にイスラム教徒に対する政策をめぐって、モディ政権は、批判を受けている。例えば、中央政府の政権与党と同じインド人民党が政権をとるカルナータカ州では、イスラム教徒の女性がヒジャブ（スカーフ）を巻いて頭を隠したまま登校することを、禁止する例が出ている。学校にスカーフをかぶって登校することを禁止すべきかどうかという議論は、フランスやトルコでも伝統的な議論として存在し、政権によって左右されてきた。特にタリバン政権がアフガニスタンで女性に頭を覆うよう強制してクローズアップされた側面でもある。ただ、モディ政権を批判する側からすると、これを「非民主的」という立場から批判するようになっている。

　その中で象徴的に取り上げられたのが、BBCが作ったドキュメンタリーが、イ

ンドでは視聴禁止になったことだ。この番組はモディ首相がグジャラート州知事だった時代に起きた、ヒンドゥー教徒の巡礼者の乗った列車に対する焼き討ち事件と、それに対する報復として、数千人のイスラム教徒が殺害された事件に関して、モディ首相の責任を問うものであった。当然、野党である国民会議派にとって有利になるが、野党である国民会議派が政権党であった時代にも、例えばインディラ・ガンジー首相がシーク教徒に暗殺された際には、数千人のシーク教徒が殺害された事例があるし、10年には、国民会議派政権時代に、NHKがつくったカーストに関する番組に対し、NHKのニューデリー支局長に対してビザを発給停止にした事例などもあった。そのため、選挙直前の状況を背景に、与党への批判があるが、与野党を問わず、インドでは、このような事例が断続的に起きてきた経緯がある。こうしたモディ政権への批判を懸念する見方は、西側諸国でも強まっており、これが、インドと西側各国との関係に影響しないのか、懸念する見方がでている。

　モディ政権の高い人気を支えているものの一つは、インドの高い経済成長率である。ゼロコロナ政策などで失速した中国に比べ、高い経済成長率をみせており、国際通貨基金（IMF）のデータによれば、23年1月の推計で、22年、中国は3％の経済成長率だったのに対し、インドは6.8％の経済成長率だったと発表している。また、23年2月、IMFは、中国の23年の経済成長率を5.2％、23年4月、インドの23年の経済成長率を5.9％になると予想している。現時点ではインドは中国の経済規模に大きく差をつけられているが、もしインドが中国に急速に追いついてくるとなれば、中国が、インドを脅威と捉える可能性もあり、安全保障情勢に直結するだろう。

軍事情勢

（1）全般

　インド軍の今年の柱は大きく三つある。一つは、インド軍を陸海空の統合司令部のもとで再編する計画が、21年12月の陸軍出身のラピン・ラワット統合国防長の事故死で停滞していたが、22年9月、後任に陸軍出身のアニル・チャウハン統合参謀長が就任し、再び動き始めたことである。

　二つ目は、武器の国産化に向け、今まで以上に力が注がれたことだ。武器の国産化は、インド独立以来、目指してきたものであったが、順調ではなかった。インド軍の国産兵器への評価は低く、国産戦車アージュンや国産戦闘機テジャズなどが完成しても、インド陸軍は、ロシア製のT-90戦車、Su-30戦闘機の採用数の10分の1以下の数しか、国産兵器を発注してこなかった。しかし、ロシアのウクライナ侵攻によって状況は大きく変わったのである。ロシア自身が武器を必要としただけでなく、対露経済制裁によって、ロシアへの半導体の輸出が滞り、ロシアはインドに対して十分な武器、その部品、弾薬などを供給できなくなった結果、インドで、国産兵器導入への強い機運が醸成された。毎年1月26日に行われる共和国記念日の軍事パレードでは、21年まで、T-90戦車が花形であったが、22年以降、アージュン戦車に切り替わった。23年には、共和国記念日の21発の礼砲を行う火砲も、国産火砲に切り替わった。テジャズ戦闘機に関しても、1年の生産数を16機から24機に増強し、より多くの機体をインド軍に広く配備する方向性が示されたのである。インドの国産兵器は、まだ多くの部品を外国に依存しており、例えばアージュン戦車に関しては60％が外国製部品でできているが、それらはロシア製ではなく西側各国の製品である。国産艦艇、テジャズ戦闘機もエンジンは米国製である。実際、米印間では、米国製エンジンのインドへの技術提供について合意がなされつつある。そのため、インドが配備武器を国産化する過程で、ロシアから西側各国の兵器に切り替わっていく流れが起きている。

　三つ目の柱は、新しい技術に基づく戦術への取り組みが活発化していることである。ロシアのウクライナ侵攻においては、双方がドローンを大量に使用し、ドローンの使用法とその対策が急務となっている。インドは生産連動型優遇策（PLI）構想をドローンに適用し、ドローンの生産技術導入および国産開発に本腰を入れるとともに、ドローン対策用の機関銃設置台、機関砲照準システムなど大量に研究開発・配備を進めている。こうした新しい技術に基づく新しい戦術の導入は、ドローンに限らず、AI、3Dプリンター、量子コンピューターなどに関しても取り組みが進展している。日米豪印首脳会談でも、決定的技術の管理について合意がなされ、それに基づいて、23年1月に米印間で協定が結ばれた。また、先端半導体に関して、その生産の9割を台湾が担っているため、台湾有事に

よって先端半導体を使う新兵器の生産ができなくなる懸念が広がっている。結果、台湾の先端半導体の工場を、日本の熊本を含め、米国、オーストラリア、ヨーロッパに建設する動きが広がっているが、インドについても、グジャラート州に、台湾企業の半導体工場をつくる話し合いがなされている。

（2）総兵力

インドは、145万人の正規軍、ほぼ同規模の予備役や準軍隊を有する大規模な軍事力を有している。一方で経済成長著しい中、将校不足、艦艇増加に伴う乗員不足、多額の人件費と年金（日本と違い、国が支給する年金がある）など、問題も抱えている。

（3）国防費

23年2月にインド政府から発表された2023-24年度の国防費は約594,000クロー（1クロー＝1,000万インドルピー（約726億米ドル）で、前年より13%の伸びである。内、新装備購入に充てる予算が国防費全体の約27%を占め、約45%が人件費や維持管理費、約23%が退役軍人の年金である。今年は、印中国境の緊張に対応するため、国境インフラ建設への資金がより多く配分されている。

（4）核戦力

インドの核弾頭保有数は約160とみられ、パキスタンより5少ない。インド軍は射程5,500キロメートルまでの弾道ミサイル、戦闘機、戦略ミサイル原潜を有するが、戦略軍コマンドの指揮下には弾道ミサイル部隊のみであり、戦闘機は空軍、原潜は海軍の指揮下にある。インドからは700キロメートルでパキスタン全土、3,500キロメートルで北京、5,000キロメートルで中国全土が射程に収まる。ミサイル防衛として国産のPAD、AADを配備しており。複数の極超音速ミサイルの開発にも成功しつつある。

（5）宇宙

22年5月-23年4月までに5回の打ち上げを行い、4回成功し、9基の衛星を打ち上げている。インドは10年以降、通信衛星GSATを19基、ナビゲーション用衛星IRNSSを8基、地球科学衛星CartoSatを6基、レーダー衛星RISATを4基、偵察衛星EMISATを1基など、打ち上げに成功している。19年にミサイルによる衛星迎撃実験にも成功した。

（6）通常軍備

陸軍：124万人。6つの陸軍管区司令部（北部、西部、南西部、中部、南部、東
　　　部）と訓練司令部を保有。陸海空の統合司令部へ再編中。印中国境の
　　　緊張があり、対中配置に重点を置いている。

海軍：7万人。沿岸警備隊1万人。空母2、大型水上戦闘艦27、潜水艦16を含
　　　む約140隻を、戦闘用の西部・東部方面艦隊と訓練・教育目的の南部方
　　　面艦隊の3つの艦隊に配置。艦艇数は27年に200隻を超える可能性が
　　　ある。地上部隊も探知可能なため、対潜哨戒機1機を印中国境に展開。
　　　空母2隻の艦載機が不足し、フランス製ラファールか、米国製のF/A-18
　　　を検討している。

空軍：14万人。空軍はミグ21の退役に伴い数的に減少傾向。本来は戦闘機42
　　　-45飛行隊必要とされているが、30飛行隊。30年までに35飛行隊を目
　　　指す。地対空ミサイルの更新が待たれている。

パキスタン

　22年4月にカーン政権が倒れ、かつて首相を務めたナワーズ・シャリーフ元首
相の弟であるシャバーズ・シャリーフ首相の政権が誕生して以後、パキスタンの路
線は若干、西側寄りになっている。その背景には、パキスタンが直面する危機的
状況がある。

　パキスタンは、中国の「一帯一路」構想の旗艦事業である「中国・パキスタン経
済回廊（CPEC）」の構想を進めており、多額の債務を抱えていた。しかも、もと
もと汚職体質で、経済改革は停滞しており、経済は低成長で、財政赤字だけでな
く、外貨準備高の減少、インフレまで起きていた。そこに新型コロナウイルスの感
染拡大による打撃を受け、その危機終息後の世界的な食糧、エネルギー価格の
上昇があったところに、22年2月のロシアのウクライナ侵攻の影響による食料・エ
ネルギーの価格のさらなる上昇があった。その上、同年6-9月に国内各地で洪水
被害が発生し、国民の生活を直撃するところとなっていて、継続的な大打撃を受
けた状態になっている。そのため、多額の資金を必要としており、中国には債務

返済の期限延長を求め、サウジアラビアやUAE、トルコなどから資金を借りるなどの努力を行うとともに、22年4月にIMFと基本合意し、資金を融資してもらう代わりに歳入改革、電力等の循環債務の問題などを解決することが求められている状態である。

　また、安全保障上の問題を抱えており、特に、21年8月のアフガニスタンからの米軍の撤退とタリバン政権の成立以後1年で、パキスタン国内におけるイスラム過激派の活動が50％以上伸びている。特に「パキスタン・タリバン運動（TTP）」との関係は問題が多い。前のカーン政権は、パキスタン軍の軍事攻撃により弱体化し、アフガニスタンなどに逃げていたTTPのメンバーに対し、アフガニスタンにタリバン政権が成立して以降、武器を捨てればパキスタンに戻って定住してもよいという政策をとった。ところが、パキスタンに戻ってきたTTPのメンバーは、カーン政権と対話で、武器を放棄することに同意せず、対話が決裂してしまった。カーン政権失脚後、シャリフ政権は、対話を停止、22年11月にTTPとの停戦は破棄され、テロ事件が急速に増えたわけである。同じ11月、カーン元首相も銃撃を受け、足を負傷した。23年1月末には、ペシャワールのモスクで400人の警官が礼拝をしているところに、自爆攻撃が行われ、100名以上が死亡した。23年4月、パキスタンは、TTPに対する大規模軍事作戦を開始した。

　さらに、もともとカーン前政権が、中国やロシアとの関係を強化してきた背景があり、22年2月にロシアがウクライナへ侵攻を開始した際には、その侵攻を開始した日に、カーン首相がモスクワを訪問してプーチン大統領と会談していた。そうしたことが背景にあって、次のシャリフ政権は、どちらかといえば、より米国との関係を再建しようとする傾向にある。

　結果、ロシアのウクライナ侵攻に関しては、ウクライナに対しての弾薬供給を始め、英国やドイツ、ポーランドなどを経由して、23年2月の時点で、車載型の大型ロケット砲のロケット弾1万発、その他の砲弾の部品などを供給するなどしている。

　そのため、米国の政策も変化している。米国は長期的には、パキスタンに対する軍事支援を止めつつあり、特に、トランプ政権は、パキスタン支援に関して厳しい姿勢をみていた。しかし、22年9月、バイデン政権は、4億5,000万米ドルに及ぶ、パキスタンのF-16戦闘機のアップグレードに応じることを決めた。インドはこ

れに強く抗議しており、インドと米国の関係に影響が出るものである。

　一方で、パキスタンは、ロシアから原油を安い価格で輸入してもいる。そして、特に、中国とパキスタンとの連携、パキスタンとタリバン政権のアフガニスタンとの連携は依然として強固なものがあり、中国とタリバンの交渉が進むにつれて、この3カ国すべてが「一帯一路」構想で協力する交渉が進んでいる。23年5月、中国とパキスタンは、「一帯一路」構想に基づくインフラ支援を、アフガニスタンまで延長することで、合意した。

　パキスタンとインドの関係は依然として、改善していない。パキスタン側からは、インド国内にいるテロリストを支援するためとみられるドローンが飛来し、武器や現金、麻薬などを運んでいる。23年、インドはSCOの議長国として国防相会談、国家安全保障局長級会談を行っているが、パキスタンに関しては国防相、国家安全保障局長級高官は訪印できず、オンライン参加となっている。

軍事情勢
(1) 全般
　本来パキスタンの軍事戦略においては、インドに対抗するために通常戦力だけでなく、核戦力を整え、インドを攻撃するテロリストを送り込んで国力を弱める。同時に、背後にあるアフガニスタンに親パ政権を打ち立てて背後を固め、インドに送り込むテロリストの人材も確保する。このような戦略をたてて、実際に過去30年以上、実行してきた。21年8月にアフガニスタンにおいてタリバン政権が成立した時、アフガニスタンに親パ政権が樹立し、このような戦略は現実味を帯びてきたようにみえた。しかし、今、パキスタンが直面しているのは、ひどい経済状態でIMFの指導を受け、国防費を大幅に増やすことが難しい中で、アフガニスタンから帰国したTTPと戦わなければならないという、厳しい状況である。国内情勢の悪化を受けて、インドに対する攻撃も難しくなっている。このような状況では、パキスタンがインドへ対抗するには、核兵器に依存する傾向がますます強くなることを意味している。

　今後、パキスタンが、破綻国家となり、テロリストの温床になることすら懸念され、その際、保有する核兵器が誰の手に渡るかといった懸念も高まりつつある。

（2）総兵力

総兵力は65万人、準軍隊29万人。

（3）国防費

22年6月公表（7月施行）の国防費は1兆5,300億パキスタンルピー（75億米ドル）で、前年より12%の伸び。陸軍が国防費全体の47%、海軍11%、空軍21%、残りは装備品の生産部門などである。退役軍人の年金は含まれていない。

（4）核戦力

インドを5上回る165の核弾頭を保有。中国製、北朝鮮製のミサイルを元にした射程70-2,000キロメートルの各種弾道、巡航ミサイル、および戦闘機が核弾頭を運搬する。射程の短いミサイルは、インドがパキスタンを限定攻撃した際に使用する限定核攻撃用の戦術核である。指揮は国家戦略総司令部で行う。保有する中国製のLY-80地対空ミサイルには、弾道ミサイル防衛能力がある。

（5）通常軍備

陸軍：56万人。9つの軍団、1つの地域コマンド、2つの特殊作戦群など。

海軍：23,800人（海兵隊3,200人、沿岸警備隊2,000人を含む）。潜水艦8隻（3隻は小型）、大型水上戦闘艦8隻を含む海軍を保有。内、フリゲート艦6隻は中国製。さらに、中国から潜水艦8隻、フリゲート艦2隻、トルコと共同開発したフリゲート艦8隻も導入中である。

空軍：7万人。戦闘機は16飛行隊。中国製のJ-10戦闘機、中パ共同開発のJF-17戦闘機が主力。J-10、JF-17ともエンジンはロシア製となっている。

（ハドソン研究所研究員／平和・安全保障研究所研究委員　長尾賢）

アフガニスタン

女子教育から後退するタリバン政権

22年8月18日付の毎日新聞でアフガニスタンのタリバン暫定政権のハッカーニ高等教育相は、教育環境の整備に国際社会の支援を求め、教育は男女の分け隔てなくすべての人のものであることを強調した。アフガニスタンの部族の掟の一つである「女性の尊厳」は女性の貞淑を厳格に守ることが男性の徳目とされ、そ

れは女性の保護を求めるイスラムの教えとも重なり、教育の場でも尊重されなければならないとタリバンは考えている。タリバンは男女別学の教育制度を考えるが、それが欧米の価値観との離齬が生まれ、欧米はタリバンが女性を蔑視し、人権を侵害しているという見方をする。

　米国務省は22年10月11日、女子教育の欠如などを理由にアフガニスタンに対するさらなる制裁を科すことを発表した。

カブール・テロと、中央アジアと繋がる「ISホラサーン州（ISKP）」

　22年9月5日、カブールのロシア大使館前で自爆テロが発生し、大使館員2人を含めて6人が犠牲になった（ロシア・メディアは25人死亡と伝えている）。ロシアはタリバン政権にとって国際的孤立を緩和する役割を担っているだけに、テロはタリバンの統治能力をも疑わせるものだった。過激派組織イスラム国（IS）が犯行声明を出したが、アフガニスタンで活動するのはIS支部の「ISホラサーン州（ISKP）」だ。

　ISKPには中央アジア出身者が多いが、彼らはシリア内戦などに参加して軍事技術を身につけ、ISが国際的テロ・ネットワークを築くことにある意味で貢献している。ロシアに出稼ぎ労働に出かけたものの、コロナ禍や、ウクライナ戦争でロシアが経済制裁を受ける中で職を失い、またロシア国内で人種差別を受けるなど、経済的困苦や社会的疎外感などから過激派の活動に身を投ずる中央アジア出身者たちがいる。

　ロシアのプーチン大統領はウクライナからナチスを一掃すると言って侵攻を始めたが、ロシアでは、タジキスタンやキルギスなどの中央アジアからの出稼ぎ労働者、ダゲスタンなどカフカスのムスリムたちがネオナチのヘイトクライムの対象となり、ロシアは民族的マイノリティにとっては最も危険な国と言われてきた。2000年代には9歳のタジク人の少女がスキンヘッドの集団に刺殺される事件が発生したり、ネオナチの集団がタジク人とダゲスタン人の青年を斬首する動画をネットにアップしたりすることもあった。

　ロシア・ウクライナ戦争が長期化し、ロシア経済がいっそう苦境に追い込まれれば、ISの活動に身を投ずる中央アジア出身の若者は増加する可能性がある。また、

ウクライナ戦争は国際社会の目をいっそうアフガニスタンから遠ざけることになっている。

女子の学習塾を狙ったテロの発生

さらに9月30日に、カブールの学習塾で自爆テロが発生し、53人が死亡し、負傷者は110人に及んだ。このテロもまたISKPによるものだった。ISはこの学習塾がシーア派の、民族的にはハザラ人の子女が多く通うという理由でテロの標的にした可能性が高い。ハザラ人にはシーア派教徒が多いが、ISにはシーア派を異端視する傾向があり、アフガニスタンではシーア派はISだけでなく、1990年代の内戦時代、厳格なスンニ派の武装集団の攻撃対象にもなっていた。学習塾は主に女子生徒が通学していたが、それはタリバンが日本の中学校、高校にあたる中等教育で女子が学ぶ環境が整っていないという理由で、女子生徒の通学を停止させたからだ。個人が開く塾や大学では女子の通学が可能だった。そのために、大学を目指す女子生徒たちは学習塾に通っていた。

タリバンの女性観は家父長的であり、女性だけの教育環境をつくるために女子教育の延期はやむを得ない措置だと説明し、女性は庇護奉仕されるべき存在だと考えている。女性は保護しなければならないというタリバンなりのイスラムの解釈が女性の教育や社会への参加を遅らせているが、ISはシーア派を異端と考えるだけでなく、女性の社会的役割の拡大にも反発して、大規模なテロに及んだ。

悪化する経済と深刻になる人道危機

22年12月20日、グリフィス国連事務次長（人道問題担当）兼緊急援助調整官は、アフガニスタンの人道状況がいっそう悪化し、さらなる人々が緊急支援を必要としていると訴えた。国連によれば、アフガニスタンでは97％の人々が貧困のもとに暮らして3分の2の人々が生存のための人道支援を必要とし、2,000万人の人々が飢餓に直面している。また、人口の半分が清潔な水を利用することができない。さらに、700万人のアフガニスタン人が難民などとして近隣諸国で生活し、340万人が国内避難民として暮らしている。

アフガニスタンは貧困、経済の衰退、不安定な統治の他に、3年連続の干ばつ

という問題にも直面している。干ばつに伴う水不足は食料不足、疾病、死亡という問題をもたらし、冬の寒気もまた人々の生活を厳しいものにしている。

　米国はアフガニスタン中央銀行へのタリバンの関与を断つことが金融システム信頼回復になると考え、タリバンと関係の深い中央銀行幹部の更迭を求めているが、タリバンがアフガニスタンを支配している以上、米国の構想や要求は不可能に近く、アフガニスタンの中央銀行は円滑に機能しないままだ。

　21年8月のタリバンの政権奪取後、アフガニスタンの銀行システムは事実上崩壊し、現地通貨アフガニーは暴落し、アフガニーとドルも不足している。米国バイデン政権はアフガニスタンの在米資産の半分を9.11の被害者遺族の補償に用いる可能性もあり、アフガニスタンの資産全面解除は目下のところ考えていない。アフガニスタン中央銀行は、合法的な商取引や人道支援の処理や決済など、基本的な中央銀行の機能を果たすことができないままで、そのためアフガニスタンではタリバン政権以前は国家予算の7割を占めていた海外からの支援も途絶えるなど、基本的な経済活動も大幅に制約されている。

　タリバン政権に対する米国などによる経済的制約がアフガニスタンの飢餓をいっそう深刻なものにして、人々の健康を阻害することにもなっている。23年1月、国際連合世界食糧計画（WFP）は数百万人の子どもたちが消耗し、飢餓に瀕していると報告した。また、WFPによれば国民の3分の1以上が飢餓状態に置かれ、97％が貧困ラインよりも下の生活を送っている。アフガン人の90％が食料不足に苦しみ、家計の負担軽減のために子どもたちが労働を余儀なくされている。世界銀行によれば、主食のコメや小麦の価格も22年の7月から8月にかけて倍となるなど、著しい上昇を続けている。

反発されたヘンリー王子の「タリバン兵」殺害の記述

　英国のヘンリー王子は、23年1月に発売となった著書『スペア（原題：Spare）』の中でアフガニスタンでの軍務の中でタリバン兵士25人を、チェスボードから駒を排除するように殺害したと述べている。

　ヘンリー王子は12年から13年にかけてアパッチヘリの操縦士として従軍したが、アパッチヘリの機首にはビデオカメラがとり付けられているために、何人殺害

したかを把握できる。王子は、操縦室の武器システムの操作は「楽しいよ。僕は
プレイステーションやXboxで遊ぶのが大好きな人間だから」とインタビューで答
えたことがある。王子が操縦したアパッチヘリは、1980年代にソ連軍のヘリがア
フガニスタンで米国製のスティンガー・ミサイルで続々と撃ち落された時のような
地上からの脅威はほとんどなかった。

　タリバン外務省のバルキー報道官が「アフガニスタンに対する欧米の占領は、
人類の歴史の中で本当に忌まわしい時代であり、ヘンリー王子のコメントは、
罪のないアフガン人が無責任にも占領軍の手によって殺害されたトラウマの縮
図だ」と語るなど、ヘンリー王子の著書の内容はタリバンによって激しく反発さ
れた。

アフガニスタンの人々は中村哲医師の業績を忘れない

　アフガニスタンで用水路建設や医療支援など数々の人道支援を行った中村医
師の功績を称える広場がアフガニスタン東部のジャララバードで完成し、22年10
月11日に記念式典が開かれた。

　広場を建設したタリバンの関係者は「この地域に尽くしてくれた中村さんに、
住民はとても感謝しています」と記念式典で挨拶した（NHKニュース）。

　広場には中村医師の肖像画も掲げられ、そのもとには中村医師の名前が大き
く、また支援活動の業績も記されている。タリバンは01年にバーミヤン大仏を破
壊し、また21年8月に政権掌握後、カブール市内に描かれた中村医師の肖像画を
白く塗りつぶしてしまったが、偶像崇拝を厳格に禁止するタリバンがその主義主
張を変えざるをえないほど中村医師の功績はアフガニスタンの人々の心に残り、
タリバンもそれに応じざるを得なかったということだろう。

　22年12月から23年1月にかけて、福岡市のNGO「ペシャワール会」の村上会長
らが19年12月に中村医師が凶弾に倒れてから初めて中村医師が築いた用水路が
ある集落を訪れた。そこには新たにアフガニスタンの人々が築いた用水路も完成
し、農地も拡がり、人々は水のある環境の中で生き生きと暮らしていたという。

　ペシャワール会は、現地の治安状況が改善するまではオンラインで事業の進
捗状況を確認してきたが、治安状況が落ち着いたのを受けて約2週間滞在した。

中村医師が用水路を引いた集落では子どもたちが走り回り、バザール（市場）が立ち並ぶなど村上会長は平和を実感したという。中村医師の灌漑事業で築いた農地は約1万6,500ヘクタールだったが、それが現在では約2万4,000ヘクタールと琵琶湖の3分1超の土地となっていた。集落では麦、ミカンなど果樹や牧畜や養蜂も行われるようになり、現地のスタッフには病院も拡大したいという意向もあり、中村医師の事業はアフガニスタンの人々に受け継がれて、さらに発展するようになっている。

国連女子職員の出勤停止問題

　タリバン暫定政権は23年4月5日までにアフガニスタンで活動する国連のアフガニスタン人女子職員の出勤停止を命じた。アントニオ・グテーレス国連事務総長は、差別的で、国際人権法に違反する命令だとして直ちに撤回を求めた。タリバンはアフガニスタン人の国連女子職員が活動禁止になった理由を明らかにしなかった。国連はアフガニスタンの2,300万人に人道支援を届ける活動を行っているが、アフガニスタン人の女性職員が活動できなければ、アフガニスタンの女性たちに関わる国連の活動が一挙に滞ることになる。国連のアフガニスタン人女性職員たちは、国連とアフガニスタンの女性たちの媒介になっているからだ。タリバンは22年11月にも女性たちが公園、プール、ジムに立ち入ることを禁じている。女性の行動の制限は、タリバンが国際社会に受け入れられない重要な背景となっているが、この点に関する何らかの妥協がタリバンの側からなされない限りアフガニスタンは経済的困難から脱却できず、国民をいっそうの困苦のもとに置くことは間違いない。

　　（現代イスラム研究センター理事長／平和・安全保障研究所研究委員　宮田律）

第8章　中央アジア

概　　観

　ロシアのウクライナ侵攻後、中央アジア諸国のロシア離れが目立つようになり、ロシアの中央アジアでの影響力は確実に低下するようになった。特にロシアとの距離が開きつつあるのはカザフスタンで、トカエフ大統領はプーチン大統領のウクライナ派兵要請を断り、また2022年7月には、EUに対してエネルギー価格安定のために石油やガスを増産する用意があることを伝えた。さらに、カザフスタンはウクライナでの戦闘に参加しないよう国民に呼びかけた。ロシアを刺激しないように配慮しつつもロシアと距離を置く政策を明確にとっている。

　欧米諸国はウクライナ戦争によってロシアからの石油・ガスの輸入が停滞するようになったために、天然ガスの埋蔵量世界4位の中央アジアのトルクメニスタンに注目するようになり、ヨーロッパ諸国の天然ガスの輸入先としてロシアの代替となるかを検討するようになった。

　上海協力機構（SCO）の首脳会議は22年9月15日から16日にウズベキスタンの歴史都市サマルカンドで開催され、イランが正式に加盟国となり、さらにトルコも加盟意図を明らかにするなどSCOの拡大傾向が顕著になっている。SCOは中国やロシアが有力なメンバーであるものの、NATO構成国のトルコが加盟を望んでいるように明確に反米的な性格をもつものではない。

　SCOの首脳会議が開催されているのと同時期に、タジキスタンとキルギスの間で武力衝突が発生した。中央アジア諸国の国境線は、ソ連のスターリン時代に恣意的に引かれたもので、国内に少数民族を抱えたり、国外に同一民族が置かれたりしている。特にタジキスタンとキルギスにまたがるフェルガナ盆地では民族間の抗争が繰り返されてきた。タジキスタンのラフモン大統領はキルギスとの対立を自らの求心力を高めるために利用しているようにも見え、この2国間の紛争は今後も発生することが懸念されている。

　この紛争ではタジキスタン側にアフガニスタン人も加わって戦ったことが指摘されている。アフガニスタンのタリバン支配のもとで情勢が安定しない結果、アフガニスタンから中央アジアに過激派が流入することが中央アジア諸国政府やロシア、中国の重大な懸念材料となっている。集団安全保障条約機構（CSTO）やSCOの軍事演習もいわゆる「イスラム過激派」のテロ対策に取り組んできた。

　22年12月、日本と中央アジア諸国の外相が東京で「『中央アジア+日本』対話」会合を東京で開き、ロシアのウクライナ侵攻を受けて、ロシアを経由せずにアジアとヨーロッパを結ぶ輸送ルートを検討していくことになった。

米軍と中央アジア諸国との合同軍事演習

　2022年8月10日から20日までの間、米国と中央アジア諸国などの合同軍事演習「地域協力2022」がタジキスタンで行われた。これは米中央軍（CENTCOM）の主導によって、コロナ禍が深刻であった20年を除いて04年から継続して行われているもので、参加したのは、タジキスタン、カザフスタン、キルギス、モンゴル、パキスタン、ウズベキスタンだった。

　演習は地域の安全と安定を強化する目的で行われ、大量破壊兵器の拡散、テロ活動や麻薬流通の阻止、また参加国間の情報共有の促進、地域の防衛力の強化、平和協力を促進することなどを目的としている。米国は定期的にタジキスタンに対してテロとの戦いや、麻薬流通を阻止するための国境警備能力を向上させるための協力を行ってきた。

　タジキスタンのラフモン大統領の公式サイトによれば、米中央軍のクリラ司令官は、22年6月にラフモン大統領と両国の安全保障協力について協議を行った。両国はテロと麻薬、また国境を越えた犯罪などの問題で協力関係を拡大していくことで一致した。クリラ司令官はタジキスタン訪問の前にウズベキスタンとカザフスタンとも同様の会談を行った。

　中央アジア諸国の米軍との軍事協力は、ロシアの影響力がウクライナ侵攻後に中央アジアでも低下していることを示すことになった。22年3月のロシアのウクライナ侵攻を非難する国連決議でも、演習に参加したカザフスタン、キルギス、タジキスタンはロシアを支持する姿勢を見せることがなく、棄権に回った。

　特にロシア離れが顕著なのがカザフスタンのトカエフ大統領で、カザフスタンはロシアによるウクライナ派兵要請を断った上に、22年7月、EUのミシェル首脳会議常任議長に、世界的なエネルギー価格の安定のために石油やガスを増産する用意があることを伝えている。こうしたカザフスタンの姿勢を受けてロシアは、ロシアの黒海沿岸の港湾からのカザフ原油の出荷を停止するという報復的な措置に出た。カザフスタンで生産される原油の8割はロシアの黒海沿岸の港湾都市から輸出されてきた。ウクライナ侵攻によってロシア経済が落ち込む中、中央アジア諸国には欧米や中国との経済交流が不可欠と考えられるようになっている。

ウズベキスタン・サマルカンドで開かれた上海協力機構（SCO）首脳会議

　毎年開催されているSCOの首脳会議は、2022年はウズベキスタン・サマルカンドで9月15日から16日まで開催された。中国の習近平国家主席にとっては新型コロナウイルス感染拡大から初めての外遊となった。

　習近平国家主席は、ロシアのプーチン大統領にウクライナ侵攻について強い関心を寄せていることを伝えた。プーチン大統領はウクライナ問題で中国があからさまに支持を表明することなく、また軍の装備や弾薬も供給していないことに不満をもっていると見られている。

　インドのモディ首相は、プーチン大統領に現在は戦争の時代ではないと伝えるなどロシア・ウクライナ戦争に関する事実上の懸念が伝えられた。キルギスとタジキスタンの首脳たちはこの会議が行われている時期に発生した両国間の軍事衝突について会談を行った。また、イランは加盟に向けた覚書に署名して23年5月開催のインドでのサミットまでに正式加盟国となり、これで正式メンバーは9カ国となる。トルコもまた将来、SCOに加盟することを明らかにし、また対話パートナー国として、エジプト、サウジアラビア、カタールの3カ国が新たに加わることが決まった。

　共同宣言には多極的世界秩序の構築が謳われ、米国を中心とするG7に対抗する軸としての意思が示されたものの、SCOが明確に反米的性格をもつものではないことは、日米豪との間で安全保障上の連携を進めるインドが加盟し、NATO加盟国のトルコが参加を表明していることでも明らかだ。中国も米欧との対立を避け、またウクライナを侵攻するロシアを非難する発展途上国の中国からの離反を防ぐためにロシアと一体化しているような印象を与えないように配慮している。

タジキスタン・キルギス武力衝突

　SCOの首脳会議が開かれているのとほぼ同時期の9月14日から16日にかけてタジキスタン軍とキルギス軍の間で武力衝突が発生し、双方合わせておよそ100人の死者が出た。キルギスでは13万7,000人の人々が国内避難民となった。キルギスは、タジキスタン軍の戦車や装甲車がキルギスのバトケン州の村に侵攻した

と主張し、他方タジキスタンはキルギス軍が激しく砲撃したと訴えた。両国の間では21年4月にも水源をめぐる争いで50人程度の死者が出ている。

　両国の対立の舞台となっている中央アジアのフェルナガ盆地はキルギス、ウズベキスタン、タジキスタンの州が入り組んで交わるところで、これらの中央アジア諸国がソ連から独立後の1990年代に入って社会・経済状態が悪化したこともあって、民族間の対立が深まるようになった。ソ連の最高指導者であったスターリンは、ムスリムの諸民族が一致団結してソ連中央政府に抵抗することを恐れて、中央アジアに恣意的な国境線を引いて、「分割して統治する」ことを考えた。そのため、中央アジアの共和国は国内に少数民族を抱えたり、国外に同一民族を残したりするようになり、民族的対立の火種を抱えるようになった。タジキスタンとキルギスの間には1,000キロメートルにわたる国境があるが、その3分の1ほどが両国の論争の対象となっている。

　タジキスタンは旧ソ連の中では経済的に最も貧しい国であり、失業率も高い。ラフモン大統領の独裁体制は求心力を維持するためにナショナリズムに訴えている。他方、キルギスもGDPの30％以上を国外、特にロシアへの出稼ぎ労働者たちからの送金に頼っている。ロシアのウクライナ侵攻に伴う制裁によって1割以上の海外労働者が職を失って帰国せざるを得ない状態にある。タジキスタンとの対立は経済を上向かせることができないキルギス政府にとっても都合よく機能していることは否めない。

　両国の民族事情、悪化する経済などの要因を考えると、同様の衝突が今後も発生することは予想し得る。プーチン大統領はロシアが軍隊を駐留させる両国に対して紛争の拡大防止と平和的解決呼びかけたが、21年、22年と2年続けての軍事衝突は、ウクライナに関心を集中させるロシアの中央アジアに対する調停能力や影響力の低下を示すことにもなっている。

タジキスタン・キルギス衝突でタジキスタン軍とともに戦う「イスラム過激派」

　22年9月のタジキスタン・キルギス間の武力衝突で、タジキスタン軍とともに戦っているアフガニスタン人の画像が9月19日付のユーラシア・トゥデイに掲載された。キルギス安全保障会議のイマンクロフ議長は、キルギスの特務機関はアフガン人

たちがキルギスとの戦闘に参加したことを確認したと述べている。イマンクロフ議長は彼らの画像をカブールのアフガニスタン政府（＝タリバン政府）に照会したところ、アフガン国籍の者たちであることが確認されたと語った。

　アフガニスタンの過激派が戦闘に加わったことによって、衝突には秩序がなくなり、キルギス市民がより広範に攻撃の対象となって、いっそう暴力的性格を強めたという見方が両国政府にはある。かりにアフガン人がこの武力衝突に加わったことが事実だとすれば、中央アジア諸国やロシア、中国、さらには米国にとって安全保障上の脅威が増大したことになる。

　ロシアは、チェチェンやダゲスタンなどのイスラム系の分離独立主義者がアフガニスタンや中央アジアの過激派・武装集団と協調して、ロシア国内でテロを行ったり、分離独立の傾向を強めたりすることを警戒してきた。また、中国は中央アジア諸国がウイグルの分離独立運動の拠点となることを危惧している。中央アジア諸国では中国の外交官などに対するテロが発生してきたが、ウイグルの武装集団はアフガニスタンや、パキスタンの部族地域、シリアなど秩序のない国や地域で訓練などの活動を行ってきた。また、対テロ戦争に見られたようにイスラム過激派の制圧が米国にとっては重要な安全保障上の課題となってきた。米国はいまだにシリアやイラクに米軍を駐留させ、イスラム国（IS）との戦いに従事させている。中央アジア出身のISのメンバーはヨーロッパやトルコなどで、銃撃や爆破などのテロ事件を発生させてきた。

　ロシア主導の集団安全保障条約機構（CSTO）やSCOの軍事協力や軍事演習もアフガニスタンから流入する過激派を想定して行われてきている。22年9月の武力衝突でタジキスタン側について戦ったのは民族的にはタジク系のアフガン人とも見られているが、ウズベク人、トルクメン人などアフガニスタンの中の中央アジアと同系の民族が中央アジアに流入する懸念もある。ロシアは、過激派がアフガニスタンから中央アジアに侵入する事態を抑止することに主導的役割を果たしてきたが、中央アジアでロシアの影響力が低下し、またタリバンの政権奪取後のアフガン情勢が混沌とする中で、過激派の流入にも抑制がかからなくなるかもしれないという重大な懸念が中央アジアに存在することは確かだ。

結束が翳る集団安全保障条約機構（CSTO）

　22年10月にカザフスタンでCSTOの軍事演習が行われたものの、キルギスとアルメニアが不参加を表明し、またアルメニアは23年の軍事演習が同国で実施されることを断った。実際に演習を受け入れたカザフスタンでも、ロシア人を殺害すればするほど我々の子どもたちが殺すロシア人は減るだろうと発言した駐カザフスタン・ウクライナ大使の追放をロシアは求めたが、カザフスタンはこのロシアの要求を拒絶した。カザフスタンは演習直前の9月末に、ウクライナでの徴兵を逃れるなどの目的でロシア・カザフ国境に逃れてきた20万人のロシア人避難民を受け入れるなどロシアのウクライナ侵攻に対する非協力の立場を明らかにしている。また、キルギスも、ロシアとタジキスタンが参加し、10月にキルギスで行われる予定だった軍事演習「不可分の同胞」の受入れを拒否し、演習は中止を余儀なくされた。

米国ブリンケン国務長官の中央アジア諸国外相との会談

　23年2月28日、米国のブリンケン国務長官はカザフスタンを訪問し、中央アジア5カ国の外相と会合を開いた。これはブリンケン国務長官の初めての中央アジア訪問で、長官は中央アジアの友好国のためにできる限りのことはすると述べ、中央アジア諸国の貿易相手国の多角化のための基金に追加で2,500万ドル（およそ34億円）を拠出することを明らかにした。これはロシアを介さないで中央アジア諸国が貿易することを支援するものだ。米国は食料安全保障、労働者の再訓練、プライベート・セクターの支援などを考え、22年に中央アジア諸国に対して4,150万ドルの援助を与えた。ブリンケン国務長官の訪問はロシアのウクライナ侵攻を支持することがない中央アジア諸国と、ロシアの間にくさびを打ち、制裁の効果を高めることを担ったもので、地理的にもロシアと近接する中央アジア諸国を欧米の側に取り込むことはロシアの孤立を図るのに効果がある。

　ブリンケン国務長官の中央アジア訪問直後の3月8日、上院外交委員会近東・南アジア・中央アジア・対テロ小委員会は、ルー国務省南・中央アジア局国務次官補とパイアット国務省エネルギー資源国務次官補を証人として公聴会を開いたが、この公聴会ではトルクメニスタンが焦点となった。トルクメニスタンは天然ガ

スでは世界第4位の埋蔵量を誇り、ロシアに代わってヨーロッパにガスを輸出できる可能性があるためだ。トルクメニスタン最大のガスの輸入国は中国で、トルクメニスタンへの中露の影響力をいかに弱めるかも米国の外交課題となっている。

ロシアのウクライナ侵攻と距離を置くカザフスタン

23年4月24日、カザフスタン外務省は国民に対してロシアのウクライナでの戦闘に参加しないよう呼びかけた。これは若いカザフ人の男性がロシアの民間軍事会社ワグネルの戦いに加わるためにウクライナに来たと話す様子がSNSに投稿されたことを受けたもので、男性は動画の中で自らが23歳であり、ロシア・シベリアのトムスクに留学していたが、自らの意思でワグネルに参加したと語り、強制されたものではないことを強調している。

カザフスタン外務省の報道官は「戦闘にロマンなど一切ない」、「これはわれわれの戦争ではない」と述べ、ワグネルへの参加は違法であり、違反した場合は5年以上9年以下の禁固刑になることを強調した。ロシアとワグネルはウクライナでの兵員不足を補うために、中央アジアの貧困層の若者たちに多額の報酬があると声をかけ、一部の報道ではカザフスタン、ウズベキスタン、キルギス、タジキスタン各国からそれぞれ数十人程度がウクライナでの戦闘に参加し死亡したという。

カザフスタンはロシアとの良好な関係を損なわないようにしつつも、ロシアの侵攻を受けるウクライナにも援助物資を送っている。ウクライナ侵攻に伴う制裁によるロシアの国力低下は、カザフスタンがトルコやヨーロッパ、また中国との関係を重視する背景にもなっている。ロシアと隣接するカザフスタンはウクライナのようにロシアに攻め込まれないために、多角的な外交を繰り広げ、ロシアに隙を与えない努力を払うようになった。

（宮田律）

第9章　南西太平洋

概　観

　オーストラリアのアルバニージー政権は2022年5月末の誕生以来、活発な地域外交を展開している。特に中国の積極的な外交攻勢が目立つ南太平洋においては、ウォン外相が精力的に各国を訪問し、政府首脳との対話を重ねている。加えて援助の強化、安全保障協力の促進、同盟国、パートナー国との連携などを通じて、プレゼンスの強化を狙う。

　豪中関係では、中国が対豪貿易規制措置を見直す姿勢を示しており、関係改善への期待が高まっている。しかしアルバニージー政権は、対中スタンスを経済優先から国益優先へと大きくシフトさせており、目指すは対中関係の正常化ではなく、安定化である。また中国ではオーストラリア市民の身柄拘束が続いており、オーストラリア世論の対中イメージに暗い影を落としている。

　英米豪の安全保障枠組み（AUKUS）の最初のプロジェクトであるオーストラリア原子力潜水艦調達の具体的道筋が明らかになった。オーストラリア独自の原子力潜水艦を製造するのは2040年代初頭となるため、実現までのギャップを埋めるために米国からバージニア級原潜を調達するとのことである。オーストラリアはこれまで米国との軍事的統合を進めてきたが、原潜導入によりそれが強化され、インド太平洋地域の安全保障により一層大きな役割を果たすことになる。

　日豪関係では、22年10月の岸田首相訪豪にあわせ、安全保障協力に関する日豪共同宣言が発出された。これは07年の日豪安保共同宣言に代わるもので、安全保障分野における両国の協力の拡大、強化を謳っている。宣言には有事の際の防衛協力に関する相互協議と対応措置の検討が盛り込まれており、インド太平洋地域における抑止力強化を共同で目指す姿勢を打ち出している。

　ニュージーランドでは23年1月、アーダーン首相が辞任を表明、ヒプキンス前教育相が新首相に就任した。ヒプキンス首相は、コロナ後の国内経済復興を最優先課題とし、外交・安全保障政策については前政権からの路線継承を訴えている。またニュージーランドは国防政策の見直しを進めており、安全保障環境が劇的に変化しているとの認識のもと、どのような軍事態勢を整えるかに注目が集まる。

　南太平洋地域では、PIF事務局長選出をめぐって不満を募らせていたキリバスが脱退を表明した。しかしキリバスはその後、フィジーの仲介により復帰を表明、地域連帯に深刻な亀裂が生じる危機は回避された。バイデン米政権は米・太平洋諸国首脳会合をワシントンで開催、中国の南太平洋進出を受けて、米国の南太平洋への関与刷新、関与強化を図る姿勢を打ち出している。

オーストラリア

アルバニージー政権、活発な地域外交・関与を展開

　アルバニージー労働党政権は2022年5月の誕生以来、ウォン外相を中心に南太平洋、東南アジア諸国への積極的な外交を展開している。その背景には、中国・ソロモン諸島安全保障協定に見られるような中国による「専制主義の輸出」への強い警戒感があるが、それに加え、原潜導入を通じ軍事力強化を進めるオーストラリアに対する近隣諸国の不安や警戒を解き、友好的な周辺環境を作るという狙いもある。

　ウォン外相は政権が誕生してわずか4日後には、フィジーを訪問し、バイニマラマ大統領ら政府閣僚との会談を行った。その後も南太平洋諸国への訪問は続き、6月にはサモア、トンガ、ソロモン諸島、8月にはパプアニューギニア、10月にはマーシャル諸島、ナウル、クック諸島、ニウエ、仏領ポリネシア、12月にはバヌアツ、ミクロネシア連邦、パラオ、23年2月にはキリバス、フィジー、4月にはニューカレドニア、ツバルを訪問し、就任後わずか1年で太平洋諸島フォーラム（PIF）の全加盟国への訪問を果たした。

　加えてアルバニージー政権が重視するのが援助政策である。ウォン外相は政府開発援助（ODA）について「ODAがなければ、他国が空白を埋め、オーストラリアは地盤沈下し続けるだろう」と述べ、オーストラリアを「この地域の国々から選ばれるパートナー」にするためには、ODAがきわめて重要であると訴えていた。22年11月に発表された22／23年度予算案と今後の財政方針によれば、政府は南太平洋地域に今後4年間で9億豪ドル（約850億円）を追加で拠出するとした（22／23年度のODA総額は約46億5,000万豪ドルでそのうち南太平洋地域へは約19億豪ドル）。これにはソロモン諸島へのオーストラリア警察派遣の継続、違法漁業取締りのための航空監視能力の改善、「オーストラリア太平洋防衛学校」設立や防衛・治安部隊の訓練のための費用なども含まれている。

　またこれに加え、南太平洋諸国のインフラ整備を支援する目的で19年に設立されたファンド「太平洋諸島地域のためのオーストラリア・インフラ融資ファシ

リティ（AIFFP）」に今後10年間で5億豪ドルを追加で拠出し（合計40億豪ドル）、中国の「債務の罠」に対抗する考えである。さらにAIFFPのもとに「太平洋諸島地域気候分野インフラ融資パートナーシップ」を設立し、気候関連のエネルギーインフラプロジェクトを支援するとしている。また政府は22年8月、新たな開発援助政策の策定作業（Development Finance Review）に着手し、その結果は本年中に公表される見通しである。

　さらにアルバニージー政権は、安保協力を通じて南太平洋諸国との関係強化も進めている。オーストラリアとバヌアツ政府は22年12月、人道支援と災害救援、警察、国防、国境警備、環境・資源安全保障、サイバーセキュリティ、海上・航空の安全と安全保障などを含む安全保障協定に署名したと発表した。同協定の交渉は18年に始まったが、中国がバヌアツ政府と軍事基地建設について予備協議を開始したとの報道がなされた時期と重なる。オーストラリアとバヌアツ両国は加えて、戦略対話を行っていくことでも合意した。

　さらにオーストラリアとパプアニューギニア政府は23年1月、法的な拘束力を持った安保協力協定の実現に向けて、協議を開始することで合意したと発表した。両国はすでに広範な防衛協力を進めているが、司法制度の強化や法秩序の問題の解決など、パプアニューギニアのニーズを反映させた包括的な安保協定を目指すとされている。アルバニージー首相によれば、23年4月には交渉が妥結し、6月に署名されるとのことだ。

　アルバニージー政権はその他、東南アジアの大国インドネシアやインドとの関係強化も目指す。23年2月には、オーストラリア・インドネシア2プラス2がキャンベラで開催され、新たな防衛協定締結にむけて検討を進めることで合意した。「国際法上の拘束力を持つ」新協定は「対話の機会を増やし、相互運用性を強化し、実務的な取り決めを促進することなどを通じて、両国の強力な防衛協力を強化する」とされる。2プラス2にあわせて行われた両国の国防相会議後に発表された共同声明によれば、訓練場への相互アクセスや共同活動のための出入国手続きの合理化などの問題も検討されるという。

　また対印関係では、アルバニージー首相は23年3月、インドを訪問し、モディ首相との首脳会談を行った。アルバニージー首相にファレル貿易・観光相、キング

資源相、さらに大規模な企業代表団が同行したことからも明らかなように、訪印の主な目的は、両国間の経済・貿易関係の拡大であった。両首脳は23年末までに「包括的経済協力協定（CECA）」の締結を目指すことで合意した。同協定の協議は11年にスタートしたが、16年にいったん中断し、21年に再開し、22年にはCECAに向けた暫定協定である「経済協力貿易協定（ECTA）」の締結に漕ぎ着けている。

他方で22年6月にはデリーで豪印国防相会談が開催され、両国の防衛協力の強化について話し合いが行われた。会談後に発表された共同声明では、両国の軍事演習や交流の増加を歓迎しつつ、防衛産業の関係を強化するためのメカニズムである、防衛研究・物資協力に関する豪印合同作業部会（23年後半にオーストラリアで開催予定）での議論を活性化することを謳っている。またマールズ国防相はデリーのインド国防大学での演説で、両国の防衛協力が進展する中で、双方の防衛施設に定期的にアクセスできるようにするための新たな協定を結ぶべきだと訴えている。

対中関係に改善の兆しが見えるも、目指すは対中関係の「安定化」

アルバニージー政権は対中関係について、「協力できるところは協力し、反対しなければならないところでは反対する」との立場をとり、対話を通じた関係の「安定化」を目指す。豪中関係についてウォン外相は「安定化」という言葉を意図的に使うが、それは対中関係において経済・貿易を優先させる時代はすでに去り、安全保障や戦略的要請を抜きに考えられなくなっていることを意味している。アルバニージー政権の基本方針は、豪中関係を危機管理ができる体制に置くことである。

「安定化」を目指すオーストラリアに対して、中国側もオーストラリアの政権交代を関係改善の好機と見ており、保守系連合政権下で途絶えていた両政府閣僚の接触がようやく復活した。22年6月にはシンガポールを訪問中のマールズ副首相兼国防相が魏鳳和国防相と会談、またウォン外相と王毅外相もG20外相会合や国連総会の機会を利用して外相会談を重ねた。そして11月にはアルバニージー首相と習近平国家主席が6年ぶりの首脳会談を行った。

　ウォン外相は22年12月、北京を訪問し、王毅外相との間で第6回豪中外交戦略対話を行った。戦略対話は18年11月を最後に行われておらず、オーストラリア政府閣僚の訪中は約3年ぶりである。両国は「包括的戦略的パートナーシップ」に基づき、ハイレベルの関与を継続し、2国間関係、貿易・経済、領事問題などで対話を続けることで合意した。また23年2月には、オーストラリアのファレル貿易・観光相と中国の王文濤商務相がオンライン会談を行っており、貿易規制の緩和について話し合いがなされた模様である。

　こうした流れを背景に、豪中関係の最大の障害となっていた、中国による対豪貿易規制措置の見直しにむけた動きが出始めている。23年1月には中国政府がオーストラリア産石炭の禁輸措置の一部解除を検討していると報じられていた。続いてオーストラリア政府は4月, 中国政府がオーストラリア産大麦に課している輸入規制措置に関する再調査を早期に進めることを条件に、世界貿易機関（WTO）に対する紛争処理手続きを中断したことを発表した。大麦に対する貿易規制の解消が、ワインなど他の品目に対する規制解除にも繋がるとの期待が高まる一方で、オーストラリア国内では両国間の貿易が規制措置前の状態に戻ることはないとの見方が強い。

　豪中関係の改善に立ちはだかる問題は多い。その一つが中国で長期にわたり身柄を拘束されている2人のオーストラリア市民の存在である。この問題は司法制度や人権など、両国の基本的価値に関わるもので、双方にとって妥協が難しい。ウォン外相は中国での手続きの不透明さや裁判の遅れに強い懸念を表明しているが、中国側はオーストラリア政府の介入に反発している。22年12月の北京での豪中外相会談、23年4月に訪豪した馬朝旭中国外務次官とアダムソン豪外務次官との会談でも取り上げられたが、特に進展はなかった模様である。

オーストラリアの原子力潜水艦導入計画が発表

　英米豪3カ国首脳は23年3月14日、米サンディエゴでAUKUS首脳会合を開催し、21年9月に3カ国が発表したオーストラリアの原子力潜水艦導入のための具体的道筋を明らかにした。それによると30年代に米国からバージニア級原潜最大5隻を購入し、さらに3カ国共同で新型原潜「オーカス級」を開発し、40年代初

頭からの配備を目指すというものだ。

英米豪3カ国はインド太平洋を舞台に、防衛技術協力の推進を通じてより一層の軍事的統合を深めることで、同地域における抑止力を高め、勢力均衡の維持を目指す。またオーストラリアによる原潜導入は、同国が同地域の共同抑止に大きく貢献し、地域安全保障に積極的な役割を果たしていくという一連の動きを加速するものである。

共同声明ならびに豪国防省の発表によれば、オーストラリアが「原潜技術を安全に運用、維持、規制する能力を確保」するために三つの段階を踏んで原潜調達を目指す。

第一段階は20年代で、英米の原潜の寄港とローテーション展開をしつつ、オーストラリア側が原潜運用の経験と訓練を重ねる期間である。まずは23年から米国の、26年からは英国の原潜がオーストラリアへの寄港を増やしていく。そして27年からは、英米の原潜がオーストラリア海軍スターリング基地を拠点としてローテーション展開を始める予定である。

この期間に豪軍要員が英米にある原潜関連施設に配属されると同時に、オーストラリアに寄港する英米の原潜に豪海軍軍人が乗組員として乗船することで、オーストラリア側が訓練と経験を積んでいくという。ローテーション展開でも、豪海軍が自国の原潜艦隊を管理・運用するために必要な運用能力と技能を獲得することが期待されている。

またオーストラリア政府は、英米原潜の寄港、ローテーション展開のために、オーストラリア西部の豪海軍スターリング基地の改良と拡充を計画している。またオーストラリア東海岸の潜水艦基地建設を検討しており、ポートケンブラなど複数の候補地が上がっているが、最終決定までには数年かかるとされている。

第二段階は30年代で、米国で建造された原潜を調達し、豪海軍が運用する期間である。コリンズ級潜水艦の退役を控え、豪海軍の潜水艦保有がゼロとなる「能力ギャップ」を埋めるために、30年代初頭から米バージニア級原潜の導入を開始し、最大5隻まで調達が可能とされている。なおオーストラリア政府はバージニア級原潜の調達を円滑にするため、米国の潜水艦産業基盤に相応の資金投入を約束している。

　第三段階は40年代で、英米の協力を得てオーストラリアが新型原潜を建造する期間である。英米ハイブリッド（設計は英国、戦闘システムと兵器は米国）のオーストラリア製のオーカス級原潜は42年に初号艦がアデレードで建造され、50年代中頃までに合計5隻が見込まれている。この結果、オーストラリアは50年代半ばにはバージニア級原潜3隻を含め、8隻の原潜を保有することになるという。

　リベラル系オンラインメディアであるガーディアン・オーストラリアがオーカス発表直後に行った世論調査では、回答者の40％が原潜導入によりオーストラリアの安全保障が高まると答えた一方で、30年間で総額2,680-3,680億豪ドル（約24兆1,200億-33兆1,200億円）もの調達コストがかかることについては、26％は必要な投資と答える一方で、27％は必要だが高すぎる、28％はそもそも必要ないとの回答となった。

　メディアでは原潜が安全保障上必要な投資であるとの論調が大勢を占める一方で、さまざまな観点から懸念や課題を挙げる声もある。第一には原潜導入を通じて米豪の軍事的統合が一層進むことで、将来の米国の戦争にオーストラリアが否応なしに巻き込まれるのではないかという、漠然とした不安を抱く国民は少なくない。オーストラリア政府は国民の不安払拭に懸命である。第二に、膨大な調達費用への懸念である。オーストラリア政府は30年間で最大3,680億豪ドルの費用を見込んでおり、その費用を捻出するために福祉や介護など他分野での予算削減、増税を行うのではないかと国民は警戒を強めている。第三に、一部の専門家が「ロジスティクスと運用管理にとっての悪夢」と指摘する問題だ。豪海軍は将来、バージニア級とオーカス級の二つの原潜を同時に運用することになる。これによって運用上の複雑さとコスト増は避けられず、リスクの高いプロジェクトであると指摘されている。第四に労働力不足に対する懸念である。海軍基地拡充、造船所建設、原潜製造、そして配備、メンテナンスに至るまで、秘密保持と熟練した技術が求められる労働力をどうやって確保するのかは防衛産業だけではなく経済界全体、さらには政府全体が取り組まなければならない問題だ。第五に、近隣諸国の反応である。アルバニージー政権幹部の事前の根回しの甲斐もあってか、今回の発表に対する各国政府の反応は上々であった。しかしながら、フィリピンのように積極的に支持する国がある一方で、インドネシアやマレー

シアは核兵器拡散やアジアでの軍拡競争を懸念しており、こうした不安にオーストラリア政府がどのように応えるかは重要な課題だ。東南アジアの反応には本音と建前があるとしばしば言われるものの、どちらが本音でどちらが建前かを見極めることは難しく、慎重な外交的対応が求められる。

国防戦略見直し（2022DSR）の発表

　アルバニージー首相とマールズ副首相兼国防相は2022年8月3日、国防戦略見直し（DSR）を開始すると発表した。DSRはオーストラリアを取り巻く戦略環境の劇的な変化を受けて、軍事態勢と戦力構成を総合的に検討するものである。基本的な考え方は、2016年国防白書、2020年国防戦略アップデート（DSU）に沿ったものだが、「国家安全保障上の挑戦に対応できる軍事的能力と戦力態勢を最適化するために、国防力への投資の優先度を検討し、豪軍の構成、態勢、備えを評価」するものとされた。見直し作業はヒューストン元豪軍司令官とスミス前国防大臣（現駐英高等弁務官）らによって行われ、23年2月14日に政府に報告書が提出された。

　アルバニージー政権は23年4月、DSRの一般公開版を公表するとともに、報告書の提言を受け、原子力潜水艦の調達、長距離精密ミサイルの導入・配備と国内製造、オーストラリア北部の基地拡充による作戦能力の強化、米国を筆頭としたパートナー諸国との防衛協力などの政府方針を発表した。

　報告書が指摘するように、戦後オーストラリアでは長らく、その地理的条件とインド太平洋地域における米国の圧倒的優位によって、直接的な軍事的脅威に晒されるリスクとは無縁であると考えられていた。豪軍事力の目的は、中小国による低強度の脅威から本土ならびに周辺地域を守ること（「大陸防衛（Defence of Australia）」）であり、オーストラリア本土への本格的攻撃の意図を持った国家が出現したとしても、その実行のためには10年を要するとされ、攻撃に備えるには十分な時間があると考えられていた。

　しかし、およそ100ページに及ぶDSR報告書が描く戦略環境は、インド太平洋地域において米国はもはや唯一の大国ではなくなり、大国間競争が復活、激化して、米中対立がオーストラリアの安全を脅かす最大の要因となっているというも

のだ。長距離ミサイルが拡散し、サイバー攻撃が行われる現代においては、領土を直接侵略せずとも、経済的繁栄に不可欠な貿易・供給ルートの途絶などで、オーストラリアの国益を脅かすことができるようになった。オーストラリアがこれまで享受してきた地理的利点や、攻撃に備える十分な時間的余裕はもはやなくなっていると結論づけた。

　また報告書は「大陸防衛」のドクトリンに代わるものとして「国防（National Defence）」を提示した。これは端的に言えば、国家が守るべき対象は大陸だけでなく、国益であるとの認識を示したものだ。その意味で「国防」の担い手は、豪軍と国防省だけではなく、政府もしくは国家全体であり、なかでも外交が果たす役割が大きいとされた。この点は、マールズ副首相兼国防相、ウォン外相の演説でも何度も指摘されてきたものである。オーストラリアの国益を直接脅かす、インド太平洋における大規模戦争を回避するためには、勢力均衡の維持が不可欠であるが、そのためには防衛力の強化と並んで「より積極的な外交的関与」が重要であるとした。報告書は、外務貿易省への人員増強、予算増額、権限拡大の必要性まで踏み込んでいる。

　軍事力調達に関する提言の柱は、長距離打撃能力と国内生産能力の強化である。この点は20年DSUで謳われていた点だ。さまざまな軍事力をバランスよく調達するのではなく、オーストラリアが直面するリスクに適合した、最も費用対効果の高い軍事アセットを最優先で調達して軍事態勢を強化するよう求めている。その上で報告書は高軌道ロケット砲システム「ハイマース」の調達を決定した政府の判断を支持、他方で米国のステルス爆撃機B-21については、米豪両国で詳細な議論を行った結果、戦略環境や防衛戦略に照らして、取得を検討するに適した選択肢ではないと結論づけた。

　政府は報告書の提言実現のために190億豪ドル（約1兆7,000億円）を投入するとしているが、そのための財源は歩兵戦闘車（IFV）やハンター級フリゲート艦の発注数削減などで確保するものとみられている。また政府はミサイルの国内生産実現に向けて、年内に具体的計画を立案するよう関係省庁に指示し、「誘導兵器・爆発物製造（GWEO）エンタープライズ」に25億豪ドルの資金を投入する方針である。深刻な遅延が伝えられる哨戒艦（OPV）12隻の調達計画（総額40

億豪ドル）も破棄されると伝えられているが、米国のヒラリデス退役副将が率いる検討委員会が将来の艦隊の最善の選択肢を検討することになっており、そこでの判断が待たれる。

なお米国で開発されたミサイルのオーストラリア国内生産はサプライチェーンへの懸念からくるものだが、米国にとっても大きなメリットがあると言われている。オーストラリアで生産されたミサイルが、供給不足に悩む米軍にとっての二次供給源となるからだ。オーストラリアが米国のバックアップの役割を果たすことで、ライセンスや知的所有権の対豪譲渡をしやすくするという狙いもある。

日豪関係

パースで日豪首脳会談、新日豪安保共同宣言発表

岸田首相とアルバニージー首相は22年10月、西オーストラリア州都パースで首脳会談を行った。首脳会談後に発表された共同声明では、オーストラリアが日本の防衛力強化と防衛費増額の方針を強く支持し、22年1月に署名された日豪円滑化協定が発効し次第、早期に協定の活用を図っていくよう関係閣僚に指示したことを明らかにした。

また今回の首相訪豪では、経済安全保障も重要なテーマであった。オーストラリア国内の供給不足への不安から、オーストラリア産LNG（液化天然ガス）輸出規制の可能性が浮上しており、両国のエネルギー安全保障分野での協力強化がきわめて重要であることが両政府間で確認されたことは日本にとって大きな収穫となった。さらに両政府間では「日豪重要鉱物資源パートナーシップ」が署名されたが、これは日本企業がレアアースなどの重要鉱物を安定的に確保できる供給体制を整えるためのもので、中国が独占しているサプライチェーンからの脱却を目指すものだ。

両首脳はまた、新たな「安全保障協力に関する日豪共同宣言」に署名した。07年の日豪安保共同宣言（旧宣言）に代わるものだ。両国を取り巻く安全保障環境が劇的に変化したことを受け、新宣言では緊急時の防衛態勢に関する相互協議と対応措置の検討が盛り込まれたことが注目を浴びた。それと同時に新宣言

では、経済安全保障、宇宙空間、サイバー分野での協力など、両国の「安全保障協力」の射程が大きく広がっていることも特徴である。

日豪2プラス2開催

　日豪外務・防衛閣僚協議（2プラス2）が22年12月9日、東京で開催された。日本側は林外相と浜田防衛相、豪側はマールズ副首相兼国防相とウォン外相が出席した。10月に発出された新たな日豪共同宣言を受けて、防衛協力の面では「よりオペレーショナルな日豪協力」に向けて準備を進めていくことで一致した。

　日豪協議の直前にワシントンで開催された米豪2プラス2（AUSMIN）では、日米豪3カ国の防衛協力の向上を盛り込んだ共同声明を発表しており、マールズ国防相は記者会見で米豪の軍事演習への自衛隊の参加拡大を日本政府に要請する意向を示していた。

　会議後に発表された共同声明では、安全保障・防衛協力の深化および相互運用性強化の具体的方策が詳しく列挙されている。空中給油のペアリングの拡大、日本の戦闘機のオーストラリアへのローテーション展開を見据えた訓練の実施、長距離誘導兵器などの戦略能力に関する協力の強化、日米豪のオーストラリア北部での訓練機会の拡大、防衛装備・科学技術および産業協力の向上、サイバーセキュリティ分野での協力、防衛宇宙協力の強化まで多岐にわたっている。また23年に北海道で行われる日豪共同訓練「武士道ガーディアン」に豪空軍機F-35が初めて飛来することが明らかになった。

海上自衛隊と豪海軍の戦略対話メカニズム設置

　海上自衛隊トップの酒井海上幕僚長が23年3月、訪豪し豪海軍潜水艦隊の母港であるインド洋に面するHMASスターリング基地を訪問した。3月に発表されたAUKUS枠組みでは、同基地に20年代後半から英米の原潜がローテーション展開されることになっている。酒井幕僚長は訪豪に先立つ記者会見で、海上自衛隊と豪軍の連携深化について触れ、「日豪は共通の同盟国である米国とともに、地域の安定を確保するために役割分担を話し合い、協力していくべきだ」と踏み込んだ発言をおこなった。今回の訪問によってインド太平洋地域における

日豪米英4カ国の海軍間のさらなる連携に繋がることが期待されており、酒井幕僚長とハモンド豪海軍本部長は、戦略的対話の設置のための協定書に署名した。海上自衛隊が米国以外とこのような対話メカニズムを構築するのは初めてとなる。

航空自衛隊と「日豪空中給油適合性確認試験」を実施

　日本の航空自衛隊と豪空軍は23年4月末から、日本海および太平洋の訓練空域で、「日豪空中給油適合性確認試験」を実施した。これは21年6月の日豪2プラス2で確認された日豪安全保障・防衛協力の一つであり、航空自衛隊と豪空軍は「日豪空中給油に関する覚書」に署名している。日豪両部隊間の相互運用性を強化させることを目的としたものだ。22年には豪空軍KC-30A空中給油・輸送機とF-2A戦闘機の間で行っており、今回は航空自衛隊F-15JならびにF-15DJ戦闘機に対して、様々な状況下において、合計11回の飛行と325回の接触が行われた。

ニュージーランド

アーダーン首相訪米、バイデン大統領と首脳会談

　アーダーン・ニュージーランド（NZ）首相は22年5月末に訪米し、ホワイトハウスでバイデン大統領との首脳会談を行った。バイデン大統領は中国の影響力拡大への懸念を念頭に、両国が太平洋島嶼地域へ積極的に関わっていくべきだと発言、対するアーダーン首相も米国が経済的関与を含め、島嶼地域への関与を継続、強化するよう促していく姿勢を強調した。

　アーダーン政権は中国・ソロモン諸島の安全保障協定について、中国のプレゼンス拡大に繋がるとの懸念を表明しており、首脳会談後に発表された共同声明でも「我々の価値観や安全保障上の利益を共有しない国家が太平洋に永続的な軍事的プレゼンスを確立することは、この地域の戦略バランスを根本的に変え、両国にとって国家安全保障上の懸念となりうる」として、同協定に強い警戒感を示した。

　またアーダーン首相は首脳会談で、環太平洋パートナーシップ協定（TPP）を強く支持する姿勢を示しつつ、バイデン政権が提唱するインド太平洋経済枠組み（IPEF）を「インド太平洋地域に経済的強靭性を構築する重要なもの」と支持を表明した。

国防政策見直し作業開始

　NZ政府は22年7月、国防政策の見直し開始を発表した。ロシアによるウクライナ侵攻、中国・ソロモン諸島の安全保障協定をめぐる問題などを受け、「より脅威の少ない世界を前提に立案された現状の国防政策」（NZ国防省）を見直し、劇的に変動する安全保障環境が生み出す脅威に対応するための「積極的かつ周到に計画された」国防政策と戦略、そしてそれに必要な軍事的アセットの投資原則を提示することを目的としている。およそ2年間にわたる作業となり、22年10月には専門家パネルが設立された。今後はまず国防政策と戦略に関する声明（DPSS）が発出され、それに基づき将来の戦力デザインに関する原則（FFDP）が提示される。最終段階として政府が新たな国防白書と国防能力計画（DCP）を発表する計画である。

　国防政策の見直しは21年に発表された「国防アセスメント2021」で提示された戦略認識に基づくものである。NZはここ数十年来、より困難で複雑な戦略環境に直面しているとし、「戦略的競争と気候変動」がNZの国家、周辺地域、世界の安全保障への二つの主要な課題であると指摘していた。また国土防衛だけに焦点を当てるのではなく、太平洋地域への関与をNZ軍の主要な役割として位置づけている。そしてロシアのウクライナ侵攻などにより、NZを取り巻く戦略環境は「国防アセスメント2021」の予想をはるかに超えるスピードで変化しているとし、国防政策見直しが急務だと政府は訴えている。

　ヒプキンス新政権のリトル国防相は見直し作業を加速させる意向を示すと同時に、軍事費増額の可能性を示唆している。同相はメディアのインタビューで、日本やオーストラリアによる軍事費増額に触れ、NZもリーダーシップを発揮することが求められているとして、軍事費の大幅増額を匂わせる発言を行なっている。同国の軍事費はアーダーン政権下で大幅に増額されてきたが、GDP比約1.4％（21

年）にとどまっており、2％台まで増額するよう求める声も上がっている。国民生活を支えるための政策を最重視すると謳うヒプキンス政権がどのような決断を下すかに注目が集まる。

アーダーン首相辞任表明、ヒプキンス政権発足

アーダーン首相は23年1月、辞任を表明し、次期首相には教育相を務めたクリス・ヒプキンスが就任した。コロナ後の国内経済復興を最優先課題とし、政権運営にあたることを約束した。

アーダーン首相は、17年に世界最年少の女性首相としてその地位についてからのおよそ6年間、19年3月のクライストチャーチでのモスク銃撃事件、同年12月のホワイト島火山噴火、新型コロナウイルス感染症拡大とそれに伴う景気後退など、難しい政権運営をこなしてきた。同首相は辞任表明の記者会見で、もはや国を率いる十分な余力がないと、激務に耐えた6年間を振り返った。前回の20年総選挙では労働党が単独過半数を獲得して圧勝したが、ここ数カ月の各社世論調査では、同首相・与党労働党への支持率は低迷しており、本年秋に予定されている総選挙を前に、党勢回復の狙いもある。

ヒプキンス新首相はアーダーン政権では教育相のほか、新型コロナウイルス担当相として辣腕を奮い、国民からの評価も高い。新政権ではマフタ外相が留任したが、国防相には元労働党党首で前政権では法相を務めたリトルが就任した。23年10月14日に予定される総選挙まで、労働党への支持を回復させ、同首相が国民からの信任を得られるかに注目が集まる。

ヒプキンス首相訪豪（2023年2月）、豪NZ首脳会談開催

ヒプキンス首相は就任直後の23年2月初旬、訪豪しアルバニージー豪首相との首脳会談を行い、経済、安全保障、気候変動など幅広い問題について意見を交わしている。ヒプキンス首相は会談後の記者会見で、「首相が変わったからといって、我が国の外交政策の立場が変わるわけではない。外交政策はアーダーン首相の時代と同じだ」と述べ、外交政策の継続性を訴えた。中国については、「中国はNZにとって極めて重要なパートナーであり、重要な貿易パートナー、そ

して他分野でもパートナーである。しかしだからといって、意見が合わない分野がないわけではなく、そのような時には中国に対して異なる意見を表明し続けるつもりだ」と発言した。

AUKUSへの関与については、ヒプキンス首相は「我々の非核政策に変更はない」と発言するにとどめた。他方でリトルNZ国防相はメディアのインタビューで、同国がAUKUS「第二の柱（量子コンピューターや人工知能、極超音速ミサイルなどの先進技術協力）」に関与する可能性があることを示唆している。

日NZ外相会談開催

マフタNZ外相は23年2月末、日本を訪問し林外相との会談を行った。両国外相は会談後、「太平洋島嶼国地域における協力に関する日・ニュージーランド外相共同宣言」を発表したが、中国の行動を念頭におきながら、インド太平洋地域が「外国からの干渉及び威圧から自由」であり、「規模又は国力にかかわらず全ての国の権利、自由及び主権が保護される」ことが重要であると確認したことは注目される。また22年のアーダーン首相訪日時に正式交渉の開始で一致した日NZ情報保護協定を両国の「安全保障・防衛協力の基盤」と位置づけ、その重要性で一致したことで、交渉加速が期待されよう。なお両国は、NATOとの連携を通じて、アジア太平洋4カ国（AP4）として日豪NZ韓の同志国連携を強めており、安全保障・防衛面での日NZ協力の場面は増えていくものと予想される。

南太平洋

フィジー、バヌアツ、パプアニューギニアで選挙実施

パプアニューギニアでは22年7月、総選挙が行われた。「独立以来、最も暴力的な選挙」（豪紙）と言われるほど、投票妨害や記入済み投票用紙の破棄などの行為が多発し、暴力行為が激化した国内の一部地域では当局が選挙無効を宣言する直前まで迫っていたと伝えられている。総選挙の結果、39議席を獲得した与党パング党が少数政党と連立を組み、同党党首マラペ首相に2期目の続投が決まった。なお同国政府は23年2月、総選挙の実施状況について調査を行

うことを発表している。

バヌアツではヴロバラウ大統領が22年8月、議会解散を突如として発表した。ラフマン首相に対する不信任案が議会に提出されるとの情報を受けて、同首相を支持するヴロバラウ大統領が即時解散を決断したと伝えられている。10月の総選挙後、11月に行われた首班指名選挙の結果、カルサカウ前副首相兼内務大臣が首相に選出された。

フィジーでは12月に総選挙が行われ、14年の民政復帰以降、初の政権交代が実現した。総選挙の結果、現職のバイニマラマ首相率いるフィジー・ファースト党、ランブカ元首相率いる人民同盟党のいずれも過半数議席を獲得できなかった。両党が少数政党との連立交渉を行った結果、人民同盟党が社会民主自由党、国民連合党との連立交渉をまとめ、同党党首のランブカが首相に返り咲いた。

なおランブカ政権は、バイニマラマ前政権が進めてきた対中融和路線を見直す姿勢を示している。ランブカ首相は豪メディアによるインタビューで「中国が影響力を増大させるための外交努力が増しているという認識を持っている。しかし自分はよく知っている人たちと一緒に行くのが安全と信じている」と語り、中国の進出に警戒感を示して、オーストラリアなどとの関係強化に意欲を示していた。23年1月には両国の法体系に大きな相違があるとして、中国との警察協力協定の取り消しを発表しており、今後の動向が注目される。

太平洋諸島フォーラム（PIF）からキリバス離脱、そして復帰

マーマウ・キリバス大統領は22年7月、PIF事務局長に書簡を送り、同組織からの脱退を正式に表明した。豪紙によれば、PIF事務局長の選出方法への不満が解消されていないことが離脱の原因とされている。

キリバスを含むミクロネシア5カ国は21年2月、ミクロネシア大統領サミットを開催し、ポリネシア、メラネシア、ミクロネシアの3地域から輪番でPIF事務局長を選出するという紳士協定が守られなかったことを理由にPIFからの脱退宣言を出していた。しかしその後、PIF議長国フィジーの仲介により、PIF首脳会議を1カ月後に控えた22年6月、ミクロネシア連邦、パラオ、マーシャル諸島とフィジー、サモア、クック諸島のあいだで首脳会議が行われ、事務局長の選出方法を

含めた組織改革を進めることで基本合意（スパ合意）に達し、離脱が回避され
たかに見えたのである。

　しかしキリバスは、自らが結果的に排除される形で合意形成が進められ、PIF
からの離脱撤回の流れが作り出されたことに不満を持っており、21年2月の脱退
宣言をそのまま実行に移した形となった。

　PIFの団結が崩れる事態に直面したPIF議長国フィジーのランブカ首相は23
年1月、キリバスを訪問し、マーマウ大統領に対してこれまでの不手際を謝罪する
と同時に、組織へ復帰するよう説得を試みた。ランブカ首相の説得工作が功を
奏し、キリバスは再加盟を決断した。23年2月にフィジーで開催されたPIF首脳
級会合でキリバス復帰が承認され、21年から続くPIF崩壊の危機に終止符が打
たれ、南太平洋の連帯が回復された。

バイデン大統領、米・太平洋諸国首脳会合を主催

　バイデン米大統領は22年9月末、ホワイトハウスで米・太平洋諸国首脳会合を
主催した。中国の南太平洋地域におけるプレゼンス拡大を念頭に、米国の南太
平洋への関与刷新、関与強化を図る姿勢を打ち出した。

　首脳会合後、参加国は共同で「米国・太平洋パートナーシップ宣言」を採択
し、米・南太平洋諸国のパートナーシップの強化、南太平洋地域主義の強化、気
候変動対策の協力強化、南太平洋諸国の経済成長と開発のための協力強化な
ど、11項目の関係強化のための取り組みを掲げた。

　またバイデン政権は首脳会合にあわせて、米国の南太平洋関与のグランドデ
ザインを描いた「太平洋パートナーシップ戦略」を発表し、その中で関係強化の
具体的取り組みとして、日本、オーストラリア、英国、NZなどの同盟パートナーと
の連携や南太平洋諸国における米在外公館の増強、米国際開発庁の代表部設
置などをあげた。またバイデン政権は南太平洋諸国に対して8億米ドル（約1,070
億円）の支援を行うことも明らかにした。

南太平洋国防相会合開催、中国念頭に連携強化へ

　南太平洋地域の国防相が22年10月中旬、トンガのヌクアロファで南太平洋国

防省会合を開催した。毎年1回開催されるこの会合には、オーストラリアとNZ、軍隊を持つ3島嶼国（パプアニューギニア、フィジー、トンガ）に加え、仏領ニューカレドニアに基地を持つフランス、南米のチリの国防相が参加した。19年以来、初めて対面形式で開催された。日本と米国もオブザーバーとして出席している。会合後に発表された共同声明では「伝統的および非伝統的な安全保障上の脅威がもたらす課題を認識し、共有する安全保障上の課題に対応するための集団行動の重要性」を確認し、地域的課題に対する集団的対応を促進していくことで合意した。

　オーストラリアは、南太平洋地域で影響力を強める中国を念頭に、特に三つの島嶼国軍との相互運用性を高めるなどして、島嶼国との連携強化を狙う。中国外務省の王文彬報道官は、「関係国間の軍事協力が地域の平和と安定に寄与し、第三者を標的としないことを希望する」と述べている。

米国、在ソロモン諸島大使館再開

　米国は23年2月、約30年ぶりに在ソロモン諸島米国大使館を再開した。中国がソロモン諸島と安全保障協定を締結するなど、中国の目立った進出に対抗する狙いがある。ブリンケン米国務長官は声明を発表し、大使館開設は両国関係の「刷新」を象徴するものであり、「二国間関係、ソロモン諸島の人々、そしてインド太平洋地域におけるパートナーシップに対する米国の関与を強調するものだ」と訴えた。また米国は「経済発展、新型コロナウイルス、気候変動問題への対応など、さまざまな分野でパートナーシップ関係を強化していく」ことを約束した。

（獨協大学名誉教授／平和・安全保障研究所研究委員　竹田いさみ）
（獨協大学教授／平和・安全保障研究所研究委員　永野隆行）

略語表
年　表
（2022年4月～2023年3月）

A2/AD	Anti-Access/Areas Denial	接近阻止・領域拒否
AAD	Advanced Air Defence	先進型防空
ACE	Agile Combat Employment	迅速な戦闘運用
ADI	ASEAN Direct communications Infrastructure	ASEAN・ダイレクト・コミュニケーションズ・インフラストラクチャー
ADMMプラス	ASEAN Defence Ministers' Meeting Plus	拡大 ASEAN 国防相会議
ADSOM	ASEAN Defence Senior Officials Meeting	ASEAN 国防高官会議
AI	Artificial Intelligence	人工知能
AIFFP	Australian Infrastructure Financing Facility for the Pacific	太平洋諸島地域のためのオーストラリア・インフラ融資ファシリティ
AMTI	Asia Maritime Transparency Initiative	アジア海事透明性イニシアティブ
AOIP	ASEAN Outlook on the Indo-Pacific	インド太平洋に関する ASEAN アウトルック
AP4	Four Asia-Pacific Partners	NATOアジア太平洋パートナー
APEC	Asia-Pacific Economic Cooperation	アジア太平洋経済協力
ARF	ASEAN Regional Forum	ASEAN 地域フォーラム
ASEAN	Association of Southeast Asian Nations	東南アジア諸国連合
AUKUS	Australia, United Kingdom, United States	米英豪安全保障枠組み
AUSMIN	Australia-United States Ministerial Consultation	米豪外務・防衛閣僚協議
BBC	British Broadcasting Corporation	英国放送協会
BDN	Blue Dot Network	ブルー・ドット・ネットワーク
BJP	Bharatiya Janata Party	インド人民党
BRICS	Brazil, Russia, India, China, South Africa	新興5カ国
BTF	Bomber Task Force	爆撃機任務部隊
CAATSA	Countering America's Adversaries Through Sanctions Act	対敵制裁措置法
CATOBAR	Catapult Assisted Take Off But Arrested Recovery	カタパルト式
CECA	Comprehensive Economic Cooperation Agreement	包括的経済協力協定
CENTCOM	United States Central Command	米中央軍
CFSP	Common Foreign and Security Policy	共通外交安全保障政策
CIA	Central Intelligence Agency	米国中央情報局
CMF	Combined Maritime Forces	連合海上部隊
COC	Code of Conduct in the South China Sea	南シナ海における行動規範

CPRPP	Comprehensive and Progressive Agreement for Trans-Pacific Partnership	環太平洋パートナーシップに関する包括的及び先進的な協定
CSIS	Center for Strategic and International Studies	戦略国際問題研究所
CSP	Comprehensive Strategic Partnership	包括的戦略パートナーシップ
CSTO	Collective Security Treaty Organization	集団安全保障条約機構
CTBT	Comprehensive Nuclear Test Ban Treaty	包括的核実験禁止条約
C-UAS	Counter Unmanned Aerial System	対無人機作戦
DCP	Defence Capability Plan	国防能力計画
DFC	Development Finance Corporation	米国国際開発金融公社
DMO	Distributed Maritime Operations	分散型海洋作戦
DMZ	Demilitarized Zone	非武装地帯
DPSS	Defence Policy and Strategy Statement	国防政策と戦略に関する声明
DSR	Defense Strategy Review	国防戦略見直し
DSU	Defense Strategy Update	国防戦略アップデート
EABO	Expeditionary Advanced Base Operations	機動展開前進基地作戦
EAS	East Asia Summit	東アジア首脳会議
ECTA	Economic Cooperation and Trade Agreement	経済協力貿易協定
EDCA	Enhanced Defense Cooperation Agreement	防衛協力強化協定
EDD	Extended Deterrence Dialogue	拡大抑止協議
EDSCG	Extended Deterrence Strategy and Consultation Group	高官級拡大抑止戦略協議体
EEZ	Exclusive Economic Zone	排他的経済水域
EPA	Economic Partnership Agreement	経済連携協定
EU	European Union	欧州連合
FBI	Federal Bureau of Investigation	連邦捜査局
FDO	Flexible Deterrent Options	柔軟に選択される抑止措置
FFDP	Future Force Design Principles	将来の戦力デザインに関する原則
FOC	Full Operational Capability	完全運用能力
FOIP	Free and Open Indo-Pacific	自由で開かれたインド太平洋
FONOP	Freedom of Navigation Operation	「航行の自由」作戦
FTAAP	Free Trade Area of the Asia-Pacific	アジア太平洋自由貿易圏
GCAP	Global Combat Air Programme	グローバル戦闘航空プログラム
GCI	Global Civilization Initiative	グローバル文明構想
GDI	Global Development Initiative	グローバル開発構想
GDP	Gross Domestic Product	国内総生産

GSI	Global Security Initiative	グローバル安全保障構想
GSOMIA	General Security of Military Information Agreement	軍事情報包括保護協定
GWEO	Guided Weapons and Explosive Ordnance	誘導兵器・爆発物製造
HA/DR	Humanitarian Assistance and Disaster Relief	人道支援・災害救援
I2U2	India, Israel, the United Arab Emirates, the United States	米・印・イスラエル・UAE
IAEA	International Atomic Energy Agency	国際原子力機関
ICBM	Intercontinental Ballistic Missile	大陸間弾道ミサイル
ICC	International Criminal Court	国際刑事裁判所
icET	initiative on Critical and Emerging Technology	米印重要新興技術イニシアチブ
IFV	Infantry Fighting Vehicle	歩兵戦闘車
IISS	International Institute for Strategic Studies	英国国際戦略研究所
IMF	International Monetary Fund	国際通貨基金
INF	Intermediate-range Nuclear Forces	中距離核戦力
IPCP	Individual Partnership and Cooperation Programme between Japan and NATO	日・NATO 国別パートナーシップ協力計画
IPEF	Indo-Pacific Economic Framework	インド太平洋経済枠組み
IPMDA	Indo-Pacific Maritime Domain Awareness	海洋状況把握のためのインド太平洋パートナーシップ
IRA	Inflation Reduction Act	インフレ削減法
IS	Islamic State	イスラム国
ISKP	Islamic State Khorasan Province	イスラム国ホラサーン州
ISR	Intelligence, Surveillance and Reconnaissance	情報収集・警戒監視・偵察
JBIC	Japan Bank for International Cooperation	国際協力銀行
KIDD	Korea-U.S. Integrated Defense Dialogue	米韓統合国防協議体
KTSSM	Korea Tactical Surface-to-Surface Missile	韓国型戦術地対地ミサイル
LAC	Line of Actual Control	実効支配線
LNG	Liquefied Natural Gas	液化天然ガス
LRHW	Long Range Hypersonic Weapon	長距離極超音速兵器
MCC	Millennium Challenge Corporation	ミレニアム挑戦公社
MDTF	Multi-Doman Task Force	マルチドメイン任務部隊
MIRV	Multiple Independent Reentry Vehicle	個別誘導複数目標弾頭
MLR	Marine Littoral Regiment	海兵沿岸連隊
MOX	Mixed Oxide	ウラン・プルトニウム混合酸化物
MRC	Mid-Range Capabilities	中距離能力
NAC	North Atlantic Council	北大西洋理事会

NATO	North Atlantic Treaty Organization	北大西洋条約機構
NCG	Nuclear Consultative Group	核協議グループ
NGO	Non-Governmental Organization	非政府組織
NHK	Japan Broadcasting Corporation	日本放送協会
NISC	National center of Incident readiness and Strategy for Cybersecurity	内閣サイバーセキュリティセンター
NORAD	North American Aerospace Defense Command	北米航空宇宙防衛司令部
NPT	Treaty on the Non-Proliferation of Nuclear Weapons	核兵器不拡散条約
NSC	National Security Council	国家安全保障会議
NSS	National Security Strategy	国家安全保障戦略
NZ	New Zealand	ニュージーランド
ODA	Official Development Assistance	政府開発援助
OPV	Offshore Patrol Vessel	哨戒艦
OSA	Official Security Assistance	政府安全保障能力強化支援
PBP	Partners in the Blue Pacific	ブルーパシフィックにおけるパートナー
PDI	Pacific Deterrence Initiative	太平洋抑止イニシアティブ
PIF	Pacific Islands Forum	太平洋諸島フォーラム
PKO	Peacekeeping Operations	平和維持活動
PLI	Performance-linked incentive	生産連動型優遇策
PrSM	Precision Strike Missile	精密打撃ミサイル
Q-CHAMP	Quad Climate Change Adaptation and Mitigation Package	気候変動適応・緩和パッケージ
QUAD	Quadrilateral Security Dialogue	日米豪印戦略対話
RCEP	Regional Comprehensive Economic Partnership	地域的な包括的経済連携
RV	Reentry Vehicle	再突入体
SCO	Shanghai Cooperation Organisation	上海協力機構
SIPRI	Stockholm International Peace Research Institute	ストックホルム国際平和研究所
SLBM	Submarine Launched Ballistic Missile	潜水艦発射弾道ミサイル
SLCM-N	Nuclear Sea-Launched Cruise Missile	核搭載海洋発射巡航ミサイル
SPA	Strategic Partnership Agreement	戦略的パートナーシップ協定
SPD	Strategic Policy Dialogue	戦略政策対話
SRBM	Short-Range Ballistic Bissile	短距離弾道ミサイル
SRP	Surveillance Radar Program	監視レーダープログラム

SSA	Space Situational Awareness	宇宙状況把握
STEM	Science, Technology, Engineering and Mathematics	科学・技術・工学・数学
SWIFT	Society for Worldwide Interbank Financial Telecommunication	国際銀行間通信協会
TEL	Transporter Erector Launcher	輸送機発射機
TERA	Taiwan Enhanced Resiliency Act	台湾強化レジリエンス法
TICAD	Tokyo International Conference on African Development	アフリカ開発会議
TOR	Terms of Reference	取り決め事項
TPP	Trans-Pacific Partnership	環太平洋パートナーシップ協定
TSD	Trilateral Strategic Dialogue	日米豪閣僚級戦略対話
TTX	Table-Top Exercise	拡大抑止手段運用演習
UAE	United Arab Emirates	アラブ首長国連邦
UAS	Unmanned Aircraft System	無人航空機システム
UAV	Unmanned Aerial Vehicle	無人航空機
UFS	Ulchi Freedom Shield	ウルチ・フリーダム・シールド
UNHCR	Office of the United Nations High Commissioner for Refugees	国連難民高等弁務官事務所
USAID	United States Agency for International Development	米国国際開発庁
USCG	United States Coast Guard	米沿岸警備隊
USV	Unmanned Surface Vehicle	無人水上挺
UUV	Unmanned Undersea Vehicle	無人水中航走体
WFP	World Food Programme	世界食糧計画
WTO	World Trade Organization	世界貿易機関
新START	New Strategic Arms Reduction Treaty	新戦略兵器削減条約

年表（2022年4月～2023年3月）

日本

2022年4月

7　林外相、NATO 外相会合（ブリュッセル）に初出席。

8　日本、対露追加制裁を発表。

9　日・フィリピン外務・防衛閣僚会議（2プラス2）、東京で初開催。

29　日・インドネシア首脳会談、ジャカルタで開催。

5月

1　日・ベトナム首脳会談、ハノイで開催。

2　日・タイ首脳会談、バンコクで開催。防衛装備品・技術移転協定に署名。

4　日伊首脳会談、ローマで開催。

5　日英首脳会談、ロンドンで開催。

11　「経済安全保障推進法」、成立。

12　第28回日 EU 定期首脳協議、東京で開催。

21　米空母エイブラハム・リンカーン、横須賀に初めて寄港。

23　日米首脳会談、東京で開催。

24　日米豪印首脳会合、東京で開催。

6月

10　IISS アジア安全保障会議（シャングリラ・ダイアローグ）、シンガポールで開催（12日まで）。

11　日・シンガポール首脳会談、シンガポールで開催。

各国・国際情勢

2022年4月

11　パキスタン、シャバーズ・シャリフ政権発足。

19　中国、ソロモン諸島と安全保障協定を締結。

19　ロシア軍、キーウ攻略を断念。

21　習近平国家主席、ボアオ・フォーラムで「グローバル安全保証構想（GSI）」を提唱。

24　米空母ニミッツ、タイに寄港。

5月

8　香港、李家超が行政長官選挙で当選。

10　韓国、尹錫悦政権発足。

12　米・ASEAN 特別首脳会議、ワシントンで開催。

23　インド太平洋経済枠組み（IPEF）の立ち上げ、東京で発表。

23　オーストラリア、アルバニージー労働党党首、首相に就任。

24　米印首脳会談、東京で開催。米印重要新興技術イニシアティブ（iCET）発足で合意。

6月

7　太平洋諸島フォーラム（PIF）、スバ協定が合意。

17　中国、空母「福建」が進水。

26　G7 エルマウ・サミット開催（28日まで）。

日本		各国・国際情勢	
29	日米韓首脳会談、マドリードで開催。	29	多国間海上訓練「環太平洋合同演習（リムパック/RIMPAC）」、ハワイで開催（8月4日まで）。
		30	フィリピン、フェルディナンド・マルコス・ジュニア氏が大統領就任。
7月		**7月**	
9	安倍元首相銃撃事件。	9	キリバス、PIFからの脱退を正式表明。
26	米国およびインドネシアとの実動訓練「ガルーダ・シールド」実施。	14	I2U2（米、印、イスラエル、UAE）、初の首脳会議、オンライン開催。
29	日米経済政策協議委員会（経済版2プラス2）、ワシントンで開催。	28	米中首脳、電話会談開催。
8月		**8月**	
17	秋葉・国家安全保障局長、訪中。楊潔篪・政治局員と会談。	3	ペロシ米下院議長、訪台。蔡英文総統と会談。
27	第8回アフリカ開発会議（TICAD）、チュニスで開催。	10	米国と中央アジア諸国などの合同軍事演習「地域協力2022」がタジキスタンで実施（20日まで）。
9月		**9月**	
5	ロシア、「ビザなし交流」と「自由訪問」についての日露間の合意の破棄を発表。	1	ロシア軍、極東大演習「ヴォストーク2022」を実施（7日まで）。
21	岸田首相、第77回国連総会の一般討論演説に出席。	14	タジキスタン軍とキルギス軍の間で武力衝突発生。
27	故安倍晋三国葬儀、開催。	15	上海協力機構（SCO）首脳会議、サマルカンドで開催（16日まで）。印露、中露首脳会談あわせて開催。
29	日本、国交正常化50周年にあたり中国と祝電を交換。	22	米・フィリピン首脳会談、ニューヨークで開催。
30	日米韓、対潜戦訓練を日本海で実施。	28	米国、米・太平洋諸国首脳会議を主催（29日まで）。
		30	プーチン大統領、ウクライナ東部・南部4州の編入を宣言。
10月		**10月**	
4	北朝鮮、中距離弾道ミサイル「火星12型」発射。Jアラート発令。	12	米国、国家安全保障戦略（NSS）を公表。

	日本		各国・国際情勢
4	日米豪加共同訓練「ノーブル・ミスト22」、南シナ海で実施。	14	CIS首脳会議、アスタナで開催。
22	日豪首脳会談、パースで開催。日豪安全保障協力共同宣言を発表。	16	中国共産党第20回全国代表大会開催（22日まで）。習近平政権3期目が確実に。
11月		**11月**	
8	日米豪印共同訓練「マラバール2022」、関東南方の太平洋上で実施（15日まで）。	11	ASEAN首脳会議、プノンペンで開催（13日まで）。
10	日米共同統合演習「キーン・ソード23」、南西諸島などで実施（19日まで）。	12	米国・ASEAN首脳会議、プノンペンで開催。
13	ASEAN関連首脳会合、プノンペンで開催。	14	米中首脳会談、インドネシア・バリ島で開催。
15	G20バリ・サミットに岸田首相出席（16日まで）。	15	豪中首脳会談、インドネシア・バリ島で開催。
17	日中首脳会談、バンコクで開催。	21	米豪、戦略政策対話（SPD）をキャンベラで開催。
18	アジア太平洋経済協力（APEC）首脳会議、バンコクで開催（19日まで）。	28	「パキスタン・タリバン運動（TTP）」、パキスタン政府との停戦を破棄。
12月		**12月**	
9	日英伊、次期戦闘機の共同開発のグローバル戦闘航空プログラム（GCAP）を発表。	9	中国・インド両軍、インドのアルナチャル・プラデシュ州で衝突。
16	安全保障政策に関する3文書（国家安全保障戦略、国家防衛戦略、防衛力整備計画）が閣議決定。	13	オーストラリアとバヌアツ、安全保障協定締結。
		16	米国務省、中国調整部（通称チャイナ・ハウス）を設置。
		24	フィジーで総選挙実施（14日）。ランブカ氏、新首相に選出。
2023年1月		**2023年1月**	
1	日本、国連安全保障理事会の非常任理事国に就任（2年間）。	4	中・フィリピン首脳会談、北京で開催。
9	日仏首脳会談、パリで開催。	5	中・トルクメニスタン首脳会談、北京で開催。
10	日伊首脳会談、ローマで開催。	25	ニュージーランド、ヒプキンス前教育相が新首相に就任。
11	日加首脳会談、オタワで開催。		
13	日米首脳会談、ワシントンで開催。		

日本	各国・国際情勢
16 初の日印戦闘機共同訓練「ヴィーア・ガーディアン」実施（26日まで）。	27 フィジー、中国との警察協力協定の停止を発表。
27 日本、対露追加制裁を発表。	30 キリバス、PIFへの復帰を正式表明（2月24日承認）。
2月	**2月**
3 日本、ブルネイと防衛協力・交流覚書署名。	1 米国、在ソロモン諸島大使館を再開。
9 日・フィリピン首脳会談、東京で開催。	4 中国製気球、米国上空で発見、撃墜。
9 多国間共同訓練「コブラ・ゴールド」、実施（3月10日まで）	17 ミュンヘン安全保障会議、開催（19日まで）。
16 日米韓台による半導体供給の枠組み「チップ4」、初会合開催。	24 中国、ウクライナでの停戦を呼び掛ける「12項目提案」を発表。
16 日米共同訓練「アイアン・フィスト」、実施（3月12日まで）。	
17 日印共同訓練「ダルマ・ガーディアン22」、実施（3月2日まで）	
22 日中安全保障対話、4年ぶりに東京で開催。	
24 G7首脳テレビ会議開催。	
3月	**3月**
1 日印輸送機共同訓練「シンユウ・マイトゥリ23」、実施（2日まで）。	1 中国・ベラルーシ首脳会談、北京で開催。
13 日仏米豪印英加新共同訓練「ラ・ペルーズ23」、スリランカ東方で実施（14日まで）。	2 ライシナ会議、インド・ニューデリーで開催。
16 日韓首脳会談、東京で開催。	10 サウジアラビアとイラン、中国の仲介で外交関係正常化に合意。
20 日印首脳会談、デリーで開催。	13 AUKUS首脳会合、サンディエゴで開催。原子力潜水艦配備計画を発表。
21 岸田首相、ウクライナを電撃訪問。	17 国際刑事裁判所（ICC）、プーチン大統領に逮捕状を発付。
	20 中露首脳会談、モスクワで開催。
	29 民主主義サミット開催（30日まで）。
	31 中国・シンガポール首脳会談、北京で開催。

第 5 章　朝鮮半島

　伊豆見元（東京国際大学特命教授／平和・安全保障研究所研究委員）、平田悟（外務省）、瀬下政行（公安調査庁）

第 6 章　東南アジア

　木場紗綾（神戸市外国語大学准教授／平和・安全保障研究所研究委員）

第 7 章　南アジア

　長尾賢（ハドソン研究所研究員／平和・安全保障研究所研究委員）、宮田律（現代イスラム研究センター理事長／平和・安全保障研究所研究委員）

第 8 章　中央アジア

　富田律

第 9 章　南西太平洋

　竹田いさみ（獨協大学名誉教授／平和・安全保障研究所研究委員）、永野隆行（獨協大学教授／平和・安全保障研究所研究委員）

（掲載順、敬称略）

編集後記

　この 44 号は、インド太平洋地域の安全保障環境に関して、2022 年 4 月から 2023 年 3 月までの 1 年間の動向の分析を中心としており、あわせて各章で扱えないけれども重要なテーマを＜焦点＞として扱ったものです。

　各執筆者の皆様にお礼を申し上げるとともに、本書が多くの読者の皆様のお役に立てることを切に願っております。

　また、引き続き当研究所の事業全般について皆様のご支援をよろしくお願いいたします。

2023 年 7 月

一般財団法人　平和・安全保障研究所

理事長　德地秀士

徳地秀士監修

大国間競争の
時代におけるインド太平洋

年報 [アジアの安全保障 2023-2024]

発　行	令和5年9月14日
編　集	一般財団法人　平和・安全保障研究所
	〒103-0025 東京都中央区日本橋
	茅場町2-14-5石川ビル5階
	TEL 03-6661-7324（代表）
	https://www.rips.or.jp/
担　当	秋元　悠
装　丁	キタスタジオ
発行所	朝雲新聞社
	〒160-0002 東京都新宿区四谷坂町12-20
	ＫＫビル3F
	TEL 03-3225-3841　FAX 03-3225-3831
	振替 00190-4-17600
	https://www.asagumo-news.com
印　刷	シナノ